김명호 | 중국인 이야기 ❸

김명호 | 중국인 이야기 ❸

한길사

"우리는 수십 년간 바다를 사이에 두고 원수처럼 지냈다.
원수진 집안이 아니면 머리 맞대고 의논할 일도 없다.
원래 싸우다 지치면 친구가 되는 법이다.
세상에 어려운 일은 없다. 등산하듯이 한 발 한 발
기어오르면 된다. 서로를 위해 건배하자!"

— 마오와 닉슨의 대화 중에서

중국인 이야기 ❸

일러두기

중국어 인명 · 지명 등 고유명사는 외래어표기법 '주음부호와 한글대조표', 중국어 사전의 '병음·주음 자모대조표'에 근거해 표기했다. 20세기 이전 생몰의 인명, 잡지와 신문명, 좀더 친숙하거나 뜻을 잘 드러내는 일부 용어는 우리말 한자 독음으로 읽었다.

어말의 산(山)·강(江)·도(島)·사(寺) 등의 한자어는 굳이 중국식 병음을 따르지 않았다.

예) 쩡궈판 → 증국번, 런민르바오 → 인민일보, 둥베이 → 동북, 이허위안 → 이화원, 화둥 → 화동, 톈안먼 → 천안문, 쯔진청 → 자금성, 타이허뎬 → 태화전, 여산 → 루산, 쑹화장 → 송화강, 진먼다오 → 금문도, 지밍사 → 계명사

역사의 죄인이 되지 말자 1

"어린 시절, 향수는 작은 우표 한 장,
나는 이곳에 있고, 어머니는 저 건너에 있었다
어른이 되자, 향수는 구겨진 배표 한 장,
나는 이쪽에 있고, 신부는 건너편에 있었다
시간이 흐른 뒤, 향수는 작은 봉분 하나,
나는 밖에 있고, 어머니는 그 안에 있었다
지금의 향수는 좁디좁은 해협,
나는 이쪽에 있고 대륙은 저쪽에 있다"

■ 양안을 강타한 타이완 시인 위광중의 「향수」

얼굴 마주하고 한번 웃으면 모든 원한 풀린다

"통일은 별게 아니다. 성실한 마음으로,
자유롭게 오갈 수만 있다면 그게 통일이다."

정情으로 쓴 '3통'三通 제안문, 양안 화해 초석 깔다

1978년 12월 16일, 중국과 미국은 수교에 합의했다. 미국도 "타이완은 중국의 일부분"이라며 타이완의 중화민국과 외교관계를 단절했다. 중국과 타이완의 관계가 어떻게 될지 관심을 끌었다.

전인대(全人大: 전국인민대표자대회) 3중전회(三中全會: 중국공산당 중앙위원회 전체회의)를 하루 앞둔 12월 17일 밤, 당 지도부와 회동을 마친 사회과학원 원장 후차오무(胡喬木)는『인민일보』총편집 탄원루이(譚文瑞)의 소재를 파악하느라 분주했다. 탄원루이는 명문 옌징대학(燕京大學) 신문학과를 졸업한, 자타가 인정하는 국제문제 전문가였다.

화가 딩충(丁聰)의 집에서 친구들과 술 한잔하며 겨울밤을 즐기던 탄원루이는 후차오무가 찾는다는 연락을 받자 정신이 번쩍 들었다. 후차오무는 마오쩌둥(毛澤東)의 글을 도맡아 쓴 당대 최고의 어필(御筆)이었다.

탄원루이는 냉수 몇 사발 들이키고 자전거 페달을 밟았다. 가는 도중에 몇 차례 넘어지다보니 술이 깼다. 후차오무의 설명은 간단했다.

"덩샤오핑(鄧小平) 동지가 임무를 배분했다. 새해 첫날, 전인대 상임위원회 명의로「타이완 동포들에게 보내는 편지」(告臺灣同胞書)를 발표한다. 3일 안으로 초고를 완성해라."

주의사항도 잊지 않았다.

"타이완의 동포와 당국이 대상이다.「당보」(黨報)나「사론」(社論)에서 흔히 쓰던 용어는 사용하지 마라. 쉽게 쓰되 남을 가르치려 하거나 교훈적인 느낌이 들지 않도록 주의해라. 어조는 완곡하고 화약 냄새가 없어야 한다. 문언(古文: 옛날 문어체 글)과 현대문(白話: 구어체 글)을 혼용해야 문장에 품위가 있다."

탄원루이는 알았다며 고개를 끄덕였다.

"도리를 되새기고, 정(情)으로 마음을 움직이게 할 수 있는 내용이면 됩니까?"

후차오무는 "중국에 너 같은 언론인이 열 명만 있었으면 좋겠다"며 빨리 가서 초안이나 잡으라고 웃었다.

팀을 구성한 탄원루이는 이틀 만에 약 1,800자 정도의 초고를 완성했다. 말미에 "조속한 시일 내에 군사대치를 끝내고 서신왕래(通郵)와 직항로 개설(通航), 교역(通商) 등 3통(三通)이 실현되기를 희망한다"고 덧붙였다. 1949년 이래, 중국에서는『마오쩌둥어록』을 보물처럼 옆구리에 끼고 다니며, "바나나 껍질이나 먹고 사는 타이완 동포들을 해방시켜야 한다"고 목에 핏줄들을 세우고, 타이완에서는 "반공대륙"(反攻大陸: 중국[대륙]으로부터 공격을 받다가 반대로 공세를 취함) 구호가 거리를 뒤덮을 때였다. 30년 후에 3통이 실현되리라고는 상상도 못 했다.

화가 딩충이 그린 탄원루이의 초상.
중화인민공화국 전국인민대표자대회 상임위원회가
「타이완 동포들에게 보내는 편지」를
1978년 12월에 썼다.
양안 화해에 초석을 깐 글이었다.

1978년 12월 26일, 전인대 위원장 예젠잉(葉劍英)이 주재한 전인대 상무위원회 제5차 회의는 '중화인민공화국 전국인민대표자대회 상임위원회가 「타이완 동포들에게 보내는 편지」'(中華人民共和國全國人大常委會告臺灣同胞書)를 통과시켰다.

친애하는 타이완의 동포들에게

중·미수교 발효 첫날인 1979년 1월 1일, 중공은 "친애하는 타이완의 동포"로 시작되는 편지 전문을 『인민일보』에 발표했다.

"오늘, 1979년 새해를 맞이해 우리는 조국 대륙의 각 민족과 인민을 대표해 동포들에게 안부와 충심 어린 축하를 보낸다. 옛사람은 해마다 명절이 되면 멀리 떨어져 있는 친지들에 대한 그리움이 평소의 배는 된다고 노래했다. 새해의 즐거움을 누리다보니 친 골육인 타이완의 부로(父老)와 형제자매들에 대한 생각이 더욱 간절하다. 타이완 동포들의 심정도 같으리라는 것을 우리는 알고 있다. 세월이 흐를수록 그리움은 더해질 것이다……

1949년 타이완이 조국과 분리된 후 우리는 서로의 소식조차 알지 못하고, 왕래가 단절됐다. 친지들은 뿔뿔이 흩어지고 민족과 국가, 인민들은 거대한 손실을 입었다. ……근 30년간 타이완이 조국에서 분열된 것은 인간이 만든 것이지 하늘이 내린 재앙이 아니다. 민족의 이익과 원망(願望)에 위배되는 이런 일이 계속돼서는 안 된다……

타이완과 대륙에서 생활하는 중국인이라면 개개인 모두가 민족의 생존과 발전, 번영에 대한 책임이 있다. 그 누구도 회피할 수 없고, 회피해서도 안 된다. 빠른 시간 안에 분열 국면을 끝내지 못한다면 무슨 낯을 들고 조상들을 대할 것이며, 무슨 말로 후손들에게 변명할 것인가. 민족에 천고의 죄인이 되기를 원하는 사람은 없다……

우리는 통일의 대업을 위해 타이완의 현실과 각계 인사들의 의견을 존중할 것이다. 합리적인 정책과 방법으로 타이완 동포들에게 손실이 가지 않게 하겠다. ……그간 타이완 당국은 일관되게 하나의 중국을 견지하며 타이완 독립을 반대했다. 우리도 통일조국의 건설이 모두의 책임이라는 것을 바꾼 적이 없다. 합작의 기초로 공동의 입장을 능가할 만한 것은 없다. 타이완 당국도 민족의 이익을 위해 통일에 고귀한 공헌을 해주기를 희망한다……

그간 해협을 사이에 두고 발생했던 군사대치는 인간이 만든 긴장에 불과하다. 중국 정부는 오늘을 기해 금문도(金門島)와 주변 도서(島嶼)에 대한 포격을 전면 정지하라고 인민해방군에게 명령했다……

장기간에 걸친 단절로 대륙과 타이완의 동포들은 서로를 이해하지 못하고, 각종 불편한 상황을 조성해왔다. 멀리 해외에 있는 교포들은 관광과 친지들을 만나기 위해 대륙방문이 가능하다. 도대체 지척 간인 대륙과 타이완의 동포들이 자유롭게 오가지 못할 이유가 무엇이란 말인가……

우리는 이런 울타리가 계속 존재할 이유가 없다고 생각한다. 편지를 주고받고, 항로를 개통해서 쌍방의 동포들이 직접 만나 소식을 주고받고, 친척과 친구들을 방문하고, 학술과 문화, 체육의 교류가 활발해지기를 희망한다……

타이완과 대륙은 원래 한 경제권이었다. 우리는 타이완 경제가 날로 번영하기를 희망한다. 교류가 활발해지면 양쪽 모두 이익은 있어도 손해 볼 것은 없다."

반세기 전의 형 아우, 양안 해빙에 이심전심

「타이완 동포들에게 보내는 편지」는 대륙의 타이완 정책에 대한 변화를 의미했다. 무력에 의한 타이완 해방을 포기하고 친척방문과 관광, 경제교류를 환영한다는 말에 타이완 섬 전체가 들썩거렸다. 고향을 그리며 바다만 바라보던 퇴역 군인들은 밤마다 꿈속에서 고향집 문턱을 넘었다. 타이완에서 결혼한 부인 바라보며 대륙에 두고 온 조강지처와 자녀들 만날 생각을 하니, 복창이 터질 노릇이었다.

대륙 최고 권력기관인 전인대의 발표는 권위가 있었다. 전 세계가 타이완 측의 반응을 주시했다. 타이완 당국도 당일 담화를 냈다.

"우리는 어떤 상황에서도 중국공산당과는 담판을 하지 않는다. 과거를 통해 충분한 경험을 쌓았다. 아무리 도리에 맞는 주장을 해도 우리는 공산당을 믿지 않는다."

최고 지도자 장징궈(蔣經國)도 공개석상에서 대놓고 말했다.
"중공이 주장하는 평화통일은 새로운 통일전선 음모에 불과하다. 평화를 위한 담판 제의와 포격 종식도 항상 해오던 상투적 수법이다.

「타이완 동포들에게 보내는 편지」를 의결한 전인대 3중전회 개회식.
앞줄 왼쪽부터 왕둥싱(汪東興)·덩샤오핑·화궈펑(華國鋒)·
예젠잉·리셴녠(李先念)과 쑹칭링(宋慶齡).
1978년 12월 18일, 베이징.
이 편지는『인민일보』의 탄원루이가 밤늦게 술 마시다가
불려가 이틀 만에 작성한 것이다.

무력침공을 위한 새로운 핑곗거리를 만들려는 속셈이다. 이럴 때일수록 군·관·민이 합심해 더욱 경계를 강화해야 한다.”

4월 4일, 국민당 제1차 회의가 열렸다. 장징궈는 중공의 3통 제안을 일소에 부치고, 당원들에게 불타협(不妥協)·부접촉(不接觸)·부담판(不談判) 등 종래에 해오던 ‘3불(三不)정책’을 강조했다.

“중공과의 담판이나 접촉은 있을 수 없다. 3통도 허락할 수 없다.”

철혈(鐵血) 정치인 장징궈는 중공의 평화통일 제의도 압력으로 간주했다. 국부 쑨원(孫文)이 제창한 중국혁명의 3대 이념인 삼민주의가 중국통일의 기본이념이 되어야 한다며 ‘삼민주의통일중국’(三民主義統一中國)을 구호로 내걸었다. 당시 장징궈의 비서였던 쑹추위(宋楚瑜)가 흥미로운 구술을 남겼다.

“총통은 현실을 존중하는 실무형 정치가였다. 겉으로는 그랬지만 속내는 달랐다. 중공의 평화공세가 있기 2년 전, 정보기관에서 정리한 「1급 기밀문서」를 갖다 드린 적이 있었다. 한참 보던 총통이 붓을 들었다. 앞으로 모든 문건에 중공을 비하하거나 대륙의 지도자들을 모욕하는 용어를 사용하지 말라며 ‘비’(匪) 자와 ‘왜’(矮) 자를 직접 삭제했다. 그간 정부의 모든 문서는 습관적으로 공산당을 공산비적(共匪)이라 표현했다. 덩샤오핑도 이름을 쓰지 않았다. 왜소한 덩(矮鄧)이라며 비하했었다.”

유사점 많은 두 지도자 덩샤오핑과 장징궈

양안의 최고 지도자로 부상한 덩샤오핑과 장징궈는 젊은 시절의 추억을 공유한 사이였다. 1925년, 두 사람은 모스크바 중산대학(中山大學)에서 처음 만났다. 덩샤오핑 20세, 장징궈 15세 때였다. 장징궈는 프랑스 파리에서 소년공산당 창당요원으로 활동하다 온 덩샤오핑을 잘 따랐다. 덩샤오핑도 장징궈를 동생처럼 보살폈다. 같은 교실에 나란히 앉아 공산주의 혁명이론을 공부하고, 청년단 입단도 비슷한 시기에 했다. 쉬는 날은 같이 놀러 다니며 못 하는 이야기들이 없었다. 둘 다 왜소(矮)하고 용모가 두꺼비 비슷해서 "비슷한 사람끼리 붙어 다닌다"며 웃는 여학생들이 많았다. 생각에도 큰 차이가 없었다. 반세기 후 같은 시기에 양안의 지도자가 될 줄은 아무도 예측 못할 때였다.

장징궈와 덩샤오핑은 유사한 점이 많았다. 마오쩌둥과 장제스 시절에 당연시 여겼던 영수(領袖) 칭호를 없애버렸다. 특히 장징궈는 "백 년도 못 사는 게 인간이다. 만세는 무슨 놈의 만세냐. 듣기도 싫다"며 "장징궈 만세"를 못 부르게 했다. 덩샤오핑도 마찬가지였다.

전인대의 「타이완 동포에게 보내는 편지」 발표 후 덩샤오핑은 외빈 접견 기회를 적절히 이용했다. 우리에게도 명(名)산문가로 널리 알려진 일본 문학평론가 에토 준(江藤淳)을 만난 자리에서 타이완 문제를 처음 거론했다.

"만약 통일이 실현될 수만 있다면, 우리의 타이완 정책은 타이완의 현실에 맞게 처리할 방침이다."

중국인의 피를 이어받은 미얀마(구 버마) 대통령 네 윈(Ne win)을 만난 자리에서도 타이완 문제를 빼놓지 않았다.

"타이완의 현실을 존중한다는 우리의 생각은 변하지 않는다. 통일

국방부장 시절 베트남 전쟁에 관한 타이완 측의 입장을
설명하기 위해 미국을 방문한 장징귀(오른쪽 두 번째).
대중공정책을 묻는 기자들의 질문에 3불정책을 처음 피력했다.
1965년 9월 20일, 워싱턴에 있는 중화민국 대사관.

이 되더라도 타이완의 모든 제도는 그대로 유지되고, 미국의 타이완에 대한 투자도 계속되어야 한다. 생활방식이 변하는 것도 바라지 않는다. 중요한 것은 통일이다.”

타이완의 장징궈에게 보낸 메시지나 다름없었다.

장징궈도 채신머리 없이 직접 나서지 않았다. 행정원장의 성명을 통해 덩샤오핑에게 한마디 던졌다.

“통일의 성공 여부는 우리 측에 있지 않다. 통일이 되려면 전체 중국 인민의 자유의지가 중요하다. 중공 당국이 정치의 민주화와 경제의 시장화, 사회의 다원화를 실현해서 양안의 격차를 축소시키면 우리도 3불정책 포기를 고려해보겠다.”

“얼굴 대하면 원한 풀린다” 대륙 화답에 가슴 뛴 장징궈

덩샤오핑은 쾌재를 불렀다. “역시 장징궈답다”며 다음 수순에 들어갔다. 당 원로들과 머리를 맞댔다. 전인대 상무위원회 위원장 예젠잉 명의의 「성명서」를 내기로 합의했다. 내용이 엄청났다.

1981년 9월 30일, 전인대 상무위원장 예젠잉은 평화통일에 관한 대륙의 방침을 내외에 천명했다. 모두 아홉 개 조항이라 ‘엽9조’(葉九條: 예젠잉의 성 ‘葉’ 자에서 따옴)라고 불렀다. 「타이완 동포에게 보내는 편지」 발표 후 33개월간 해외와 국내의 반응을 떠본 결과였다.

1. 중국국민당과 중국공산당, 양당은 대등한 입장에서 담판에 임한다.
2. 쌍방은 서신왕래 · 통상 · 항로 개설 · 친지방문 · 자유여행과 학

술·문화·체육교류를 실현시키기 위해 협의한다.

3. 통일 후 타이완은 군대를 보유한다. 특별행정구역으로 설정해 특별자치권을 누린다.

4. 타이완의 사회·경제제도와 생활방식, 외국과의 경제·문화관계는 현 상태를 그대로 유지한다. 개인재산과 주택, 토지의 소유권과 계승권, 그간 외국에 투자한 자본들도 침범을 받지 않는다.

5. 타이완 정계의 영수는 전국적 정치기구의 지도자로 국가경영에 참여한다.

6. 타이완의 재정상태가 어려움에 봉착하면 대륙 중앙정부는 지원을 아끼지 않는다.

7. 고향에 돌아와 정착하기를 희망하는 타이완 동포에게 대륙은 직장을 안배하고, 자유왕래를 보장한다.

8. 타이완 공·상계의 대륙 투자를 환영한다. 권익과 이윤을 보장한다.

9. 타이완 각계 인사와 단체의 통일에 관한 건의를 환영한다.

해외 여론은 '엽9조'에 긍정적이었다. "누가 봐도 타이완의 이익을 전제로 한 평화통일안"이라며 대륙 측의 성의를 깎아내리지 않았다.

7개월 후인 1982년 4월, 장징궈가 아버지 장제스를 추모하는 글을 발표했다. 고향을 그리는 마음이 넘쳐났다.

"아버지는 항상 고향을 그리워했다. 영혼이 고향에 있는 조상들

신중국선포 32주년을 앞두고 3통(三通)과 통일 이후
타이완 정책을 발표하는 전인대 위원장 예젠잉.
엽9조는 일국양제(一國兩制)의 원시적인
구상이나 다름없었다.
1981년 9월 30일, 베이징.

과 함께하기를 간절히 희망한다. 모든 이들의 효심이 민족의 정을
확산시키고, 민족을 경애하며, 국가에 봉헌할 수 있기를 바란다."

장징궈의 글을 접한 중공의 타이완 공작소조 조장 덩잉차오(鄧穎
超)는 전인대 부위원장 랴오청즈(廖承志)를 불렀다.
"장징궈는 속이 깊은 사람이다. 남편 저우언라이(周恩來)도 생전
에 칭찬을 많이 했다. 자세히 봐라. 이건 보통 내용이 아니다. 회답으
로 간주해도 된다."
이렇게 말하며 장징궈에게 편지를 한 통 보내자고 건의했다.
"장징궈에게 사사로운 형식의 편지를 보낼 수 있는 사람은 중국
천지에 너밖에 없다."
장징궈와 랴오청즈, 두 집안은 뿌리가 깊은 사이였다. 국민당 원훈
이었던 랴오청즈의 아버지가 황푸(黃埔)군관학교 당 대표시절, 장징
궈는 교장 아들이었다. 한 울타리 안에 살며 어찌나 친했던지 친형제
같다고 말하는 사람들이 많았다. 모스크바에서도 함께한 시간이 많
았다. 나이는 랴오청즈가 두 살 위였다.

천하의 명문, 랴오청즈의 「장징궈 선생에게 보내는 편지」

5개 국어를 자유롭게 구사했던 랴오청즈는 중국 고전에도 능했다.
"내 동생 징궈"(經國吾弟)로 시작되는 천하의 명문 「장징궈 선생에
게 보내는 편지」(致蔣經國先生信)를 『인민일보』를 통해 만천하에 공
개했다. 랴오청즈는 장징궈에게 제3차 국·공합작의 실현을 간곡히
호소했다.

"타이완은 언젠가는 조국의 품으로 돌아온다. 골육이 분리된 동포들의 애통함을 동생이 아니면 누가 풀어주겠는가. 통일은 빠를수록 좋다. 이 위업을 동생이 실현해야 한다. 아시아태평양지구와 세계평화에 공헌하는 길이다. 우리는 만나서 한번 웃으면 모든 원한이 풀리는 사이다. 역사의 죄인이 되지 말자. 내 동생이 세인의 추앙을 받고, 이름이 청사에 빛나기를 나는 소망한다."

훗날, 랴오청즈의 편지를 읽은 장징궈의 반응을 측근들이 구술로 남겼다. 내용이 거의 비슷하다.

"돋보기를 낀 총통은 신문에 실린 랴오청즈의 편지에서 눈을 떼지 않았다. 읽고 또 읽었다. 말 한마디 하지 않았지만, 표정은 그간 하고 싶었던 말들을 다 토해내는 것 같았다. 모두가 역사의 죄인, 얼굴 마주하고 한번 웃으면 모든 원한이 풀리는 사이라는 말에 심장이 뛰는 듯했다. 총통은 온갖 신산을 다 겪은 사람이다. 몇십 년 만에, 다른 사람도 아닌 랴오청즈의 글을 대하는 심정이 어땠을지 짐작만 할 뿐이다."

장징궈는 미동도 안 했다. 대신 미국에 머무르던 계모 쑹메이링(宋美齡)이 랴오청즈에게 보낸 답신을 공개했다. 랴오청즈의 편지에 쑹메이링의 안부를 묻는 대목이 있다보니 명분이 있었다.
쑹메이링은 문혁(문화대혁명) 시절 화를 당한 "내 조카 랴오청즈"의 안부를 물으며 공산당에게 맹폭을 가했다.

천원과 랴오청즈(오른쪽)는 어린 시절 친형제 같은 사이였다.
제3차 국·공합작의 실현을 간곡히 호소하는
랴오청즈의 편지를, 장징궈는 읽고 또 읽었다.

대류방문 가능성에 들뜨
장제스의 사진을 들고 거리로 나온 퇴역군인.
1982년 가을, 타이베이.

"중화민국은 국민정부 집권 이래 국부(쑨원)의 사상과 애국정신을 저버린 적이 없다. 정의감으로 무장한 유대인들은 같은 종족인 마르크스를 내동댕이쳤다. 공산당은 같은 민족에게 폐족(廢族)당한 사람을 신줏단지처럼 떠받들며, 마르크스 레닌주의로 중화민족을 훈련시킨다. 대륙을 대표한다는 문호 궈모뤄(郭沫若) 시(詩)에서 '스탈린이 나의 아버지'라는 구절을 읽은 적이 있다. 치욕이 뭔지 모르는 사람이다. 3일간 구토를 해도 그치지가 않았다."

평화와 발전, 덩샤오핑의 시대

1894년 갑오년(甲午年), 청 제국은 일본과의 전쟁에서 참패했다. 조상 대대로 미개인들이 우글거리는 곳이라 여기던 섬나라에게 타이완과 평후(澎湖)열도를 내줬다. 되찾기까지 50년이 걸렸다.

1949년 국·공내전에서 패한 국민정부는 타이완으로 퇴각했다. 해협을 사이에 두고 대치가 시작됐다. 타이완의 국민정부는 미국의 재력과 무력에 의존해 대륙 회복의 꿈을 버리지 않았다. 대륙의 공산정권도 마찬가지였다. 냉전과 계급투쟁의 와중에도 틈만 나면 타이완 해방을 외쳤다.

대륙을 차지한 공산당은 여유가 있었다. 1955년 4월, 반둥회의 참석을 위해 출국하는 저우언라이에게 마오쩌둥이 지시했다.

"기회를 봐서 미국의 타이완 철수와 타이완 해협의 무장해제를 전제로 타이완 문제를 평화적으로 해결할 수 있을지 타진해봐라."

얼어붙은 국제질서에 먹혀들어갈 리가 없었다.

마오쩌둥은 평화를 주장하며 뒤로는 전쟁을 준비하는, 대국의 지도자다웠다. 마오는 1년 후, "화합처럼 고귀한 것이 없다"며 타이완 문제를 애국과 결부시켰다.

"한 집안을 이루는 것이 애국이다. 애국에는 선후를 따질 필요가 없다. 통일도 별게 아니다. 성실한 마음으로 마주하고, 자유롭게 오갈 수만 있으면 그게 통일이다. 양안의 모순은 우리의 내정문제. 국제사회가 간섭하게 내버려두면 안 된다. 우리 당이 먼저 제3차 국·공 합작의 당위성을 주장하고 방법을 제시해라. 외교만 중앙에서 총괄하고 타이완의 군정대권과 인사대권은 타이완 측에서 장악하게 내버려두면 된다. 군정에 필요한 자금이 부족하면 중앙에서 지원하는 것이 당연하다. 단, 쌍방이 사람을 파견해 상대방에게 해를 입히지 않겠다는 확약은 분명히 해야 한다."

1980년대에 들어서자 과기혁명(科技革命)이 무력혁명(武力革命)의 지위를 넘보기 시작했다. 철의 장막이 가시고, 새로운 질서가 잉태될 징조였다. 평화와 발전이 시대의 주제로 등장했다. 냉전시대의 사유와 방법은 통하지 않았다.

중국의 새로운 실력자 덩샤오핑의 모순해결 방법은 남달랐다. 역사를 존중하고, 미래를 설계하는 특징이 있었다. 타이완 문제도 마오쩌둥의 주장을 계승하며 새로운 길을 개척했다. 일국양제, "한 나라에 두 가지 제도"라는 기상천외한 방안을 들고나왔다.

1983년 6월 25일 타이완 출신 미국학자 양리위(楊力宇)를 만난 자리에서 통일을 위한 여섯 개 방안을 제시했다.

1. 핵심은 조국통일이다. 이미 평화통일은 국·공 양당의 공동언

덩샤오핑은 타이완 출신 과학자들의 대륙방문을 환영했다.
노벨물리학상 수상자 리정다오(李政道)와 함께
대륙을 방문한 타이완 출신 노벨화학상 수상자 리위안저(李遠哲 · 왼쪽)를
반기는 덩샤오핑. 1987년, 베이징.

어로 자리 잡았다.

2. 제도는 달라도 상관없다. 국제사회에서는 중화인민공화국이 중국을 대표한다.

3. 타이완의 완전한 자치는 찬성할 수 없다. 완전 자치는 두 개의 중국을 의미한다. 한 개의 중국에 위배된다. 자치를 실시하되 통일 국가의 이익을 손상시켜서는 안 된다.

4. 통일 후 타이완은 독자권력을 행사한다. 사법권도 독립시킨 다. 베이징이 종심권(終審權)을 행사하지 않는다. 군대도 보유한 다. 단, 대륙을 위협하지 않는 수준이어야 한다. 대륙은 군대와 행정인원을 파견하지 않는다. 타이완의 당·정·군 인사는 스스로 해결한다. 우리에겐 명단만 보내주면 된다.

5. 평화통일은 어느 한쪽의 흡수통일이 아니다. 대륙이 타이완을 흡수하는 것도 아니고, 타이완이 대륙을 흡수하는 것도 아니다.

6. 통일을 실현하려면 방법이 필요하다. 중앙과 지방의 담판이 아닌, 국·공 양당이 대등한 입장에서 제3차 국·공합작을 위한 회담을 열 것을 건의한다. 양당의 회담에 외국을 끌어들이는 것은 절대 안 된다. 중국이 독립국이 아니라는 것을 의미하고 후환이 끝이 없다.

그리움 사무친 시詩 한 수

예젠잉의 '엽9조'에 이어 덩샤오핑의 '등6조'(鄧六條: 덩샤오핑의 성 '鄧' 자에서 따옴)가 알려지자 타이완의 언론계와 민간단체가 들썩거렸다. 타이완 총통 장징궈는 여전히 요지부동이었다. "통일을 실현하기 위해 양안관계를 완화시키고 대륙에 있는 친척방문을 허락하라"는 요구가 빗발쳤지만 끄떡도 안 했다.

대륙에서 대학생활을 보낸 타이완 시인 위광중(余光中)의 시 「향수」(鄕愁)가 양안을 강타했다.

> 어린 시절,
> 향수는 작은 우표 한 장,
> 나는 이곳에 있고,
> 어머니는 저 건너에 있었다
> 어른이 되자,
> 향수는 구겨진 배표 한 장,
> 나는 이쪽에 있고,
> 신부는 건너편에 있었다
> 시간이 흐른 뒤,
> 향수는 작은 봉분 하나,
> 나는 밖에 있고,
> 어머니는 그 안에 있었다
> 지금의 향수는 좁디좁은 해협,
> 나는 이쪽에 있고
> 대륙은 저쪽에 있다
> 小時候
> 鄕愁是一枚小小的郵票
> 我在這頭

타이완 현대시의 태두 위광중(오른쪽)은
순수문학을 고집했다. 타이완에서 향토문학이
유행할 때도 "대륙의 공농병(工農兵) 문학과
그게 그거"라며 향토문학을 비판했다.
왼쪽은 위광중의 부인 판워춘(范我存).

母親在那頭

長大后

鄉愁是一張窄窄的船票

我在這頭

新娘在那頭

后來啊

鄉愁是一方矮矮的墳墓

我在外頭

母親在里頭

而現在

鄉愁是一灣淺淺的海峽

我在這頭

大陸在那頭

그리운 사람이 모두 여인이었다. 대륙을 어머니의 품에 비유한 위광중의 시는 양안 중국인들의 심금을 울리고도 남았다.

타이완의 장징궈는 6개월이 지나서야 외국인을 만난 자리에서 덩샤오핑에게 화답했다.

"우리는 대륙을 피할 이유가 없고, 양보할 생각도 없다. 위축될 이유도 전혀 없다."

행동도 따랐다. 대륙과의 상거래를 묵인하라고 지시했다.

"사회주의와 자본주의는 그게 그거"

중국국민당과 중국공산당은 혁명정당으로 출발했다. 두 번에 걸친 합작도 북양군벌 타도와 항일전쟁 수행이라는 당당한 명분이 있었다. 통일문제도 3류 건달들처럼 굴지 않았다. 골방에서 쑥덕거리다, 하루아침에 연합이니 뭐니 하며, 같잖은 말장난으로 국민들을 우롱하지 않았다.

1세대 지도자 장제스와 마오쩌둥은 성격부터가 판이했다. 장제스는 선제공격을 퍼부은 후에 평화적 해결을 제의했다. 마오쩌둥은 정반대였다. 항상 평화를 주장하며 뒤로는 전쟁을 준비했다.

장징궈와 덩샤오핑은 유사한 점이 많았다. 1973년, 타이완의 장제스는 중요업무를 장징궈에게 이관했다. 대륙의 마오쩌둥도 병중의 저우언라이를 대신하기 위해 지방에 쫓겨 가 있던 덩샤오핑을 베이징으로 불러올렸다. 총리 저우언라이는 정계에 복귀한 덩샤오핑에게 그간 자신이 행사하던 권한을 넘겼다. 타이완의 대권을 장악한 장징궈는 옛 친구 덩샤오핑을 주시했다.

덩샤오핑의 첫 번째 발언은 양안관계였다.

"베이징 측은 타이베이와 통일문제를 직접 담판할 준비가 되어 있다. 현 단계에서 가장 중요한 것은 양안의 평화다."

이어서 문혁 시절 없어졌던 군 계급을 부활시키고 정비했다.

"계급도 평화시대에 걸맞아야 한다. 대장 계급을 없애버려라. 평화시대에 대장은 무슨 놈의 대장, 만에 하나 다시 전쟁이 일어나면 그때 달아주면 된다."

병상의 장제스는 덩샤오핑의 말을 한 귀로 흘렸다. 장징궈의 생각도 같았다.『뉴욕 타임스』와의 회견에서 입장을 확고히 했다.

"중국공산당과의 접촉이나 담판은 자살행위다. 저들은 항상 평화를 내세우며 뒤로는 딴짓을 해댔다. 우리는 바보가 아니다."

1975년 장제스가 세상을 떠났다. 덩샤오핑이「성명서」를 발표했다.

"항일전쟁 시절 우리의 지도자, 장제스 선생이 타이베이에서 세상을 떠났다. 애도를 표한다. 유족들이 원하면 난징(南京)에 묘지를 조성하겠다."

1978년 3월, 장징궈가 총통에 취임했다. 2년 전 봄에 또 쫓겨났던 덩샤오핑도 다시 정계에 복귀했다. "사회주의와 자본주의는 그게 그거"라며 개혁·개방을 천명한 후, 타이완의 장징궈에게 우호 메시지를 날렸다. 그간 해마다 해오던 '2·28사건' 기념행사를 없애버렸다. 2·28사건은 1947년 2월 28일, 별것도 아닌 사건을 빌미로 국민당이 타이완 토착세력의 씨를 말려버리다시피한 사건이었다.

덩샤오핑은 장징궈의 효성이 남다르다는 것도 알고 있었다. 도량이 큰 사람답게 꾀도 많았다. 장징궈의 고향인 저장성(浙江省) 시커우(溪口)에 측근을 파견했다.

"그곳에 있는 장징궈의 어머니와 할머니의 분묘를 잘 보수해라. 역대 조상들의 묘지도 깔끔히 다듬어야 한다. 완성되면 사진을 보내라."

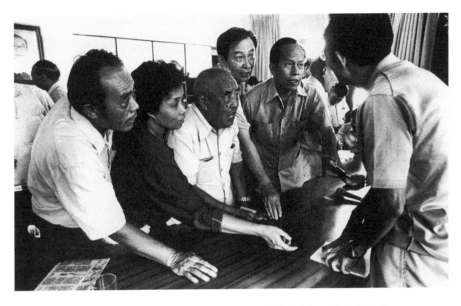

대륙 친지방문이 허락되자 신청방법을 문의하기 위해
몰려든 대륙 출신 퇴역군인들.
1987년 11월, 타이베이에 있는 중화민국 적십자본부.

덩샤오핑은 비밀리에 사진을 타이완의 총통부로 보냈다. 중공 신임 총서기 후야오방(胡耀邦)은 공개적으로 장징궈와 국민당 관원들을 초청했다.

"고향의 옛집과 산천이 그리운 사람들의 조국방문을 환영한다. 언제든지 와라."

장징궈, 다음 세대에게 숙제를 남기고 떠나다

대륙의 변화를 감지한 장징궈는 정치개혁을 추진했다. 1985년, 75세에 들어서자 국민당 반대세력에 대한 탄압과 언론 통제를 느슨히 하기 시작했다. 반정부 인사들은 잡혀가고도 남을 짓을 했지만 잡으러 오는 사람이 없자 무슨 일인지 갈피를 못 잡았다. 같은 해 9월, 81세의 덩샤오핑은 정계은퇴를 선언했다. 그러나 타이완 문제는 여전히 직접 챙겼다.

덩샤오핑은 싱가포르 지도자 리콴유(李光耀)를 중간에 내세웠다. 리콴유는 오래전부터 베이징과 타이베이를 자주 오갔다. 리콴유가 베이징에 올 때마다 장징궈의 안부를 물었다. 리콴유도 덩샤오핑과 대륙의 관원들에게 타이완의 정세를 상세히 설명했다. 덩샤오핑이 "한 개의 중국이라는 원칙 외에 대륙 측에서는 특별한 조건이 없다. 다른 자질구레한 것들은 만나서 얘기하면 된다. 100년간 사람들이 자유롭게 오가면 통일은 저절로 된다"고 하면 리콴유는 타이완의 장징궈에게 달려가곤 했다.

시간이 흐르자 장징궈도 리콴유를 통해 대륙 측에 화답을 보냈다.

"타이완의 정치체제부터 바꿔야 한다. 그간 계획을 수립하고 방법을 구상하느라 시간이 걸렸다."

1986년 9월, 민주진보당이 창당선언을 했다. 당시의 법규대로라면 범법행위였지만 장징궈는 체포령을 내리지 않았다. 당장 해체시켜야 한다며 길길이 뛰는 당 원로들을 찾아다니며 설득했다.

"시대가 변하고 환경도 변했다. 그간 국민당은 너무 오만하고 자신감만 넘쳤다. 당장 지금부터라도 변해야 한다. 공산당도 예전의 중공이 아니다. 우리가 주도적으로 통일의 길로 나가야 한다. 타이완과 대륙은 통일이 되어야 한다. 통일이 되지 않으면 타이완은 점점 고립된다."

이듬해 11월, 장징궈는 "민족의 죄인이 될 수 없다"며 40년간 유지되어온 대륙여행 금지령을 폐지시켰다.

"걱정할 것 없다. 타이완인들에게 대륙의 정세를 이해시켜라. 대륙인민들에게도 타이완의 실정을 알리도록 해라."

1988년 1월 13일 장징궈가 급서했다. 덩샤오핑은 한숨만 내쉬며 애통해했다.

"너무 일찍 죽었다. 장징궈가 건재했더라면 제3차 국·공합작은 가능했다."

수염쟁이 영감, 혁명의 정신적 지주

"나 죽으면, 높은 산 제일 꼭대기에 묻어라. 두고 온 내 고향
볼 수 있도록, 보이지 않지만 영원히 잊을 수 없는 곳."

위유런, 서태후 행차 때 한 시간 무릎 꿇다 '혁명' 다짐

2003년 3월 18일 오전 10시 30분, 신임 국무원 총리 원자바오(溫
家寶)의 내외신 기자회견이 인민대회당에서 열렸다. 타이완의 TV
여기자가 첫 번째 질문자로 나섰다.

"지난 몇 년간 타이완 쪽에서는 직항로 개설 등 적극적인 제안을
많이 했다. 지금보다 더 관계가 호전되기를 기대한다. 그동안 교역
(通商)·서신왕래(通郵)·직항로 개설(通航) 등 3통에 관한 귀하의
생각을 들을 기회가 없어서 유감이었다. 이 자리를 빌려 총리의 타이
완 인식이 어느 정도인지 알고 싶다."

원자바오는 "타이완 동포들에게 안부를 전한다. 그간 견지해온 평
화통일과 일국양제의 방침에는 변화가 없다. 경제와 문화교류를 적
극 추진하면 3통을 조기에 실현시킬 수 있다"며 운을 뗐다. 원자바오
는 타이완에 대한 이해를 시 한 편으로 대신했다.

"타이완에 있는 동포들을 생각할 때마다 그리움을 주체하기 힘들
다. 국민당 원로 위유런(于右任)이 임종 전에 쓴 애가(哀歌) 한 편이
떠오르기 때문이다."

원자바오는 지그시 눈을 감고 「망대륙[국상]」(望大陸 [國傷])을 나지막이 읊조렸다.

나 죽으면, 높은 산 제일 꼭대기에 묻어라

대륙 산하를 볼 수 있는 곳

대륙이 보이지 않으니, 할 수 있는 건 오직 통곡뿐!

나 죽으면 높은 산 제일 꼭대기에 묻어라

두고 온 내 고향 볼 수 있도록

보이지 않지만 영원히 잊을 수 없는 곳

하늘은 아득히 창창하고, 들판은 끝없이 망망한데

산 위에 올라보니, 온 나라가 상중이다

葬我于高山之上兮

望我大陸

大陆不可見兮, 只有痛哭

葬我于高山之上兮

望我故鄉

故鄉不可見兮, 永遠不忘

天苍苍野茫茫

山之上国有殤

소란했던 기자회견장 분위기가 숙연해졌다. 대륙과 타이완 할 것 없이 위유런을 모르는 중국인은 없었다. 국부 쑨원을 제외하고 대륙과 타이완에서 모두 추앙받는 사람은 위유런이 유일했다.

국부 쑨원을 제외하고 대륙과 타이완에서
모두 추앙받는 사람은 위유런뿐이다.
감찰원장 시절, 독서에 열중하는 위유런.
1956년, 타이베이.

위유런의 이름을 처음 들어보는 외국기자들은 어안이 벙벙했다. 사방을 두리번거리며 멋쩍은 표정을 지었다. 한 서방기자는 평소 사납기로 소문난 중국 여기자에게 위유런이 뭐 하던 사람이냐고 물었다가 "아무리 설명해도 너희들은 이해하지 못할 사람"이라며 망신만 당했다.

중국역사상 가장 청렴한 고위공직자

『중국인명사전』위유런 편을 보면 "민주혁명가, 정국군 사령관, 국민당 원로, 왕희지(王羲之)·안진경(顔眞卿)·조맹부(趙孟頫)와 함께 중국 4대 서예가의 한 사람, 대시인, 대교육가, 대언론인, 중국 기자들의 비조(鼻祖), 34년간 감찰원장을 역임한 중국 역사상 가장 청렴했던 고위 공직자"라는 표현이 빠지는 법이 없다.

1879년 산시성(陝西省) 안위안(安原)에서 태어난 위유런은 두 살 때 어머니를 잃었다. 큰어머니 집에 얹혀살며 여섯 살 때부터 들판에 나갔다. 낮에는 양치기를 하고 밤에는 등불 밑에서 경서를 읽었다. 타고난 총명함은 숨길 재간이 없었던지 향시(鄕試)에 연달아 합격했다.

1900년 여름, 8국 연합군이 베이징을 점령했다. 평민 복장으로 황제와 함께 자금성을 빠져나온 서태후는 심복이 순무(巡撫)로 있는 산시성 경내에 들어서자 안도의 한숨을 내쉬었다. 일행이 시안(西安)에 도착하던 날, 산시 순무는 학당의 수재(秀才)와 거인(擧人)들을 거리에 동원했다. 서태후가 지나갈 때까지 한 시간 동안 맨바닥에 무릎을 꿇고 돌아온 위유런은 "언젠가는 내 손으로 외국인들에게 이

땅을 내준 태후의 목을 치겠다"며 혁명에 관심을 갖기 시작했다. 큰 칼 꼬나들고 상의를 벗어젖힌 채 "내 피를 태평성세와 바꾸겠다. 자유를 사랑하기를 조강지처 대하듯 하겠다"는 대련(對聯)을 배경으로 사진을 한 장 찍었다. 당시 사진사들 중에는 관방의 첩자들이 많았다. 혁명을 도모하는 놈이 있다며 관청으로 달려갔다. 대역부도죄로 체포령이 내려지자 위유런은 한밤중에 변복을 하고 시안을 빠져나왔다.

상하이에 도착한 위유런은 전단학원(震旦學院)에 입학했다. 학원 설립자 마샹보(馬相伯)는 예수회 신부들을 두들겨 패는 바람에 교단에서 쫓겨났지만 여전히 독실한 기독교 신자였다. 학생들이 반(反)기독교 운동을 벌이며 자퇴하자 "이런 놈들은 가르칠 필요도 없다"며 학교 문을 닫아버렸다.

위유런의 생각은 달랐다 "이런 아이들일수록 가르쳐야 한다"며 학교를 다시 세우자고 마샹보를 설득했다. 1905년 중추절, 푸단공학(復旦公學: 푸단대학의 전신)의 출범은 26세 청년 위유런이 아니었더라면 설립 자체가 불가능했다.

위유런의 교육열은 푸단공학 설립에 그치지 않았다. 당시 일본에는 중국학생들이 많았다. 일본 문부성은 청나라 정부의 요청으로 단속을 엄하게 했다. 반발하는 유학생들의 대규모 귀국사태가 벌어졌다. 위유런은 이들을 받아들이기 위해 중궈공학(中國共學: 상하이교통대학의 전신) 설립위원회를 조직하고 모금에 나섰다. 이 두 대학은 반청(反淸) 혁명가와 후스(胡適) 같은 학자들을 수없이 배출했다.

혁명에 뜻을 두기 시작한 위유런은 학교를 설립하고
수많은 학자를 배출했다. 오늘날의 푸단대학과 중궈공학은
위유런(가운데)이 아니었다면 존재하지 않았을 것이다.

안중근 의사의 쾌거, 대대적으로 보도

세 살배기 젖먹이가 청 제국의 마지막 황제로 즉위한 지 1년 후인 1909년 7월, 위유런은 "민중의 명령을 청하며, 엉뚱한 짓을 일삼는 것들에게 불호령을 내리겠다"며 『민호일보』(民呼日報)를 창간했다. 『민호일보』는 창간과 동시에 세인의 주목을 받았다. 청나라 정부의 실정(失政)을 매도하는, 위유런의 품위 있는 문장은 굉음(轟音)을 연상하게 했다. 만화까지 곁들이다보니 선전효과도 있었다. 찍는 족족 팔려나갔다. 『민호일보』와 위유런에 대한 청 황실의 저주는 상상을 초월했다. 황제의 생부였던 섭정왕(攝政王) 짜이펑(載灃)조차 "책임자의 눈깔을 파내고 싶다"는 말을 스스럼없이 하고 다녔다. 무능과 점잖음을 겸비한 짜이펑이 이런 표현을 한 경우는 거의 없었다.

창간 79일 만에 위유런은 감옥으로 끌려갔다. 면회 온 기자들에게 "신문을 하루도 거르지 말라"고 신신당부했다. 기자들은 회의를 열었다.

"이러다간 소송이 그칠 날이 단 하루도 없겠다. 뒷일 걱정은 나중에 하고 사장부터 감옥에서 꺼내자. 사장 모르게 폐간 공고를 내고, 풀려나면 다시 창간하자."

민호일보사가 문을 닫는 날 위유런은 조계(租界)를 떠나라는 판결을 받고 풀려났다. 감옥 문을 나선 위유런은 여전했다. 이번엔 『민우일보』(民吁日報)를 독자들에게 선보였다. 두 눈을 잃었다는 것을 상징하기 위해 호(呼)의 점 두 개를 뺀 우(吁)로 바꾼 것 외에는 바뀐

게 아무것도 없었다.

1909년 10월 26일, 안중근 의사가 하얼빈 역두에서 이토 히로부미의 숨통을 끊어버렸다. 청나라 정부는 일본과의 우호에 금이 간다며 보도를 통제했다. 안중근 의사의 쾌거를 접한 위유런은 정부의 보도 금지를 한 귀로 흘리고 조선 남아의 쾌거를 대대적으로 보도했다.

"조국을 침탈한 원수의 목에 총구를 겨눈 것은 당연하다. 중국인이 본받을 일이다."

창간 23일 후였다. 관직에서 물러나 낙향해 있던 전 즈리 총독(直隸總督) 위안스카이(袁世凱)는 안 의사의 의거를 최초로 보도한 위유런의 언론관을 높이 평가했다. 1년 후, 안 의사의 순국을 애도하는 시를 위유런에게 보낼 정도였다.

평생 할 일을 단숨에 끝냈다
죽을 곳에서 살기를 도모하면 대장부가 아니다
삼한 땅에 태어나 만방에 명성을 드높였다
백 년을 사는 이 없는 법
한 번 죽음으로 천 년을 살 사람
平生營事只今畢
死地圖生非丈夫
身在三韓名萬國
生無百世死千秋

만주족 정권인 청나라 정부는 위유런을 다시 감옥으로 보냈다. 인

위유런은 정부의 보도금지 조치를 한 귀로 흘리고는
안중근 의사의 쾌거를 『민우일보』에 대대적으로 보도했다.
1909년 10월, 안중근 의사 의거 당시의 하얼빈 역 모습.

쇄용지 공급도 차단시켰다. 위유런은 옥중에서 『민우일보』의 폐간 소식을 들었다.

위유런은 얻어터지면 터질수록 의지가 강해지는 사람이었다. 출옥 후 더 큰 신문사 설립을 서둘렀다. 생면부지의 차(茶) 상인이 돈뭉치를 들고 찾아왔다.

"대대로 차 장사를 했다. 돈이 모이자 할아버지는 술·여자·아편을 좋아했다. 할머니는 할아버지와 달랐다. 어릴 때부터 내 볼을 쓰다듬으며 네 할아버지 본받지 마라, 배울 게 하나도 없는 사람이다. 너는 돈 벌면 나라 위해 쓰라는 말을 자주 했다. 할머니 말을 하루도 잊은 적이 없다. 모아둔 돈이 꽤 있지만 나는 나라를 위해 쓸 재간이 없으니 대신 당신이 해라."

사오신이란 필명으로 발표한 300편의 시

신해혁명 1년 전인 1910년 10월 11일, 위유런은 차 상인이 놓고 간 돈으로 『민립보』(民立報)를 창간했다. 순식간에 당대 최고의 발행부수를 자랑했다. 위유런이 사오신(騷心)이라는 필명으로 발표한 300여 편의 글은 지식인들의 피를 끓게 하고도 남았다. 『민립보』의 영향을 가장 많이 받은 사람이 청년 마오쩌둥이었다. 촌뜨기들 앞에서 아는 척하기 좋아하던 시골 사상가를 혁명가로 이끈 것이다. 마오쩌둥은 1936년 옌안(延安)을 방문한 미국 기자 에드가 스노에게도 『민립보』를 거론하며 위유런에 대한 존경을 숨기지 않았다.

"사범학교 시절,『민립보』를 볼 때마다 감동을 주체할 길이 없었다. 고향 사람 황싱(黃興)이 광저우(廣州)에서 혁명군을 일으켜 72열사가 순국한 소식이나 쑨원의 이름을『민립보』를 보고 처음 알았다. 위유런의 글을 접하기 전까진 개혁과 혁명을 구분하지 못했다."

1936년 12월, 국·공 양당은 연합에 성공했다. 목적은 단 하나, 일본과의 전쟁이었다. 8년간 우여곡절이 많았지만 합작은 깨지지 않았다. 1945년 8월, 일본이 항복하자 얘기가 달라졌다. 집권당이었던 국민당은 제헌을 서둘렀다. 정당 간의 이견을 좁히겠다며 정치협상회의를 소집했지만 허사였다. 국·공 간의 군사적 충돌이 그칠 날이 없었다. 무장 병력을 거느린 정당들이다보니 당연했다. 미국에서 특사가 날아오고, 전국적으로 내전 반대운동이 벌어졌지만 누가 이기건 끝장을 보지 않으면 끝날 싸움이 아니었다. 천하대란은 시간문제였다.

1946년 말, 국민당은 정통성 확보와 민심 수습에 나섰다. 공산당이 불참하건 말건 국민대회를 소집했다. 총통제와 5권(입법·행정·사법·고시·감찰) 분립을 근간으로 한 신헌법(新憲法)을 통과시켰다. 공산당에 전쟁의 빌미를 제공한 악수(惡手)였다.

1948년 5월, 정·부총통(正·副總統) 선거가 난징에서 열렸다. 심계원장 위유런은 국·공 연합정부 수립을 주장하며 부총통에 출마했다. 총통은 장제스에게 필적할 만한 후보가 없었지만 부총통은 예측이 불가능했다. 국민대표들을 상대로 득표전이 치열했다. 선거는 돈이 들게 마련, 돈봉투가 난무했다. 위유런은 수중에 모아놓은 돈이 없었다. 측근들은 속이 탔다. 위유런에게 어렵게 돈 이야기를 했지만 대꾸가 없었다. 말귀를 못 알아먹는 건지, 싫다는 건지 그 속을 알 길이 없었다. "얼굴이 수염투성이다보니 표정을 알 수가 없다"고 불평하는 수밖에 없었다

"나는 평생 돈이 있어본 적이 없다. 청년시절, 선생 노릇 잠깐 한적이 있지만 붓과 화선지 사기에도 빠듯했다. 지금은 공무원 신분이다. 공적인 곳에 쓰느라 모아둔 돈이 없다. 기밀비를 타가라고 했지만 어디에 쓰라고 주는 돈인지를 몰라 한번도 받지 않았다. 남들 주머니에 돈 많은 것을 보고 부러워한 적은 있다. 내 보따리 속에는 도장 두 개밖에 없어서 창피했다. 술이나 밥 얻어먹을 때마다 글씨 한 폭 쓰고 도장 두 개 찍어주면 다들 좋아했다. 뭐가 그렇게 좋은지 의아해한 적이 많다."

측근들은 정신이 번쩍 들었다.
"원장님은 돈이 필요 없습니다. 붓에 먹을 듬뿍 묻혀 몇 자 휘갈기면 됩니다. 한 자 한 자가 황금입니다."

장제스, '고집불통' 위유런을 감찰원장에 임명

위유런은 방 안에 틀어박혀 2천 폭을 썼다. '만세 동안 태평성세가되기를 위해'(萬世爲萬世太平), 내용은 더할 나위 없었지만 똑같은 작품을 짧은 기간에, 그것도 같은 공간에서 남발하다보니 가치가 떨

1948년 5월 29일 난징. 부총통에 선출된 경쟁자
리쭝런(李宗仁)에게 축하인사를 건네는 위유런(오른쪽 두 번째).
위유런은 다음 날 감찰원장 임명 통보를 받았다.

어졌다. 받는 사람들이 반가워하지 않았다. 장제스의 장남 장징궈에게만은 예외였다. 남들은 다 써주면서 나는 왜 안 써주냐며 투정하자 위유런은 다른 글귀를 선물했다.

"이익을 따지려면 천하에 이익이 될지를 따지는 것이 마땅하고, 명성을 구하려면 만세토록 남을 명예를 추구해야 한다."

計利當計天下利, 求名應求萬世名

평소 말은 안 했지만 위유런은 "생각이나 행동이 아버지보다 훨씬 낫다"며 장징궈를 귀여워했다. 장징궈도 위유런에게 받은 글씨를 평생 보물 모시듯이 했다. 훗날 총통이 된 후에도 집무실 벽에 걸어놓는 것을 잊지 않았다. 보는 사람들마다 위유런의 장징궈에 대한 애정을 실감했다.

위유런은 낙선했다. 총통 당선 이튿날, 장제스는 위유런을 감찰원장에 임명했다.

"저런 고집불통을 감찰원장에 앉혔다간 무슨 괴상한 일이 벌어질지 모른다. 총통부를 감찰하겠다고 나서고도 남을 사람이다. 수천 년 역사를 보면 너무 청렴한 사람들 때문에 세상이 시끄러워진 적이 한두 번이 아니다. 감찰원장은 적당히 부패하고 유능한 사람으로 선정해주기 바란다."

이렇게 재고를 요청하는 사람이 많았다. 장제스는 듣지 않았다.

"나도 위유런에게 감찰원을 맡기고 싶지 않다. 지금은 난세다. 태평성세라면 내가 고집 부릴 이유가 없다. 국민당은 썩었다. 혁명정신은 찾아보려야 찾아볼 수도 없다. 망해도 진작 망했어야 할 정당이다. 거미줄 같은 정당성이나마 유지하려면 이 방법밖에 없다."

그리고는 찻잔을 바닥에 내동댕이쳤다.

국·공 '인재쟁탈전' 0순위에 오른 위유런

1949년 초, 장제스는 패배를 예감했다. 아들 장징궈에게 "재덕을 겸비한 준재가 구석에서 썩는 경우가 많다. 애석한 일이지만 사교성 외에는 쓸모라곤 한 군데도 없는 사람들이 요직을 꿰차고 있다. 관건은 사람이다. 인재 확보에 서둘러야 한다"며 타이완으로 이전시킬 사람들의 명단을 건넸다. 앞줄에 위유런 석 자가 선명했다.

내전 승리를 확신한 마오쩌둥도 마찬가지였다. 당 부주석 저우언라이에게 신신당부했다.

"4년 전, 충칭(重慶)에 갔을 때 위유런과 함께했던 시간을 잊을 수가 없다. 대륙을 떠나지 말라고 연락할 방법을 찾아라."

두 사람의 인연은 저우언라이도 익히 알고 있었다. 마오쩌둥과 위유런은 1924년 1월 광저우에서 열린 '제1차 국민당 전국대표자대회'에서 처음 만났다. 중앙 집행위원에 선출된 위유런은 노동자농민부장(工人農民部長)을 겸했다. 후보 중앙위원에 뽑힌 마오쩌둥에게도 '선전부장 대리' 자리가 돌아왔다. 위유런 45세, 마오쩌둥 31세 때였다. 2년 후에 열린 제2차 당 대회에서도 마오쩌둥은 후보 중앙위원에 선출됐다. 국민당 중진 위유런과 접촉할 기회가 많았다. 마오쩌둥은 14세 연상인 위유런을 잘 따랐다. 일거리가 없으면 만들어서라도 찾아갈 정도였다.

1949년, 승리를 확신한 마오쩌둥,
패배를 예감한 장제스 두 사람 모두 인재확보에 나섰다.
그중에서도 위유런은 '인재쟁탈전' 0순위였다.
장제스가 마오쩌둥보다 한 발 먼저 위유런을 정중히 납치했다.

유희(遊戱)로 끝났지만, 항일전쟁 승리 직후인 1945년 8월 29일부터 43일간, 전시 수도 충칭에서 장제스와 마오쩌둥이 담판을 벌인 적이 있었다. 충칭에 머무르는 동안, 많은 사람들이 마오쩌둥의 숙소를 찾았다. 마오쩌둥은 평소 글로만 접하던 사람들을 원 없이 만났다. 위유런만은 예외였다. 8월 30일, 저우언라이와 함께 직접 찾아갔다.

"청년시절 위유런의 글을 읽으며 많은 영향을 받았다. 앉아서 만날 수 없다. 못 만나도 상관없으니 미리 연락하지 마라. 예의가 아니다."

당시 위유런은 흔히들 '민주의 집'(民主之家)이라 부르던 민주인사 셴잉(鮮英)의 집에 머무르고 있었다. 그날따라 위유런은 샤오빙(燒餠: 화덕에 구운 빵)을 사먹으러 나가는 바람에 집에 없었다. 값도 싸고 맛은 별로 없지만 위유런은 씹으면 씹을수록 고소한 고향 특산물이라며 샤오빙을 유난히 좋아했다. 소문을 들은 장제스의 비서실장은 그날 밤 열린 마오쩌둥을 위한 연회에 위유런을 초청했다. 마오쩌둥이 다녀간 것을 안 위유런도 9월 6일 점심에 마오쩌둥을 초대했다.

직접 요리하는 미식가

위유런은 소문난 미식가였다. 요리 솜씨도 일품이었다. "맛있는 요리를 만들려면 장을 잘 봐야 한다"며 며칠간 충칭 시내를 누볐다. 당일 새벽시장에 나가 갓 잡은 돼지고기와 신선한 야채를 골랐다. 요리사들과 주방에 들어가 중요한 요리는 직접 만들었다. 이날 마오쩌둥은 위유런의 극진한 대접을 받았다. 붓글씨와 시(詩)를 주고받으며 즐거운 시간을 보냈다. 정치 이야기는 한마디도 꺼내지 않았다. 숙소로 돌아오는 내내 마오쩌둥은 싱글벙글했다. 저우언라이에게 "위유런이 내 시와 글씨를 극찬했다"며 선생에게 칭찬받은 아이처럼 좋아했다. 보기에 민망할 정도였다.

마오쩌둥의 지시를 받은 저우언라이는 위유런의 사위 취우(屈武)를 불렀다. 취우는 장징궈, 덩샤오핑 등과 모스크바 유학 동기생이었다. 국·공 양당의 인사들과도 교분이 두터웠다. 특히 덩샤오핑과는 "네 이름이 건방지다. 샤오핑(小平)이 없어도 작은(小) 평화(平)는 이룰 수 있다"며 놀릴 정도로 친했다. 장징궈와는 모스크바 시절, 여자친구들이 서로 가깝다보니 덩달아 친해진 사이였다. 저우언라이는 취우의 등을 떠밀었다.

"빨리 난징으로 떠나라. 장인을 찾아가 내 말을 전해라. 우리 군대가 양자강을 건널 날이 얼마 남지 않았다. 난징이 점령되더라도 걱정하지 말라고 말씀드려라. 우리가 비행기를 보내 모셔올 때까지 절대 움직이지 말고 계시라고 해라. 마오 주석의 뜻이다. 명심해라."

장제스는 마오쩌둥이나 저우언라이보다 동작이 빨랐다. 취우가 도착했을 때 위유런은 난징에 없었다. 백방으로 수소문했지만 허사였다. 장제스가 파견한 네 명의 특무요원들에게 정중하게 납치당한 위유런은 한동안 광저우와 홍콩을 떠돌았다. 상하이에 머무르는 동안,

마오쩌둥이 중화인민공화국을 선포했다는 소식을 들었다. 11월 26일 장제스가 보낸 비행기를 탔다. 눈떠 보니 충칭이었다. 충칭 도착 3일 후, 장제스의 저녁 초청을 받았다. 대륙에서의 마지막 만찬이었다. 그날 밤, 장제스 부부와 함께 타이완행 비행기에 올랐다. 시안에 있는 부인과 딸에겐 곧 돌아올 테니 기다리라는 말을 남겼다. 낯선 섬나라에서 고독한 생활이 시작됐다.

병원비 한 푼 없던 초서의 성인草聖

위유런은 정통파 중국 지식인 중에서도 모범생이었다. 청년시절 형성된 인생관을 죽는 날까지 바꾸지 않았다. 사망 9개월 전인 1964년 1월 22일 밤 "나는 유가(儒家) 계통의 사람이다. 젊은 시절 지키려고 마음먹은 것들을 이날 입때까지 유지했다. 무슨 일이건 중도에 방향을 잃고 갈팡질팡하는 것은 세상에 웃음거리가 될 뿐"이라는 일기를 남기며 흐뭇해했다. 생활습관도 마찬가지였다. 평생 책을 끼고 살았다. 잠시라도 손에서 놓으면 안절부절 못하며 어쩔 줄 몰라했다. 1963년 4월 16일, 병원에 입원해 있을 때의 일기가 남아 있다.

"소년시절부터 습관이 안 되면, 늙어서 아무리 하려고 해도 불가능한 게 독서다. 취미가 독서라는 사람을 볼 때마다 슬프다. 책을 멀리하는 사람은 치욕이 뭔지를 모른다. 가장 미련한 사람이다. 의사 말대로 하다보니 며칠 간 독서를 못 했다. 불안하다."

초서의 성인(草聖)답게 붓글씨도 게을리하지 않았다. 오는 사람마

초서의 성인 위유런은 언제나 서예에 열중했다.
선거비가 없을 때나 병원비가 모자랄 때에도
글씨를 쓰며 아픔을 달랬다.

다 붓글씨를 한 점씩 써줬다. 돈은 받는 법이 없었다. 위유런은 수십 년간 고관을 지내면서 명예를 제일로 쳤다. 수중에 돈이 남아날 날이 없었다. 만년에 병원비가 없을 정도였다. 85세 때 기관지염으로 입원 했다. 3일 후 일기를 남겼다.

"증세가 가라앉았다. 빨리 퇴원해야겠다. 병원비가 너무 비 싸다."

완치되기 전에 퇴원하는 바람에 병이 도졌다. 일기에 "의사 말 안 듣고 집에 온 게 잘못이다. 음식을 삼킬 수가 없다. 병원에 가고 싶지 만 돈이 없다. 사회활동을 하다보면 통증을 느끼지 못한다"고 썼다. 의료보험이라는 용어도 없을 때였다. 정 힘들면 문천상(文天祥)의 「정기가」(正氣歌)를 7폭 병풍에 쓰며 아픔을 달랬다. 최후의 대작이 될 줄은 아무도 몰랐다. 1964년 7월 말, 기관지가 퉁퉁 부어올랐다. 푸단대학 교우회 회장이 입원을 권했다. 위유런은 대답을 하지 않았 다. 하루가 다르게 병세가 악화됐다. 미국방문을 마치고 돌아온 국방 부장 장징궈가 비행기에서 내리기가 무섭게 달려왔다.
"제가 병원으로 모시겠습니다."
위유런은 요지부동이었다. 장징궈가 무릎을 꿇고 대성통곡하자 그 제야 고개를 끄덕였다. 장징궈는 위유런의 부관에게 단단히 일렀다. "입원비 걱정을 하실 게 분명하다. 거짓말하는 수밖에 없다. 하루에 100원이라고 말씀드려라."
당시 감찰원장의 봉급은 5,000원, 입원비는 하루에 1,000원 남짓

했다. 생명이 다했음을 느꼈던지, 위유런은 몇 차례 「유서」를 작성하려 한 적이 있었다. 붓을 들었다가 놓기를 반복했다.

"나라를 두 동강 낸 주제에 무슨 놈의 「유서」. 푸젠(福建)에서 개가 짖으면 타이완의 개들이 화답한다. 서로 험담이나 해대는 우리는 개만도 못한 것들이다. 후손들에게 못난 조상 소리 들을 생각하니 진땀이 난다."

나의 소망은 단 하나, 고향에 돌아가 아내 만나는 것

위유런 사망 후 「유서」를 찾기 위해 감찰원 부원장과 감찰위원들이 위유런의 금고를 열었다. 만년필, 도장, 일기장 외에 대륙시절 조강지처 가오중린(高仲林)이 만들어준 헝겊 신발, 홍콩에 있던 손자의 미국유학을 위해 은행에서 빌린 차용증서 원본이 들어 있었다. 30여 년간 감찰원장을 역임한 고관의 금고치곤 너무 초라했다. 다들 처연함을 금치 못했다. 훗날 비서 중 한 사람이 위유런이 가난했던 이유를 구술로 남겼다.

"원장은 중국 역사상 찾아보기 힘든 청백리였다. 허구한 날 같은 옷만 입었고 차도 싸구려만 마셨다. 어려운 사람이 찾아오면 그냥 보내는 법이 없었다. 돈이 없어서 학교 못 가는 아이들에겐 빌려서라도 학비를 대줬다. 그러다보니 항상 쪼들렸다. 글씨를 팔자는 말을 하고 싶을 때가 한두 번이 아니었다. 청빈과 인자함 외에는 딱히 표현할 말이 없다."

위유런의 소망은 단 하나, 시국이 변하고 고향에 돌아가 가오중린을 만나는 것 외에는 없었다. 가오중린의 80회 생일이 다가오자 위유런은 식음을 전폐하다시피했다. 홍콩에 있는 친구에게 "조강지처가 그리워 못 살겠다. 생일을 쓸쓸히 보낼 생각 하니 몸 둘 바를 모르겠다. 미국돈 200달러를 동봉한다. 보낼 방법을 찾아봐라. 평생 은혜로 알겠다"는 편지를 보냈다. 홍콩 친구는 위유런에게 받은 편지를 저우언라이에게 보냈다. 저우언라이는 정협(전국인민정치협상회의) 부주석 취우를 불렀다.

"네 장인이 편지를 보냈다. 시안에 가서 장모에게 전해라. 마을 사람들 모아놓고 생일잔치를 해라."

위유런은 "중공 총리 저우언라이가 사위를 보내 융숭한 잔치를 베풀었다"는 답장을 받고 감동했다. 그날 밤, 꿈속에서 가오중린을 만났다. 잠에서 깨어나기가 무섭게 붓을 들었다.

"꿈에 옛 전쟁터를 찾았다. 부대를 이끌고 셴양(咸陽)을 우회했다. 백발의 조강지처를 만났다. 흰머리가 눈물로 뒤엉켰지만, 요염함은 예전과 변함이 없었다."

1964년 11월 10일, 위유런은 타이베이에서 눈을 감았다. 소식을 들은 마오쩌둥은 가슴을 쳤다. 전국에 흩어져 있는 위유런의 서예 작품을 거둬들이라고 지시했다.

"한 점도 유실되면 안 된다. 때가 되면 기념관을 만들어 보존해야 한다."

21세 연하의 장쉐량을 윗사람으로 깍듯이

위유런에 관한 이야기를 하면서 쑨원과 장쉐량(張學良)을 빠뜨릴
수 없다. 1911년 12월 25일, 16년간 망명생활을 하던 쑨원이 귀국했
다. 기자들의 단독 대담 요구가 줄을 이었다. 쑨원은 『민립보』 기자의
요청만 수락했다. "쑨원은 총통으로 자처해서는 안 된다. 겸양의 미
덕을 보여야 한다. 공화국의 첫 번째 총통은 선거를 통해 선출된 의원
들이 선거법을 통과시킨 후 합법적으로 선출돼야 한다"는 「사론」을
봤다며 사장 위유런의 안부를 물었다. 엿새 후, 쑨원은 민립보사를
직접 찾아갔다. "위유런에게 차 한 잔 얻어 마시러 왔다"며 '육력동
심'(戮力同心: 힘을 합하고 마음을 함께하겠다)을 휘호로 남겼다.

1912년 1월 1일, 중화민국 임시정부가 수립됐다. 임시 대총통에
선출된 쑨원은 임시라며 위유런과 『민립보』 동인들을 요직에 기용
했다. 쑨원이 위안스카이와의 합작을 선언하자 위유런은 위안스카
이는 공화주의자가 아니라며 거부했다. 교통부장 자리를 걷어치우
고 신문사로 돌아왔다. 베이징에 있던 혁명당 군사총책 황싱이 상하
이까지 내려와 "『민립보』는 파괴와 건설을 동시에 해냈다. 파괴는 격
렬했고 건설은 온건했다. 혁명가들이 본받아야 한다"며 50만 원을
쾌척했다. 위유런은 "뜻은 고맙지만 출처가 불분명한 돈"이라며 거
절했다.

1913년 3월, 총리 취임을 눈앞에 둔 국민당 이사장 쑹자오런(宋敎
仁)이 상하이 역두에서 암살당했다. 위유런은 현장 목격자 중 한 사
람이었다. 위안스카이의 공화제 파괴 기도를 파악한 위유런은 쑨원
과 다시 합쳤다. 군대를 일으켜 쑨원의 제2차 혁명에 힘을 보탰다.

"『민립보』는 파괴와 건설을 동시에 해냈다.
파괴는 격렬했고 건설은 온건했다.
혁명가들이 본받아야 한다."
위유런은 혁명가들의 아버지였다.
왼쪽에서 세 번째가 위유런,
그의 오른쪽 옆이 샤오리쯔(邵力子)다.

1928년 2월 2일, 중국 최대의 혁명정당이었던 국민당 중앙집행위원회 제4차 회의가 난징에서 열렸다. 위유런은 장제스, 탄옌카이(譚延闓)와 함께 주석단에 앉아 회의를 주재했다. 6일간 계속된 회의는 중앙당 개조안을 의결했다.

"국민정부를 개조하고 군사위원회를 설립한다. 혁명세력이 연합해 북벌을 완수한다."

중국의 운명을 가르고도 남을 회의였다. 북방을 지배하던 펑톈(奉天) 군벌 장쭤린(張作霖)의 북양정부가 정통성을 인정받을 때였다. 군사위원에 선출된 위유런은 당 원로 장징장(張靜江), 차이위안페이(蔡元培) 등과 연합을 서둘렀다. 북벌군 사령관 장제스를 군사위원회와 중앙정치위원회 주석에 추대했다. 펑위샹(馮玉祥), 옌시산(閻錫山), 리쭝런과 연합한 장제스는 4개월 만에 수도 베이징을 압박했다. 근거지 동북으로 돌아가던 장쭤린은 중도에 폭사했다. 위안스카이 사후 중국에 군림했던 북양군벌 통치가 끝나는 듯했지만, 장쭤린의 아들 장쉐량은 호락호락한 인물이 아니었다. 순식간에 친일세력을 제거하고 동북을 장악해버렸다.

동북 3성은 28세에 불과한 장쉐량의 천하로 변했다. 위유런은 장씨 집안과 인연이 깊었다. 3년 전, 장쭤린과 담판을 하겠다며 동북행을 자청한 적이 있었다. 회담은 실패로 끝났지만 수확도 있었다며 즐거워했다.

"장쭤린은 마적 출신이다. 옛날 같으면 난세에 황제가 되고도 남을 사람이지만, 주책없을 정도로 완고한 게 흠이다. 아들 장쉐량은 물건이다. 변화에 민감하고 대국을 보는 눈이 있다. 엄청난 일을 해낼 테니 두고 봐라."

동북 3성 보안사령관에 취임한 장쉐량은 난징 국민정부의 복종을 선포하며 통일정부 수립을 촉구했다. 위유런은 자신의 예측이 정확했다며 흐뭇해했다. 21세 연하인 장쉐량을 윗사람으로 깍듯이 모셨다.

장제스의 고향까지 쫓아가 "장쉐량 석방하라"

1936년 12월, 장쉐량이 시안에서 장제스를 감금했다. 공산당 섬멸에 혈안이 돼 있던 장제스에게 국·공합작을 요구했다. 엄청난 사건이었다. 위유런은 "천고의 영웅"(千古英雄)이라며 장쉐량을 지지했다.

장쉐량의 요청을 수락하고 감금에서 풀려난 장제스는 장쉐량을 연금했다. 분노한 위유런은 장쉐량을 석방하라고 물고 늘어졌다. 장제스가 "오늘 수염쟁이 영감을 만났다. 장쉐량 얘기를 꺼낼까봐 간이 조마조마했다"는 일기를 남길 정도였다. 1949년 1월, 인민해방군이 베이핑에 입성하자 장제스는 하야했다. 성명을 발표하고 내려오는 장제스를 위유런이 가로막았다.

"장쉐량에게 자유를 줘라. 국가 지도자는 빈말을 해서는 안 된다. 감찰원장 자격으로 요구한다."

장제스는 위유런을 뿌리쳤다.

"난 이미 하야했다. 리쭝런에게 자리를 내줬다. 내가 간여할 바 아니다."

위유런은 총통대리 리쭝런의 집무실 문턱을 하루가 멀게 넘나들었다. 결국 장쉐량 석방 지시서에 서명을 받아냈다. 그러나 장쉐량을 관리하던 군사위원회 조사통계국이 리쭝런의 지시를 거부했다.

"군사위원회는 당에 예속된 기관이다. 정부기관이 아니다. 총통의 명령을 따를 수 없다."

총통 자리를 내놨지만 국민당 총재는 여전히 장제스였다. 위유런은 고향에 칩거 중인 장제스를 찾아갔다. 위유런이 왔다는 보고를 받은 장제스는 "이놈의 영감 또 시작했다"며 넌덜머리를 냈다. 아들 장징궈에게 뒷일을 맡기고 산속으로 피해버렸다. 무릎 꿇고 고개 숙인 장징궈를 물끄러미 바라보던 위유런은 한숨을 내쉬며 난징으로 돌아왔다.

"자식이 아비보다 나으니 천만다행이다."

'글씨 인심' 후했던 위유런, 세도가에겐 인색

초서의 성인 위유런은 많은 일화를 남겼다. 그 가운데 몇 편만 소개한다.

위유런은 열한 살 때 왕희지의 아자첩(鵝字帖) 연습을 시발로 매일 붓글씨를 썼다. 청년 시절엔 북위(北魏, 386~557) 비첩(碑帖)의 장중함에 심취했다.

스스로 "중년에 들어서면서 초서에 흥미를 느꼈다. 처음 3년간은 하루에 한 글자만 수백 번씩 썼다. 한 일(一) 자는 하루도 빠지지 않고 연습했다. 아무리 피곤해도 화선지를 대하면 정신이 들었다"고 할 정도로 중년 이후엔 초서에만 매달렸다. 현존하는 위유런의 작품은 대략 1만 점을 상회한다. 다작이다보니 저명 서예가 선인모(沈尹

손자들과 찍은 유일한 사진.
앞줄 오른쪽 첫 번째가 훗날 홍콩 중문(中文)대학(CUHK)
총장을 지내게 되는 류쭌이(劉遵義).

중국 역사상 찾아보기 힘든 청백리 위유런은
1964년 11월 타이베이에서 눈을 감았다.
지금은 타이베이에서 가장 높은 관음산에
대륙을 바라보면서 누워 있다.
맨 왼쪽이 장징궈, 왼쪽에서 두 번째가 위유런,
오른쪽에서 세 번째가 한평생 장제스를 보좌했던 천청(陳誠).

默)의 조롱을 받았다.

"위유런 원장은 글씨를 너무 많이 쓴다. 무슨 물건이건 희소가치가 있어야 한다. 장차 내 것보다 값이 덜 나갈 테니 두고 봐라."

위유런은 별 반응을 보이지 않았다. "귀해야 가치가 있구나"라며 웃어넘겼다. 아무리 도처에 널려 있어도 명품은 명품이게 마련, 지금은 어떤지 잘 모르겠지만, 10년 전만 하더라도 선인모의 작품 값은 위유런의 10분의 1에도 미치지 못했다.

감찰원장 위유런은 집안에 경비원을 두지 않았다. 누구나 드나들게 내버려두고, 돌아갈 때는 글씨를 한 점씩 써줬다. 사회적 지위나 직업 따위는 염두에 두지 않았다. 무턱대고 글씨를 선물하지는 않았다. 맘에 드는 사람에게만 써줬다. 퍼스트레이디 쑹메이링의 친오빠이며 중국의 재정을 한 손에 쥐고 있던 쑹쯔원(宋子文)은 위유런의 글씨를 유난히 좋아했다. 당대의 명장(名匠)이 만든 부채를 구입하자 위유런을 관저로 초청했다. 차가 몇 순배 돌아가자 부채를 정중히 내밀며 몇 자 부탁했다. 위유런은 연금으로 행방이 묘연한 장쉐량의 안위만 물으며 붓을 들지 않았다. 장제스의 동서 쿵샹시(孔祥熙)도 행정원장 시절 비슷한 꼴을 당하고는 끙끙 앓은 적이 있다.

위유런은 그러나 수도 난징의 푸쯔먀오(夫子廟) 인근에 있는 찻집 여종업원의 청은 흔쾌히 받아들였다. 맨 정신에 '옥으로 만든 주전자에, 청춘을 담아 팔며, 빗소리를 즐긴다'를 즉석에서 선물했다. 작품을 받아 든 여인이 날아갈 듯 절을 올리며 수염의 유래를 묻자 어쩔 줄 몰라하던 모습은 가관이었다.

"젊었을 때 신문기자를 한 적이 있었다. 새벽부터 오밤중까지 돌아다니느라 깎을 시간이 없었다. 수염이 길다보니 세수를 안 해도 표가 안 나서 편했다."

위유런은 눈치 없는 사람이었다. 젊은 여인이 "나도 수염 긴 사람과 결혼하겠다"는 말을 여러 번 해도 무슨 말인지 못 알아들었다. 세계적인 중국음식점 '딩타이펑'(鼎泰豊)도 위유런의 글씨다. 원래는 가짜를 걸어놨지만 사실을 안 위유런이 간판을 떼게 하고 '정태풍유행'(鼎泰豊油行)을 직접 써줬다.

"대륙을 볼 수 있으니, 다시는 통곡하지 않겠다"

위유런은 홍콩에 있는 외손자 류쭌이를 총애했다. 류쭌이도 방학만 되면 할아버지를 찾아왔다.

"할아버지는 서예와 독서를 가장 중요시했다. 생활은 평범하고 소박했다. 밥상에 국수와 만두 외에는 특별한 것이 없었다. 양복 입은 모습은 한번도 본 적이 없다. 긴 전통복장에 헝겊으로 만든 신발만 신고 다녔다. 홍콩으로 돌아갈 때마다 글씨를 한 점씩 써서 가방에 넣어주곤 했다. 1961년, 미국유학 떠나는 날 통증을 무릅쓰고 비행장까지 나와서 나를 송별했다. 내 유학비용을 마련하느라 은행에서 돈 빌렸다는 말을 듣고 몇 날 며칠을 울었는지 모른다."

위유런이 타이베이에서 세상을 떠났을 때 총통 장제스가 성명(襃揚令)을 발표했다.

"행동에 덕이 묻어났던 사람. 항상 꾸밈이 없고 온후했다. 일찍이 뜻이 맞아 함께 혁명을 고취했지만 깊이는 헤아릴 방법이 없었다. 위험에 처할수록 건필에 힘을 더해, 바람도 기개를 누르지 못했다."

타이베이에서 가장 높은 관음산에 모시라며 장지(葬地)도 직접 물색했다. 등산 동호인들은 대륙을 그리워하던 위유런의 소원을 풀어주겠다며 모금에 나섰다. 해발 3,997미터 옥산(玉山) 정상에 대륙을 향해 동상을 건립했다. '대륙을 볼 수 있으니, 다시는 통곡하지 않겠다'(大陸可見兮, 不再有痛哭)를 새겨 넣었다.

위유런 사망 20여 년 후 국·공 간의 묵은 원한이 풀리기 시작했다. "조국을 두 동강 낸, 못난 조상 소리 들을 생각하면 진땀이 난다"던 위유런의 탄식은 기우(杞憂)였다. 양쪽이 만났다 하면 기업인, 학생, 정치가는 물론 심지어 건달들까지도 위유런의 「망대륙」을 노래하기 시작했다. 대륙, 타이완 할 것 없이 연말에 열리는 시 낭송에도 「망대륙」은 빠지는 법이 없다.

2006년, 상하이 푸단대학이 설립자 중 한 사람인 위유런의 기념관 건립계획을 발표했다. 소식을 접한 홍콩 중문대학 총장 류쭌이는 학생시절 타이완에 갈 때마다 할아버지가 써줬던 작품 20여 점을 푸단대학에 영구임대 형식으로 기증했다. 상하이로 보내기 전에 중문대학 문물관에서 작은 전시회를 열었다. 홍콩인들에게 외조부의 작품을 처음이자 마지막으로 선보인 것이다.

자신의 철학을 실천하는 혁명가 2

"중국은 중국적 특색이 있는 나라다.
우리에게 맞는 공산주의를 해야 한다.
돈을 받으면 저들의 노예가 된다!"
천두슈는 단순하고 천진난만하며 고집이 세고 완강한,
협객과 문인의 결정체였다.

중국의 프로메테우스 천두슈

> "나는 나 자신이 국가에 해를 끼쳤다는 생각을 해본 적이 없다.
> 정부는 국가가 아니다."

학위 없고 경력 없지만 베이징 대학 교수로 초대받아

1915년 9월, 잡지 『신청년』(新靑年)이 상하이에서 첫선을 보였다. 일본에서 갓 돌아온 36세의 천두슈(陳獨秀)가 주편이었다. 『신청년』은 종래의 잡지와 달랐다. 개인과 국가의 관계, 외부 세계에 대한 태도, 국민성의 폐단, 전통에 대한 체계적 비판, 개성의 해방, 교육의 목적 등에 대한 토론의 공간이었다. 민주와 과학을 제창하고 중국인의 희망과 한계를 탐색했다.

루쉰(魯迅)도 『신청년』에 「광인일기」(狂人日記)를 발표하면서 독서인들에게 첫선을 보였다.

베이징대학 총장 차이위안페이는 사람 욕심이 많았다. 1917년 천두슈를 문학원장으로 초빙했다. 천두슈의 교수발령은 문제가 많았다. 학위도 없고 경력도 부족했다. 차이위안페이는 편법을 썼다. 천두슈도 모르게 가짜 경력을 몇 줄 써놓고는 임명장을 줘버렸다. 문학원장에 취임한 천두슈는 도서관장 리다자오(李大釗)와 뜻이 맞았다. 러시아 혁명의 영향을 받은 두 사람은 『매주평론』(每周評論)을 창간해 마르크스주의를 본격적으로 전파하기 시작했다.

천두슈의 영향력은 상상을 초월했다. 마오쩌둥, 류사오치(劉少奇), 저우언라이 등 중국의 현실을 이해하기 시작한 신청년들이 도처에 출현했다. 지린(吉林)의 위원(毓文)중학에 다니던 조선청년 김성주(훗날의 김일성)도 중학시절『신청년』과『천두슈선집』을 읽고 영향을 받았다. 천두슈의 명성은 후스와 차이위안페이, 루쉰 등을 능가했다. 마오쩌둥도『신청년』을 접한 후부터 한동안 다른 글은 읽지 않았다.

중국의 레닌, 천두슈의 공산당 창당

1919년 5월 4일 베이징에서 대규모 학생시위가 발생했다. 정부의 굴욕외교가 발단이었지만 천두슈에게는 그간 펼쳐온 신문화운동(新文化運動)을 총결산하는 날이며 새로운 출발을 예고하는 날이었다. 신지식인들도 이날을 기점으로 그간의 탐색에 종지부를 찍었다.

신문화운동의 열기가 한풀 꺾이자 지식인사회에 분열이 시작됐다. 대중운동을 주도하며 마르크스의 신봉자가 된 천두슈와 리다자오는 공산당 창당의 필요성을 절감했다. 리다자오는 베이징에 남고 천두슈는 상하이로 떠났다. 남쪽은 천두슈, 북쪽은 리다자오, 중공 당사에서 말하는 '난천베이리(南陳北李)시대'가 바야흐로 시작됐다.『신청년』편집실도 상하이로 이전했다. 세계혁명을 꿈꾸던 소련은 중국에 특사를 파견했다.

1921년 7월 직접적인 행동과 엄밀한 조직을 필요로 하는 청년들이 상하이에 모였다. 중국공산당을 창당한 이들은 회의에 참석도 안한 천두슈를 총서기에 선출했다. 사람들은 그를 '중국의 레닌'이라

베이징대학 총장 차이위안페이는 학위도 없고
경력도 없는 천두슈를 문학원장으로 초빙했다.
천두슈도 모르게 가짜 경력을 써넣고는
임명장을 줘버렸다.

고 부르기 시작했다. 천두슈는 1927년 8월 7일 우한(武漢)에서 열린 제4차 대회(중공 당사에서 말하는 8·7회의)에 이르기까지 중국공산당을 대표했다. 마오쩌둥도 한때는 선전부장 대리로 천두슈를 보좌했다.

천두슈는 자신의 철학을 실천하는 혁명가였다. 인격과 인성과 인정이 불필요한 정치가가 아니었다. 단순하고 천진난만하며 고집이 세고 완강한, 협객과 문인의 결정체였다. 파벌을 만들지 않았고 만들 줄도 몰랐다. 아들들과도 결별하고 부인과도 등을 돌렸다.

"중국은 중국적 특색이 있는 나라다. 우리에게 맞는 공산주의가 필요하다. 돈을 받으면 저들의 노예가 된다."

코민테른의 지원금도 받으려 하지 않았다. 돈이 없다보니 당원들에게 활동비조차 주지 못했다.

"혁명은 열정으로 하는 거다. 각자 알아서 해라."

다행스럽게도 초기 당원들 중에는 교사, 기자, 출판사 편집자 등 제 밥벌이는 하는 지식인들이 많았다. 군벌 출신 주더(朱德)가 입당하고 싶다며 돈 싸들고 상하이까지 왔을 때 3류 군벌 따위가 올 곳이 아니라며 만나주지도 않았다. 마오쩌둥도 어린애 취급 했다.

상하이 빈민굴에서 신문 보다 잡힌 천두슈

천두슈는 결국 8·7회의에서 기회주의자로 몰려 공산당에서 제명당했다. 국민당도 현상금 1만 원과 함께 체포령을 내렸다. 수배자 신세가 된 천두슈는 상하이에 은거했다. 일부 추종자들과 함께 흔히들 '트로츠키파'라고 부르는 '중국공산당 좌파 반대파'라는 조직을 새로 만들었지만 도망자 생활은 여전했다. 측근 몇 명 외에는 사는 곳을 아는 사람이 없었다.

1932년 10월 15일 토요일 황혼 무렵, 천두슈는 상하이의 빈민굴에서 신문을 보고 있었다. 갑자기 대문 두드리는 소리가 요란했다. 몇 년 전부터 동거하던 담배공장 종업원 판란전(潘蘭珍)은 고향에 가 있었다. 방 안에 불은 켜져 있고 혼자 있다보니 퇴로가 없었다.

천두슈는 서서히 몸을 일으켰다. 위에 통증이 왔다. 허리를 움켜쥐고 조심스럽게 문을 여는 순간 건장한 남자들이 밀치고 들어왔다. 상하이 공안국 순포방(巡捕房)에서 왔다며 법원이 발부한 수색영장과 체포영장을 제시했다.

"법을 집행하러 왔다. 함께 가자."

천두슈는 할 말이 없었다.

"몸에 병이 있다. 갈 형편이 못 된다. 여기서 이야기해라."

이 한마디가 고작이었다. 대장으로 보이는 자가 입을 열었다. 태도가 정중했다.

"염려 마십시오. 저희가 병원에 모시고 가겠습니다."

천두슈는 모자를 쓰고 마음을 진정시켰다. 대문을 나서며 모든 게 끝났다고 생각했다.

1927년 4월, 정변을 일으킨 장제스는 공산당원들을 닥치는 대로 사살했다. 그 안에는 천두슈의 두 아들도 포함돼 있었다. 숨어 다니며 제대로 먹지 못하고, 추위에 떤 5년간은 살아 있어도 죽은 거나 다름없었다. 딸마저 세상을 떠난 후에는 세상살이에 흥미를 잃었다.

순포방에 도착한 천두슈는 자신의 추종자 다섯 명이 잡혀와 있는

것을 보고 눈인사를 나눴다. 이틀 후 장쑤(江蘇) 고등법원으로 압송
됐다. 순포방 책임자가 지필묵을 들고 왔다. 명성을 익히 들어왔다며
휘호를 청했다. 천두슈는 '선천하우이우'(先天下憂而憂)와 '환아하
산'(還我河山) 두 폭을 써줬다. 간단한 심문을 마친 장쑤 고등법원은
상하이 시장에게 후속조치를 결정해달라고 청했다. 시장 우톄청(吳
鐵城)은 장제스에게 보고했다. 우한에서 홍군 소탕작전을 지휘하고
있던 장제스는 천두슈를 난징으로 보내라고 지시했다. 18일 밤, 우
티에청은 장쑤 고등법원에서 상하이 역까지 위수령을 선포했다. 국
민당 중앙 조직부는 난징에 도착한 천두슈를 군 사법기관에 안치한
후 100원(元)을 보냈다.

"함부로 대하지 마라. 천두슈는 돈이 없다. 사식비로 써라."

"희대의 인재에게 관용 베풀어주기를 학계와 문화계는 갈망한다"

천두슈 체포소식이 대대적으로 보도되자 여론이 들끓었다. 한 신
문은 "공산당은 천두슈에게 상처를 입혔다. 국민당은 상처에 일격을
가해 그를 혼절시켰다"는 보도를 만화와 함께 내보냈다. 후스, 차이
위안페이, 린위탕(林語堂) 등 사회명류들이 구명에 나섰다. 연명으로
국민당 중앙당과 국민정부에 「탄원서」를 제출했다.

"천두슈가 와병 중에 체포됐다. 일찍이 언론을 통해 혁명을 지지
했고, 신문화운동에 세운 공로는 필적할 만한 사람이 없다. 국민혁
명도 간접적으로 도왔다. 천두슈의 역사적 지위는 개인적인 원한
으로 말살할 수 없을 정도가 돼버렸다. 정치적 차이 때문에 우리와

천두슈는 1915년 9월 『신청년』을 창간했다.
창간사를 대신한 「청년들에게」(敬告靑年)에는
"자주적이되 비노예적이며, 진보적이되 비퇴영적이며,
진취적이되 비은일적이며, 세계적이되 비쇄국적이며,
실리적이되 비허명적이며, 과학적이되 비상상적이다" 등
여섯 가지 대의를 밝혀두었다.
『신청년』 동인들. 앞줄 오른쪽이 베이징대학 도서관장 리다자오.

다른 길을 걸었지만, 폭력에 반대하고 홍군을 비적으로 규탄하다 공산당에서 제명당한 사실도 잊어서는 안 된다. 서구 여러 나라에는 의회에 진출한 공산당원들이 많다. 천두슈도 이들과 다를 게 없다. 희대의 인재에게 관용을 베풀어주기를 학계와 문화계는 갈망한다."

해외에서도 탄원서가 줄을 이었다. 존 듀이, 버트런드 러셀은 장제스에게 천두슈의 석방을 요구하는 편지를 보냈다. 아인슈타인도 "동방의 미래를 좌우할 큰 인물"이라며 석방해줄 것을 간곡히 청했다. 효과가 있었다. 장제스는 "지금은 공산당의 수령이 아니지만 근년에 발생한 모든 살인과 방화는 천두슈에서 비롯됐다"며 "법의 심판을 피할 수 없다"고 기자들에게 말했다. 러셀 등 외국인들에게도 "천두슈를 공개재판에 회부하겠다"는 답신을 보냈다.

외국인들은 실망했지만, 내국인들은 달랐다. "공개재판에 회부되면 목숨을 건질 수 있다"며 안도했다. 당시 공산당 수뇌들에겐 재판이고 뭐고가 없을 때였다. 육군 감옥에 갇혀 있다가 재판관이 선고하면 그 자리에서 형장으로 끌려갔다. 천두슈도 특별대우를 받는다고 직감했다.

구금생활 열흘만인 10월 25일 오후, 군정(軍政)부장 허잉친(何應欽)이 군 검찰부장에게 천두슈를 데려오라고 지시했다. 허잉친은 집무실에 음식을 차려놓고 천두슈를 기다렸다. 영문도 모르고 끌려온 천두슈에게 장제스의 의중을 전달했다. 고맙다고 하자 장시(江西), 후베이(湖北) 일대의 공산당 무장세력과 정국에 관한 의견을 물었다. 천두슈의 대답은 명쾌했다.

"간부들을 파견한 적은 있지만, 직접 지휘한 적은 없어서 아는 바가 없다."

내친김에 장제스의 정책에 대한 견해도 늘어놨다

"일본이 동북을 침탈한 지 1년이 지났다. 민중을 이끌고 항일전쟁을 수행해야 한다. 공산당 소탕이 먼저라며 중국 땅에 들어온 일본군을 그대로 방치하는 건 말도 안 된다. 일본과의 전쟁은 피할 수 없다. 소련과 함께하는 것이 영국이나 미국과 연합하는 것보다 유리하다. 국민회의를 열어서 당면한 문제를 해결하자는 의견에는 찬성한다."

두 사람은 두 시간가량 이야기를 나눴다. 헤어질 무렵 허잉친이 글씨를 청했다.

"자손 대대로 보존하겠습니다."

천두슈는 『논어』(論語)의 한 구절을 써줬다.

"삼군을 지휘하는 장수를 빼앗을 수는 있어도
이름없는 사람의 마음속 뜻은 빼앗을 수 없다."

三軍可奪帥也, 匹夫不可奪志也

허잉친은 천두슈를 안심시켰다.

"장닝(江寧) 지방법원에서 공정한 공개재판을 열 겁니다. 군 검찰부를 통해 발표할 생각입니다."

군 검찰부 유치장으로 돌아온 천두슈는 목을 만지작거렸다. 심심할 때 보라며 『수호지』를 들고 온 검찰부장에게 농담을 던졌다.

"공산당원은 목이 질기다고 했다. 그 말이 맞는 것 같다."

검찰부장도 웃고 천두슈도 웃었다.

"현실을 다룬 소설은 사람을 곤혹스럽게 한다"

기자들이 천두슈를 인터뷰하겠다고 몰려왔다. 검찰부는 대표 세명을 선출하면 면회를 허용하겠다고 응수했다. 10월 29일 오후, 천두슈가 기자들 앞에 모습을 드러냈다. 이튿날 신문에 대담 내용이 크게 실렸다.

"옥중 소감은?"

"감옥에 있는 사람이 소감은 무슨 소감, 빨리 공개법정에 서고 싶다."

"난징은 초행이라고 들었다. 인상을 말해달라."

천두슈는 자신을 공개재판에 회부한 장제스를 의식했다.

"20년 전에 와본 적이 있다. 예전에 비해 건물이 많이 들어서고 깨끗해졌다. 정부가 노력한 흔적이 보인다. 국가의 앞날을 위해 다행스런 일이다."

"변호사를 선임했나?"

"나는 돈이 없는 사람이다."

상하이 최고의 변호사들이 변호를 자청했다고 하자 천두슈는 고개를 흔들었다.

"내 사건은 법적인 문제가 아니다. 정치문제다. 변호사는 있어도 그만이고 없어도 그만이다."

난징에 온 베이징대학 총장 장멍린(蔣夢麟)이 먹을 것과 유행소설 몇 권 사 들고 천두슈를 면회했다. 천두슈는 면박을 줬다.

"감옥은 세상과 벽을 쌓은 곳이다. 현실을 다룬 소설은 사람을 곤혹스럽게 한다. 게다가 나는 소설을 좋아하지 않는다. 베이징에 가면 후스에게 애덤 스미스의 『국부론』과 리카도의 『경제학과 과세의 원리』, 마르코 폴로의 『동방견문록』 영문판을 빌려서 보내라. 갑골문에 관한 책도 보고 싶다. 영문 저작과 고대문자를 가까이하면 현실과 멀어지고 갇혀 있다는 느낌이 감소된다."

1933년 3월, 장쑤 고등법원은 천두슈에게 「기소이유서」를 발송했다.

"천두슈는 공산당 좌파 반대파의 괴수다. 공산주의를 선전하고 국민당 정부를 공격했다. 그간 발생한 폭동과 불법집회, 문자를 통한 반국가적인 선전의 책임이 있다⋯⋯."

천두슈는 변론에 필요한 「변소장」(辯訴狀)을 직접 작성했다.

"지금 내 나이 55세, 약관 이래 제제(帝制)와 북양군벌, 봉건사상, 제국주의에 반항했다. 중국을 개조시키기 위해 30여 년간 동분서주했다. 전반기인 5·4 시기는 지식인의 사명에 충실하고자 노력했고, 후반부는 노동자와 농민의 편에 섰다. 제1차 세계대전 이후 혁명의 열풍이 중국에 몰아닥쳤다. 나는 대세에 순응했다. 신문화운동을 주도하고 중국공산당을 창당한 것은 민족의 이익을 대변하기 위해서였다. 지금 국민당은 공산당을 철천지원수 대하듯한다. 법정은 일본 제국주의가 산하이관(山海關: 만리장성 동쪽 끝에 있는 중국 화북의 군사 요지)을 넘나들고 러허(熱河)를 곁눈질해도 방관하는 국민당을 대표해 나를 심판하려 한다. 중국의 법정은 사법(司法)의 독립을 외칠 자격이 없다. 법정을 민족과 민족의 이익을 선전하다 희생할 장소로 삼겠다."

"정권탈취가 아닌 정당은 정당이 아니다"

4월 14일 오전 9시, 첫 번째 공판이 열렸다. 천두슈는 신문화운동 시절 사법총장과 교육총장을 역임한 논적(論敵) 장스자오(章士釗)의 변론만 받겠다며 후스와 차이위안페이 등 지인들이 선정한 네 명의 변호사에게는 퇴정을 요구했다. 공판기록 일부를 소개한다.

취추바이(瞿秋白·뒷줄 왼쪽에서 첫 번째)와 함께
코민테른(국제공산당) 제4차 대회에 참석한
천두슈(앞줄 왼쪽 첫 번째). 1922년, 모스크바.

"코민테른과의 관계는 어땠나요?"

"만족할 때도 있었지만, 아닐 때도 많았다."

"공산당에선 언제 제명당했습니까?"

"제3자를 통해 제명당했다는 말은 들었다. 정확한 날짜는 나도 모른다."

"이유는?"

"의견이 맞지 않았다."

"제명당한 후에 무슨 일을 했나요?"

"아무 일도 하지 않았다."

"생계는 어떻게 유지했나?"

"돈이 있으면 먹고 없으면 굶었다. 생각하고 싶지 않다."

방청석에서 흐느끼는 소리가 간간히 들렸다. 재판장의 질문이 계속됐다.

"공산당은 몇 개로 갈라졌나?"

"트로츠키와 스탈린, 두 파로 갈라졌다."

"홍군의 주장을 어떻게 생각하나?"

"홍군은 특별조로 보면 된다."

"폭동을 선동하고, 무능한 국민정부를 전복시켜야 한다는 주장을 한 적이 있나?"

"지금도 그 생각에는 변함이 없다."

"최종 목표가 무엇이었는지, 말할 수 있으면 해봐라. 하기 싫으면 안 해도 된다."

"민중을 해방시키고 노동자의 환경을 제고시키려면 정권을 탈취해야 한다. 정권탈취가 목적이 아닌 정당은 정당이 아니다."

"현재 안후이(安徽), 후난(湖南), 푸젠, 장시 등 여러 성에 몰려 있는 공산당과 합작하지 않은 이유가 궁금하다."

"나와 정책이 다른 사람들이다. 누구 주장이 맞는지는 나도 잘 모르겠다."

여기저기서 폭소가 터졌다. 재판장은 마지막으로 국민정부를 타도하려는 이유를 물었다. 천두슈는 쭈뼛거리지 않았다.

"이유는 세 가지다. 간단히 설명하겠다. 국민당은 총칼에 의지한 정권이다. 국민들은 발언권이 없고 당원들도 발언권이 없다. 민주정치의 원칙에 어긋나는 정권이다. 중국인들의 빈곤은 극에 달했다. 군벌과 관료들에게 돈이 몰려 있다. 그들은 이 돈을 제국주의 은행에 예치시켰다. 국민들의 고통은 끼니조차 해결하기 힘들다. 국민들은 일본과의 전쟁을 주장하지만 정부는 무저항을 견지한다. 의무가 뭔지를 모르는 정권이다."

"정권을 전복하려는 생각을 하루도 버린 적이 없다"

1주일 후 마지막 재판이 열렸다. 천두슈의 최후 진술은 일품이었다.

"국민당과 국민정부를 반대한 것은 인정한다. 국가에 해를 끼쳤다는 생각은 해본 적이 없다. 정부는 국가가 아니다. 국민당의 창시자 쑨원은 청나라 정부를 전복시키고, 북양 군벌정부를 타도했다. 정부를 타도하려 한 것이 국가에 해를 끼친 행위라면 국민당은 두 번에 걸쳐 반국가 행위를 했다. 검찰 측의 기소는 말이 안 된다."

장스자오는 53분간 변론을 했다. 천두슈의 행동이 무죄임은 물론이고 검찰 측이 주장하는 반정부행위도 법적으론 아무 근거 없는 궤변이라고 역설했다. "문화를 숭상하는 민족답게 독서인의 종자를 보존해야 한다"는 말로 끝을 맺었다. 변론이 끝나기가 무섭게 천두슈가 자리에서 일어섰다.

"변호인의 주장은 개인의견에 불과하다. 나는 정권을 전복하려는 생각을 하루도 버린 적이 없다."

다들 "과연 천두슈답다"며 혀를 찼다. 재판장과 검찰관도 마찬가지였다. 천두슈는 재판장이 권하는 뜨거운 차를 마시고 감옥으로 돌아갔다.

1933년 4월 26일, 재판장은 징역 13년을 선고했다. 천두슈도 항소했다. 1심이 끝나자 생각지도 않았던 일이 벌어졌다. 출판사마다 「천두슈의 법정 진술」과 「항소이유서」, 「장스자오의 변론」 등을 묶어 출판했다. 서점에 깔리자마자 작문과 법학교재로 쓰겠다는 학교들이 줄을 이었다. 국민당 선전부는 공산당이 불법정당이라는 이유로 신문 게재를 금지시켰지만 효과가 없었다. 항소심은 천두슈에게 8년 형을 선고했다. 당시 중국은 2심제였다. 평소 "문명의 발원지는 연구실과 감옥이다. 두 곳을 오가며 만들어낸 문명이야말로 진정한 문명"이라며 입방정 떨더니 꼴좋다고 빈정대는 자들도 있었지만 극소수였다.

장쑤 제1감옥으로 이송된 천두슈는 중국역사상 유례를 찾아보기 힘든 감옥생활을 시작했다.

"보고 싶은 책 실컷 보게 해라"

'장쑤 제1감옥'은 난징의 라오후차오(老虎橋) 인근에 있었다. 그래서 흔히들 '라오후차오 감옥'이라고 불렀다. 천두슈는 단식투쟁으로 외부와의 서신왕래를 허락받았다.

독방에 수감된 천두슈는 상하이에 있는 친지에게 편지를 썼다.

"면회를 와라."

감옥 책임자인 전옥장(典獄長) 리위청(李玉成)은 허락하지 않았다. 직접 천두슈를 찾아와 이유를 설명했다. 그는 단정한 사람이었다.

"저는 선생의 독자입니다. 어제도 밤늦게까지 선생의 글을 읽었습니다. 정치범에게는 면회와 서신왕래를 허락할 수 없습니다. 독서와 신문 구독도 불가능합니다. 독방을 내드리는 것 외에는 제가 해드릴 수 있는 것이 없습니다."

천두슈는 발끈했다. "노예제 시대나 봉건사회와 다를 바 없다"며 식사를 거부했다. 물도 마시지 않고 침상에 누워 미동도 하지 않았다. 며칠이 지나자 안색이 배춧빛으로 변했다. 전옥장은 상부와 의논했다. 엉뚱한 지시가 내려왔다.

"서신왕래를 허락한다. 면회도 맘대로 하게 배려해라. 천두슈는 독서인이다. 보고 싶은 책 실컷 보게 내버려둬라."

천두슈를 만나겠다는 국민당 요인과 사회 명사들이 감옥 앞에 줄을 섰다. 다들 천두슈의 방에서 면회를 했다. 시간이 흐르자 일면식도 없는 지방부호들의 방문이 그치지 않았다. 천두슈는 전옥장을 불렀다.

"책 볼 시간이 없다. 앞으로 내가 허락하지 않는 사람은 들여보내지 마라. 모르는 사람은 만나지 않겠다."

천두슈는 면회객들이 주고 간 돈으로 역사 관련 서적과 몽고어, 티베트어, 조선어, 말레이시아어 사전을 구입했다. 정치관련 서적도 상관없다고 하자 『레닌전집』과 『마르크스전집』도 구입했다. 책이 불어나자 감옥 측은 서가 두 개와 큰 책상을 준비하고, 옆방에 접견실을 따로 마련했다. 캐나다에서 열린 태평양 국제학술회의에 참석하고 돌아온 후스도 책과 편지를 보내왔다.

"독서와 집필이 가능하다고 들었다. 모처럼 맞은 한가한 시간, 작은 고통을 큰 즐거움으로 이겨내기 바란다. 나는 네가 부럽다."

장제스 대신해 면회 온 쑹메이링

면회객 중에는 장제스의 부인 쑹메이링도 있었다. 철도부장과 함께 천두슈의 감방에 들어선 쑹메이링은 남편의 숙적에게 정중했다.

"남편이 보내서 왔습니다. 제게 대신 안부를 전하라고 신신당부했습니다."

천두슈는 담담했다. "감사합니다"가 다였다. 베이징대학 시절 동료교수였던, 철도부장 구멍위(顧孟余)에게 던지듯이 한마디했다.

"고관이 되더니 전보다 늠름해졌구나."

구멍위가 난처한 표정을 짓자 쑹메이링이 웃으며 끼어들었다.

"고관은 무슨 고관입니까. 선생이야말로 마음만 먹으셨다면 무슨 고관인들 못 하셨겠습니까."

천두슈가 피곤하다고 하자 쑹메이링이 들고 온 음식과 술을 권했다. 구멍위가 "부인께서 직접 만든 것"이라고 하자 "너나 먹으라"며 구멍위 쪽으로 밀었다. 쑹메이링이 미소를 짓자 그제야 민망한 표정을 지으며 젓가락을 들었다. 그날 밤 쑹메이링은 천두슈에게 느꼈던 인상을 장제스에게 상세히 설명했다.

"천두슈를 만나고 나서야 중국이 큰 나라라는 것을 알았다. 표현할 방법이 없는 사람이다."

장제스도 천두슈를 살려준 이유를 털어놨다.

"천두슈는 공산당을 만들었다. 역사에 자신의 자리가 있는 사람이다. 홀대해선 안 된다.”

최고 정보기관이었던 국민당 중앙위원회 통계국(中通)장 쉬언쩡(徐恩曾)과 중앙군사위원회 통계국장 다이리(戴笠)도 천두슈를 찾아와 투항을 권했다. 한마디로 거절당했다. 상상도 못 했던 인물들이 다녀가자 감옥 측은 천두슈에게 열과 성의를 다했다. 천두슈의 방은 연구실로 변했다.

천두슈 생애의 마지막 여인 판란전

1933년 7월, 천두슈는 감옥생활 첫 번째 여름을 맞이했다. 20대 중반의 여인이 천두슈의 면회를 신청했다. 전옥장이 여인을 직접 만났다. 훗날 기록을 남겼다.

“가벼운 화장을 한 여인은 천두슈의 학생이라며 긴말을 하지 않았다. 얼굴이 동그랗고 눈이 컸다. 이름도 묻지 않고 천두슈의 방으로 안내했다. 천두슈는 반가워하면서도 놀란 표정을 지었다. 두 사람의 표정이 묘했다. 뭔가 심상치 않은 사이 같았다. 내가 오래 있을 자리가 못 됐다. 이름이 판란전이라는 것은 한참 지나서야 알았다.”

전옥장의 예감은 틀리지 않았다. 판란전은 천두슈 생애의 마지막 여인이었다. 1927년, 국·공합작의 파열로 수배자 신세가 된 천두슈는 상하이의 빈민굴에 몸을 숨겼다. 같은 층에 혼자 사는 젊은 여인이 있었다. 생긴 것도 평범하고 분수를 알았다. 쉬는 날이면 천두슈와 함께 이 얘기 저 얘기 하며 시간 보내기를 좋아했다. 친해지자 신상도 털어놨다.

"고향은 난퉁(南通)입니다. 어릴 때 아버지가 옆집 여자와 놀아나다 들켰습니다. 황급히 도망치는 아버지 따라 네 살 때 상하이로 왔습니다. 아버지는 부두노동을 했고, 엄마는 산에 올라가 석탄을 캤습니다. 열세 살 나는 해 가을에 방직공장에 취직했습니다. 건달을 만나 살림을 차렸습니다. 태어난 애가 요절하자 건달은 집을 나갔습니다. 다시 돌아오지 않더군요. 영미연초공사(英美煙草公司)에 다니며 노동일을 합니다."

천두슈는 판란전에게 호감을 느꼈다.

"나는 난징 사람이다. 성은 리(李)가다. 이 나이가 되도록 독신이다보니 의지할 곳이 없다."

시간이 흐르자 만나는 횟수도 늘어났다. 판란전은 틈만 나면 천두슈의 빨래도 해주고 방도 치워줬다. 천두슈가 생활비도 줄일 겸 한집에 살자고 하자 고개를 끄덕였다. 함께 외출할 때마다 판란전은 천두슈의 팔짱을 꼈다. 나이 차이가 워낙 많다보니 아무도 부부나 다름없는 사이라고 보지 않았다. 판란전은 천두슈보다 30세나 어렸다.

판란전은 아이들을 좋아했다. 양녀를 입양하자 천두슈가 화를 냈다. 그 일로 다툴 때가 많았다. 천두슈가 체포되기 두 달 전 판란전이 양녀를 데리고 집을 나갔다. 홀몸이 된 천두슈는 당장 먹고살 길이 막연했다. 판란전이 애지중지하던 모피 코트를 들고 전당포를 찾아갔다.

천두슈 체포 후 판란전도 공산당 두목이 잡혔다는 소문을 들었다.

호기심에 신문에 실린 사진을 봤다가 숨이 멈추는 것 같았다.

천두슈를 만나고 나온 판란전은 감옥 인근에 방 한 칸을 빌렸다. 생활도 규칙적이었다. 오전 9시만 되면 어김없이 감옥에 와서 오후 5시에 돌아갔다. 점심도 천두슈와 함께했다. 감옥 측의 배려도 극진했다.

면회 온 판란전과 천두슈는 거침이 없었다

당시 라오후차오 감옥에는 류사오치의 부인과 자오스옌(趙世炎: 전 중국 총리 리펑의 외삼촌)의 부인 등 여자 정치범이 10여 명 있었다. 천두슈와 차별이 심하다며 불평들을 쏟아냈다.

남들이야 그러건 말건, 천두슈와 판란전은 거침이 없었다. 하루는 전옥장이 천두슈와 같은 혐의로 수감된 푸더츠(濮德治)를 불러 하소연했다.

"누가 뭐래도 여기는 감옥이다. 위에서 우대하라는 지시도 있었지만, 우리는 천 선생에게 정말 하노라고 한다. 단 한번도 죄수로 대한 적이 없다. 천 선생은 이곳을 여관으로 착각하는 것 같다. 뭘 어떻게 해야 좋을지 난처해 죽을 지경이다."

무슨 일인지 구체적으로 설명하라고 하자 전옥장은 문까지 닫아걸고 입을 열었다. 훗날 푸더츠는 『회고록』에서 전옥장과의 대화를 상세히 기술했다.

"판 여사가 하루도 빼놓지 않고 면회를 온다. 누군지 너도 아는 사람이냐?"

천두슈보다 30세나 어린 판란전은 천두슈의
마지막 여인이었다. 감옥 인근에 방 한 칸을 빌려놓고
매일 면회를 갔었다. 1942년 천두슈가 죽자 그의 원고와
그림 등을 가지고 상하이에 가 살았다. 개혁개방 이후
천두슈기념관을 단장하기 위해 모은 유품과 천두슈의 흉상.

"학생이라고 들었다."

"학생 같지 않다. 무슨 학생이 매일 선생 면회만 다니느냐. 그것도 온종일 있다가 돌아간다."

"그러면 딸인가보다."

"그건 절대 아니다. 딸은 내가 본 적이 있다."

"그럼 뭐란 말이냐. 상상이 안 간다."

"나는 네가 아는 줄 알았다. 천 선생 체면 때문에 말을 못 하는 거 아니냐?"

"자세히 말해봐라."

"판 여사와 여관방에서나 할 수 있는 일을 감방 안에서 한다는 간수의 보고가 있었다. 이 일이 알려지면 나도 감방에 가야 한다. 내가 그랬다는 말은 하지 말고 천 선생께 자애자중하시라고 말씀 좀 드려라. 나도 천 선생의 숭배자 중 한 사람이다."

"사실 여부를 확인한 후에 네가 직접 얘기해라."

"내 눈으로 확인했다. 천 선생만 보면 쪼그라드는 것 같아서 입이 안 열린다. 네가 완곡히 얘기해라."

다음 날 밤, 천두슈 방을 찾아간 푸더츠는 언성을 높였다.

"밖에서는 선생이 여자라면 상대가 누구든지 가리지 않는다고 말들이 많습니다. 대학에 계실 때도 사창가 출입을 무용담처럼 해대시더니 감옥에 와서도 그러시면 우리는 뭐가 됩니까!"

천두슈는 침착했다.

"원래 큰 신문은 큰 유언비어를 만들어내고, 너절한 신문은 지저분한 소문을 퍼뜨리는 법이다. 사생활은 남들이 관여할 바가 못 된다.”

푸더츠는 열이 올랐다.

“선생께서는 한 정당의 영수입니다. 남녀문제가 분명해야 합니다. 매일 찾아오는 젊은 여자는 도대체 누굽니까?”

“나는 동지의 부인을 엿본 적이 없다. 또 애인이 있는 여자를 탐낸 적도 없다. 그래서 사창가가 편했다. 판 여사는 나의 반려자다.”

푸더츠는 할 말을 잃었다. 전옥장에게 그대로 전했다. 전옥장은 간수들에게 “판 여사가 와 있는 동안은 천두슈의 방 근처에 가지 말라”고 지시했다. 장제스도 정보기관을 통해 보고를 받았다.

“그 젊은 여자는 천두슈를 만나는 바람에 신세 망쳤다. 천두슈를 봤으니 다른 남자가 사람으로 보이겠느냐. 모른 척해라.”

“군자는 절교한 사람을 험담하지 않는다”

간수들도 천두슈를 좋아했다. 번갈아가며 술과 안주를 사 들고 천두슈의 방을 찾아왔다. 천듀슈는 글씨 한 폭으로 보답했다. 천두슈의 글씨를 얻기 위해 돈 싸 들고 간수들 집을 들락거리는 상인들이 넘쳐났다. 감옥 건너편에 천두슈의 글씨만 전문으로 취급하는 점포를 내자고 제의하는 간수가 있을 정도였다.

1935년 겨울, 유럽에서 돌아온 화가 류하이수(劉海栗)가 천두슈를 찾아왔다. 일면식도 없었지만 두 사람은 인연이 있었다. 10년 전, 상하이미술전문학원 설립자 류하이수는 학생들에게 여자 누드모델을 그리게 했다가 곤경에 처한 적이 있었다. 군벌정부가 체포령까지 내

제2차 국·공합작이 타진되자 쑹메이링은 남편 장제스를 대신하여
천두슈를 찾아왔다. 그러나 천두슈는 자신의 자식을
죽인 자와 끝내 함께할 수 없었다.
천두슈가 말년을 보낸 쓰촨성 장진(江津)의 석장원(石墙院).

리고 학부형들에게 돌팔매 맞을 때 천두슈만이 류하이수를 동조하는 글을 발표한 적이 있었다. 감옥 안에서 천두슈를 만난 류하이수는 "선생이야말로 위대하다"며 경의를 표했다. 선생을 모델로 하겠다며 그 자리에서 천두슈의 고향인 황산(黃山)의 고고한 소나무 한 그루를 그렸다. 이게 선생의 모습입니다. 제자(題字)를 청하자 천두슈도 붓을 들었다.

> 황산은 고독한 산,
> 외롭지 않은 것 같아도 외롭고,
> 외로우면서 외롭지 않다.
> 외로운 것과 외롭지 않은 것,
> 각자 그 경계가 있고,
> 각자 숨은 뜻이 있다.
> 黃山孤山　不孤而孤
> 孤而不孤　孤與不孤
> 各有其境　各有其圖

자신을 황산의 외로운 소나무에 비유한 천두슈의 제자에 류하이수는 장제스에게 불만을 터뜨렸다. 천두슈는 "군자는 절교한 사람을 험담하지 않는다"(君子絶交不惡聲)며 류하이수를 제지했다.

"장제스는 민중들의 기반이 당당하다"

1936년 12월 중순, 라오후차오 감옥에 긴장이 감돌았다. 무장 군인들이 감옥을 에워싸고 간수들도 전쟁을 준비하는 사람들 같았다. 장제스가 시안에서 장쉐량의 동북군에게 감금당했다는 소문이 나돌자 감방마다 환호가 터졌다. 전옥장은 소란을 피우면 총살시키겠다고 엄포를 놨다.

천두슈는 장제스가 죽은 줄 알았다. 판란전에게 나가서 술과 안주를 사오라고 했다. 감옥생활 4년 동안 남들이 술을 사온 적은 있어도 직접 술을 요구한 건 처음이었다.

감방 안에 술상을 차려놓은 천두슈는 푸더츠 등 옛 부하들을 불렀다.

"나는 술을 흘린 적이 없다. 오늘은 혁명과정에서 희생된 동지들과 죽은 두 아들 옌녠(延年)과 챠오녠(喬年), 이들을 죽인 장제스에게 제를 올리겠다."

이렇게 말하며 세 잔을 바닥에 뿌렸다.

저우언라이 등과 프랑스에서 소년공산당을 창당했던 형제는 아버지 천두슈와 노선이 달랐다. 엄마를 버린 천두슈를 사람 취급하지 않았다. 큰 아들 천옌녠(陳延年)은 걸출한 혁명가였다. 장제스에게 처형당한 후, 스탈린이 "중국은 천재적인 정치가를 잃었다"고 애통해할 정도였다. 1년 후 작은아들 천차오녠(陳喬年)마저 장제스에게 처형당하자 천두슈는 두 아들과의 불화를 가슴을 치며 후회했다.

12월 26일 밤, 천두슈는 폭죽 소리에 잠을 깼다. 감옥 안에도 음악이 요란했다. 전옥장에게 장제스가 난징으로 귀환했다는 소식을 들은 천두슈는 뜬눈으로 밤을 새웠다. 날이 밝자 전옥장과 푸더츠가 인사를 왔다. 천두슈는 패배를 인정했다.

"지난밤, 폭죽 소리는 우리의 장송곡이었다. 장제스는 민중들에게 기반이 단단하다."

쑹메이링이 다시 천두슈를 찾아왔다. 국민당과의 합작을 조심스럽게 타진했다. 천두슈는 정중히 거절했다.

"공산당과 연합해 항일전쟁을 수행한다는 장 선생의 결심을 지지합니다. 그러나 자식을 죽인 사람과 함께하는 것은 만부당합니다."

일본과의 전쟁이 본격화되자 장제스는 천두슈의 보석을 허락했다. 1937년 8월 24일 월요일 오후, 천두슈는 감옥에서 풀려났다. 감옥에 갇힌 지 2,084일 만이었다. 출옥 몇 시간 전, 훗날 영화 「색, 계」(色, 戒)의 모델이 된 딩무춘(丁默村)이 천두슈를 방문했다.

"몇 시간만 지나면 자유의 몸이 됩니다. 저희가 모시겠습니다. 국민당 중앙당 영빈관에 거처를 마련했습니다."

천두슈는 당연히 거절했다.

감옥문을 나선 천두슈는 갈 곳이 없었다. 국립중앙연구원 총간사 푸쓰녠(傅斯年: 타이완대학 초대 총장)이 땀을 뻘뻘 흘리며 달려왔다.

"제 집에 빈방이 있습니다."

천두슈는 판란전과 함께 푸쓰녠을 따라갔다. 1942년 쓰촨성(四川省) 장진(江津) 땅에서 세상을 떠나기까지, 6년에 걸친 유랑생활이 시작됐다.

사생활 중시한 중국 최고의 교육자 장멍린

"공자처럼 인재를 양성하고, 노자처럼 처신하며,
양코배기들처럼 과학과 실무를 중요시하겠다."

"평생 존경할 만한 사람은 장멍린이 유일하다"

1964년 6월 19일, 중국농촌부흥위원회 주임 장멍린이 타이베이에서 79세로 세상을 떠났다. 죽기 전 최근 몇 년 간, 결혼문제로 화제를 뿌렸던 인물이다보니 뒷이야기가 무성했다. 몇 명만 모였다 하면 장멍린과 여인들 간에 얽힌 이야기로 시간 가는 줄 몰랐다. 타이완과 홍콩은 물론이고 대륙도 마찬가지였다. 안타까워하는 사람은 있어도 "말년에 주책 떨다 망신만 당했다"고 말하는 사람은 찾아보기 힘들었다. 그럴 만한 이유가 있었다. 학교문턱 밟아본 사람치고, 대교육자 장멍린이 누군지 모르면 중국인 축에 못 들었다.

문호 루쉰과 막역했던 원로 언론인 차오쥐런(曹聚人)의 글이 주목을 받았다.

"만나본 사람 중에 평생 존경할 만한 사람이 있느냐는 질문을 후배 기자들에게 자주 받는다. 베이징대학 역사상 가장 오랫동안 총장을 지낸 장멍린이 유일하다고 하면 한결같이 놀란 표정을 지으며 이유를 물었다. 항상 이중적이고, 용기와 담력을 갖춘 지식인이다. 삐쩍 말랐지만 몸 전체가 쇳덩어리 같았다며 차분히 설명하면 다들 수긍했다."

잊을 수 없는 사숙私塾 선생

1886년 저장성에서 태어난 장멍린은 선생 복이 많았다. 글을 깨우쳐준 사숙선생부터가 당시엔 찾아보기 힘든 시골선비였다. 코흘리개들 앞에 놓고 엉뚱한 소리만 해댔다.

"한동안 공자·맹자는 몰라도 되는 시대가 온다. 외국어와 과학을 익혀야 사람구실 할 수 있다. 내가 이런 말 했다고 집에 가서 절대 말하지 마라. 살다보면 본의 아니게 원수 질 사람이 많이 생긴다. 먼저 찾아가서 사과하는 사람이 이긴다. 나는 그렇게 못 해서 이 모양 이 꼴이다. 내 말을 명심해라."

몇 달 후 사숙선생은 쫓겨났다. 배웅 나온 장멍린에게 한 눈을 찡긋하고는 마을을 떠났다.

장멍린은 사숙 선생의 말을 잊지 않았다. 샤오싱(紹興)에 있는 중서학당(中西學堂)에 들어가겠다며 부모를 졸랐다. 열두 살 때였다. 예나 지금이나 자식 이기는 부모는 없는 법, 외국어와 과학의 세계에 빠져든 장멍린은 향시에도 합격했다.

부모의 체면을 세워준 장멍린은 미국유학을 서둘렀다. 제프리 초서의 『캔터베리 이야기』를 깡그리 외워버렸다. 훗날 '지혜의 서'(智慧的書)로 극찬받은 영문 자서전의 기초를 이때 이미 마련했다.

청 제국의 마지막 황제 선통제(宣統帝)가 즉위한 1908년, 장멍린은 태평양을 건넜다. 캘리포니아대학에서 농학과 교육학을 전공하

미국 유학 시절 존 듀이의 문하에서
함께 수학하며 장멍린과 가까워진 후스(오른쪽)는
죽는 날까지 그의 지우(知友)였다.
1931년, 베이징.

며 존 듀이(John Dewey)의 실용주의와 교육철학에 매료됐다. 졸업과 동시에 듀이의 지도를 받기 위해 컬럼비아대학 대학원에 진학했다. 3년 후, 안후이성(安徽省) 출신 후스(胡適)도 듀이의 문하에 들어왔다. 나이는 후스가 다섯 살 아래였지만 친구처럼 가깝게 지냈다.

장멍린과 후스는 미국 여인들에게 인기가 좋았다. 숱한 염문을 뿌렸다. 덕분에 영어 실력은 미국인 뺨칠 정도였다. 고향에 있는 조강지처를 생각하면 등에 식은땀이 났다. 하지만 바다 건너 있는 사람이 알 턱이 없다는 것을 알게 되자 점점 간이 커졌다. 지도교수 듀이도 사생활에는 관대했다.

이중성 지닌 탁월한 행정가

1919년 1월 귀국한 두 사람은 베이징대학 총장 차이위안페이의 초빙을 받았다. 장멍린은 탁월한 행정가였다. 교수로 임용된 지 6개월 만에 총장 서리로 학교 운영을 도맡았다. "공자처럼 인재를 양성하고, 노자처럼 처신하며, 양코배기들처럼 과학과 실무를 중요시하겠다"고 큰소리쳤다.

1927년 봄, 중국공산당의 상징이나 다름없던 리다자오가 교수형으로 삶을 마감했다. 유족들은 당장 먹고살 돈이 없었다. 생활비를 지원하자는 측과 "리다자오는 정치범이다. 정부와 충돌할 필요가 없다. 동료 교수였지만 선을 그어야 한다"는 의견이 충돌했다.

장멍린이 회의를 소집했다. 리다자오를 측은해하던 교수들은 풀이 죽었다. 평소 장멍린은 공산당이라면 고개를 절레절레 흔들었다. 리다자오와 사적인 왕래도 거의 없었다.

이날 회의에서 장멍린의 이중성이 빛을 발했다.

"대학은 정치판이 아니다. 다양한 사상을 가진 사람들이 모여 있는 곳이다. 리다자오는 자신의 사상을 견지하다 교수대에 섰다. 매달 유족에게 위로금을 지급해야 한다."

이렇게 말하며 표결을 제의했다. 결과는 보나 마나였다.

장멍린의 교수 채용 방법도 독특했다. 전문성 외에 학력이나 경력 따위는 보지 않았다. 초등학교도 나오지 않은 고전의 대가 첸무(錢穆)를 강단에 세우고, 『자본론』에 해박한 학생운동 전문가에게 경제학과를 맡겼다. 국부 쑨원이 보낸 '3천 제자를 이끌고, 나의 혁명사업을 도왔다'(率領三千子弟, 助我革命)는 휘호를 받고도 반가워하지 않았다.

1931년 가을, 일본군이 만주를 침략했다. 정부는 공산당 소탕이 선결이라며 전쟁을 반대했다. 애국학생들의 시위로 교정이 어수선했다. 베이징대학과 칭화대학이 특히 심했다. 장멍린은 중국교육사에 남을 결단을 내렸다. 칭화대학 총장과 연명으로 「성명서」를 발표했다.

"적수공권(赤手空拳)으로 할 수 있는 것은 학교를 황폐화시키는 것 외에는 없다. 아무 효과도 없는 구국이나 애국활동을 중지하고, 즉각 교실로 돌아오기 바란다."

제 손으로 해직시킨 교수들 찾아가 사과

애국운동 한다며 팔을 걷어붙인 사람들에게 먹혀들어갈 리가 없었다. 장멍린은 "나는 중화민국 국립대학의 총장이다. 국가의 명령에 복종하겠다"며 학생운동을 지지하는 교수들부터 대학에서 내쫓았다. 프랑스 유학시절 퀴리 부인 연구실에서 방사선물리학을 전공한 쉬더헝(許德珩), 중국 최초의 원자폭탄과 수소폭탄을 제조한 핵무기전문가 덩자센, 대서예가이며 금석학과 훈고학의 대가인 마쉬룬(馬敍倫)부터 퇴출시켰다. 학생 28명도 제적조치했다.

장멍린은 제 손으로 해직시킨 교수들의 집을 찾아다니며 사과했다. 워낙 싹싹 비는 바람에 쫓겨난 사람들이 도리어 장멍린의 처지를 위로할 지경이었다.

정부는 제적당한 학생들을 구속했다. 장멍린은 베이징 시장을 찾아가 담판을 벌였다. 학생들이 풀려나는 날까지 시장을 물고 늘어졌다.

"국가의 기본정책을 충분히 이해시키지 못한 것이 잘못이다. 국토의 일부가 침범당한 마당에 학생들이 저러는 건 당연하다. 한 명도 남기지 말고 내놔라."

당시 시장에게는 이런 문제를 처리할 권한이 있었다.

시위 도중에 희생당한 학생들의 장례식도 손수 치렀다. 같은 시대를 산 사람들의 문집이나 회고록에 장멍린의 「추도사」가 자주 등장한다.

"총장을 하면서 남의 집 귀한 자녀와 국가의 동량들을 희생시켰다. 막아보려고 기를 썼지만 결국은 이들을 구하지 못했다. 통곡 외에는 비통한 심정을 표현할 방법이 없다. 우리는 이리와 늑대의 포악함이 지배하는 시대에 살고 있다. 인권이 땅에 떨어지고 민중

국민당 최대 계파 중앙구락부(CC)를 이끌던
천궈푸(陳果夫 · 앞줄 가운데)와 함께 전국 대학교수 검정위원회를 마친
교육부장 시절의 장멍린(앞줄 오른쪽 세 번째).
1929년 4월 9일, 난징.

과 정부는 사사건건 대립한다. 옛 성인은 가혹한 정치가 맹수보다 포학하다고 말했다. 이 나라가 어쩌다 이 지경이 되었는지 통탄할 뿐이다."

1933년에 들어서자 궁지에 몰린 중국공산당은 선전에 열을 올렸다. 좌경화된 학생들이 점점 늘어났다. 장멍린은 학비를 납부하지 않았다는 이유로 대표적인 좌파학생 아홉 명을 퇴학시켰다.

퇴학당한 학생들에게 익명의 편지가 배달됐다. 동정 어린 내용과 300대양(大洋: 당시 중국 화폐 단위)짜리 수표가 들어 있었다. 훗날 경제학자로 대성한 첸자쥐(千家駒)도 퇴학생 중 한 사람이었다. 1980년대 말, 홍콩에서 지난날을 회상할 때마다 장멍린의 이야기를 빼놓지 않았다.

"나는 아직도 그 돈을 누가 보내줬는지 모른다. 적은 액수가 아니었다. 퇴학생들끼리 모여서 분석을 했다. 처음에는 공산당에서 보내준 줄 알았다. 공산당의 재정형편으로는 불가능하다는 결론을 내렸다. 사회 저명인사들이 모금한 돈이 아닐까라는 생각도 했다. 그들이 우리 이름과 정확한 주소를 알 턱이 없었다. 누군가 장멍린 총장이 아니면 이럴 사람이 없다고 하자 다들 동의했다. 퇴학시킨 사람도 장멍린이고, 위험에 빠질까봐 빨리 떠나라고 돈을 보내준 사람도 장멍린이었다. 아홉 명 모두 그 돈으로 독일과 일본으로 유학을 떠났다. 지금도 그때 생각만 하면 눈물이 난다. 선생의 양면성이 그립다."

114

장멍린은 "학생들을 묘하게 선동하고 후배교수들 등만 떠민다"며 좌파교수들을 싫어했다. 항상 그들과 대립했다. 국민당 정부가 좌파 교수 세 명을 구속하는 사태가 벌어졌다. 장멍린은 후스와 함께 동분 서주했다. 결국은 감옥에서 끄집어냈지만 다음 날부터 학생문제로 또 싸웠다.

1935년 11월, 화북지방을 점령한 일본군부는 중국인 명망가들을 내세워 자치정부 수립을 추진했다. 반일운동의 중심지 베이징대학 도 내버려두지 않았다. 학자로 위장한 특무기관원들이 교수들을 찾 아다니며 중·일 양국 간 문화교류의 중요성을 역설했다.

장멍린은 자치운동 반대에 앞장섰다.

"나는 무조건 반일을 주장하는 사람이 아니다. 선량한 일본국민 들은 우리의 친구다. 단, 일본 군국주의자들은 나의 적이다. 중국 의 군국주의자들도 마찬가지다. 일본이 침략의 야욕만 버리면 양 국의 문화교류는 저절로 된다."

장멍린의 재혼 위해 내복 바람으로 월담한 후스

이런 장멍린도 감정 조절은 제대로 못 했다. 평소 같은 학과 교수 이며 컬럼비아대학 후배인 가오런산(高仁山)의 부인을 좋아했다.

가오런산의 부인 타오쩡구(陶曾谷)는 소문난 미인이었다. 미모에 걸맞게 결벽증도 심했다. "사창가 출입하는 교수들이 많다"는 소문 을 들은 다음부터 남편 친구들이 집에 오는 것을 싫어했다.

"제일 지저분한 것들이 대학교수와 정치가들이다. 집 안에 들여놨다간 고약한 병에 옮는다. 만나려면 밖에서나 만나라."

실제로 역사와 전통을 자랑하는 윤락가 바다후퉁(八大胡同)의 최대 고객은 대학교수와 국회의원들이었다. 조강지처에게 꼼짝 못하기로 유명한 후스와 총장 장멍린만은 예외였다. 찾아오면 국수도 끓여주고 차도 대접했다.

1927년 4월, 남방의 혁명세력을 대표하던 북벌군 사령관 장제스가 정변을 일으켰다. 공산당과 결별을 작심한 장제스는 조금이라도 붉은 티가 나면 목을 날려버렸다.

2개월 후, 펑톈 군벌 장쭤린이 베이징에서 '육·해군 대원수'에 취임했다. 군벌정부의 마지막 국가원수 장쭤린도 공산당이라면 질색이었다. 북방의 좌파 영수였던 가오런산에게 체포령을 내렸다. 한밤중에 끌려간 가오런산은 고집이 셌다. 전향을 거부하고, 형장의 이슬로 사라졌다.

후스는 부인의 엄명 때문에 죽은 가오런산의 집 근처에 얼씬도 못했지만, 장멍린은 달랐다. 남이 뭐라건 말건, 홀몸이 된 타오쩡구를 극진히 보살폈다. 전국을 통일한 장제스가 자신을 교육부장에 임명하자 타오쩡구를 비서로 채용했다. 출근도 같이 하고 퇴근도 함께 했다. 휴가 때 온천 여행도 같이 갔다.

장멍린은 이혼을 결심했다. 조강지처와 8년간 신경전을 벌였다. 집문서와 예금통장 다 내주고 나서야 서류에 도장을 받아냈다. 저장성 사람들의 오랜 습관이었다.

타오쩡구와 재혼을 서두르자 사방에서 비난이 빗발쳤다. 아무도 우리의 주례와 비슷한 결혼보증인을 서려고 하지 않았다. 후스 정도가 보증을 서면 세상 사람들의 입을 다물게 할 수 있었다. 장멍린은 후스에게 달려가 도움을 청했다

후스의 부인 장둥슈(江冬秀)는 장멍린을 사람 취급 하지 않았다. "조강지처를 버린, 형편없는 놈이다. 저런 게 대학 총장이라니 어처구니가 없다. 너랑 살다보니 정말 별꼴을 다 본다. 네 친구라는 것들은 어째 전부 저 모양이냐"며 한바탕 욕설을 퍼부었다. 그러더니 갈 생각도 하지 말라며 대문에 주먹만한 자물통을 채워버렸다. 양복도 물통에 집어던졌다.

후스는 내복 바람으로 담을 넘었다. 하늘이 도왔는지 그날따라 거리가 한산했다. 체격이 비슷한 동료 교수 집에 가서 양복을 빌려 입고 결혼식장으로 달려갔다.

장제스와 함께 타이완으로 나온 장멍린은 국사(國師) 대접을 받았다. 국민당은 농민정책이 없어서 공산당에게 패했다며 토지개혁안을 직접 작성했다. 타이완의 토지개혁이 성공한 것은 순전히 장멍린 덕이라고 봐도 된다. 타오쩡구도 퍼스트레이디 쑹메이링과 함께 전쟁 부상병들을 돌보며 부지런히 살았다.

72세의 장멍린, 소개해주는 여자마다 퇴짜

1958년, 타오쩡구가 타이베이에서 병사했다. 집안 조카에게 묘한 유언을 남겼다.

"남편은 72세지만 건강하고 힘이 세다. 병원에 올 때마다 간호

사들을 힐끔힐끔 쳐다볼 정도로 감정도 풍부하다. 나 죽으면 무슨 주책을 떨고 다닐지 모른다. 네가 나서서 적당한 사람을 찾아주기 바란다."

조카는 타오쩡구의 유언을 잊지 않았다. 1년이 지나자 장멍린을 데리고 선을 보러 다니기 시작했다. 상대가 장멍린이다보니 만나라도 보겠다는 여인들이 줄을 이었다.

장멍린은 까다로웠다. 보는 족족 퇴짜를 놓았다. '키·생김새·복장·머리모양' 등 이유도 다양했다. 나이 생각 좀 하라고 하면 버럭 화를 냈다. 소문이 타이완은 물론 홍콩과 대륙까지 퍼질 정도였다. 특징도 있었다. 제자들은 여자로 보이지 않는다며 대상에서 제외시켰다.

뜻 있는 곳에 길이 있는 법. 1960년 봄, 친구 생일잔치에 갔다가 50대 초반의 여인을 소개받았다. 예나 지금이나 여자 나이 제대로 알아보는 남자는 드물다. 장멍린은 30대 여인을 만났다며 여기저기 전화를 걸어댔다. 다음 날 날이 밝기가 무섭게 청혼했다.

입원 중이던 후스도 같은 병원에서 치료받던 친구를 통해 소식을 들었다. 상대가 양제(楊杰)의 부인이었던 쉬셴러(徐賢樂)라는 것을 알자 깜짝 놀랐다.

쉬셴러는 장쑤성 우시(無錫)의 명문집안 출신이었다. 증조할아버지는 청말의 과학자였고 할아버지는 증기기관과 기선(汽船) 제작자로 명성을 날렸다. 1인자 소리를 들었지만 호기심이 워낙 왕성했다. 50이 넘은 나이에 무연화약 제조에 뛰어들었다가 폭발로 목숨을 잃을 정도였다. 아버지도 천문·지리·병법·수학의 대가였다.

장멍린과 쉬셴러의 결혼은 한동안 타이베이와
대륙을 떠들썩하게 했다.
오른쪽 첫 번째가 쉬셴러의 전남편 양제.
장제스의 참모장과 소련 주재 대사를 역임했다.

쉬셴러는 어렸을 때부터 키가 크고 예뻤다. 대학시절 남학생들의 곁눈질 받다보면 하루가 금방 갔다. 졸업 후 외교부에 있을 때는 선물 들고 찾아오는 외국 외교관들이 줄을 이었다고 한다. 타이완에 나온 후 중앙신탁국에 근무할 때도 인기는 여전했다. 대학시절부터 알고 지낸 친구의 회고담이 신문에 실린 적이 있다.

"쉬셴러는 묘한 여자였다. 남자를 무조건 돈으로 봤다. 한눈에 남자의 재력을 알아맞히는 별난 재주가 있었다. 틀리는 법이 없었다. 남자 다루는 솜씨와 돈 털어먹는 재주는 당할 사람이 없었다. 사진 찍기를 죽기보다 싫어했다. 남들이 보며 이러쿵저러쿵 말하는 게 싫기 때문이라고 했지만 이유는 다른 데 있었다. 사진이 실물보다 못했다."

대륙시절 쉬셴러는 짧은 결혼 경험이 있었다. 상대는 걸출한 군사 전략가 양제였다. 1937년, 스물아홉 살 때 상하이에서 오십이 다 된 양제를 처음 만났다. 당시 양제는 최고 통치자 장제스의 참모장이었지만 그런 건 중요하지 않았다. 이성을 잃는 바람에 결혼까지 했지만 신혼여행에서 돌아오자마자 정신을 차렸다. 몇 달 만에 양제의 통장을 휴짓조각으로 만들어버린 후에도 매일 돈문제로 싸웠다.

장제스는 군에 추종자가 많은 양제를 경계했다. 총으로 권력을 잡은 사람들이 흔히 하는 '배주석병'(杯酒釋兵)을 구사했다. 한 손으로 술을 따라 주면서 다른 한 손으로는 장군계급장을 떼어버렸다. 양제는 소련대사로 나가기 직전, 주머니를 탈탈 털어주며 이혼을 요구했다. 남편이 빈털터리가 된 것을 확인한 쉬셴러는 순순히 이혼서류에 도장을 찍어줬다. 결혼 7개월 만이었다. 2년 후 장제스는 양제를 파면시켰다.

국민당 패망 직전, 양제는 반(反)장제스운동의 선봉에 섰다. 격노한 장제스는 암살을 지시했다. 1949년, 양제는 홍콩의 프랑스 식당에서 온몸에 총탄세례를 받았다. 쉬셴러는 지독한 여자였다. 소식을 듣고도 "나와는 아무 상관이 없는 사람"이라며 표정 하나 바꾸지 않았다. 국·공내전이 막바지에 이르고, 저마다 어느 줄에 서야 좋을지 갈팡질팡할 때였지만 아랑곳하지 않고 풍류를 즐겼다.

1960년, 장멍린은 중매인을 통해 쉬셴러에게 편지를 보냈다.

"나는 미천한 집안에 태어났다. 쉬 여사는 훌륭한 집안에 태어난 사람답게 품행이 단정하다. 너무 이상적이다. 70여 년을 사는 동안 이렇게 내 마음을 들뜨게 만든 여인이 없었다."

쉬셴러는 "나이가 워낙 많고 괴팍하다. 성격이 맞을 것 같지 않다"며 거절했다. 장멍린은 안절부절 못했다. 끼니도 거르고 잠도 제대로 못 잤다. 도쿄대학 총장이 선물한 우키요에(浮世繪)를 꺼냈다. 먹을 갈아 그림 위에 붙은 색종이에 시 한 편을 해서(楷書)로 써서 보냈다.

쉬셴러는 몇 개의 요구사항과 함께 결혼을 승낙했다. 거절당할 리가 없었다. 장멍린은 쉬셴러가 딴소리 못 하게 기자들 모아놓고 결혼을 발표해버렸다.

1961년 장멍린의 세 번째 결혼 소식이 들릴 무렵,
중앙연구원장 후스(맨 오른쪽)와 칭화대학 총장
메이이치(맨 왼쪽)는 같은 병원에 입원 중이었다.
두 사람은 대륙시절부터 장멍린의 지우(知友)였다.

"이건 내 사생활이다. 아무에게도 간섭받고 싶지 않다"

장멍린의 친구들은 찬성과 반대 두 파로 갈렸다. 베이징대학과 시난연합대학 동창회는 신문에 반대 광고를 실었다. 병원에 입원 중이던 후스는 인편에 편지를 보냈다.

편지를 받은 장멍린은 후스에게 전화를 걸었다.

"찬성이냐 반대냐, 그것만 얘기해라."

후스가 "반대"라고 하자 "그렇다면 편지를 읽지 않겠다"며 찢어서 휴지통에 던져버렸다. 장멍린의 비서가 중요한 자료라며 몰래 휴지통에서 꺼냈다. 정성껏 맞춰서 장멍린에게 건넸다.

"50년의 우정과 수십 년 전 네 결혼식의 보증인 자격으로 충고한다. 쉬셴러는 돈밖에 모른다. 네게 20만 위안을 요구했고, 8만 위안만 주자 불평만 늘어놓고 다닌다는 소문이 파다하다. 천하의 양제도 나가떨어졌다. 그간 행실은 내 입으로 말하지 않겠다. 말년에 사서 고생하지 마라. 총통과 쑹메이링도 반대한다고 행정원장 천청이 우리 집사람에게 전화했다. 결혼을 강행하면 우리는 너를 다시는 볼 수 없다. 네 부인이 우리와 만나는 걸 내버려둘지 잘 생각해봐라."

장멍린은 장제스와 천청에게 편지를 보냈다.

"결혼을 미룰 수 없다. 이렇게 현명한 여인을 본 적이 없다. 이건 내 사생활이다. 아무에게도 간섭받고 싶지 않다."

1961년 7월 18일, 75세 신랑과 54세 신부의 별난 결혼식이 열렸다. 신문기자들 외에 일가친척이나 친구들은 거의 참석하지 않았다. 다음 날 신문마다 장멍린의 인사말이 도배를 했다.

"건전한 생활은 이지(理智) · 정감(情感) · 의지(意志)가 형평을 이뤄야 한다. 하나만 없어도 균형이 깨진다. 몇 년간 감정을 기탁할 곳이 없었다. 이제야 대상을 찾았다."

1주일 후 장멍린과 쉬셴러는 후스의 병실을 찾았다. 후스가 축하의 말을 건네자 장멍린은 싱글벙글했다.
"쉬 여사가 제일 먼저 가자고 해서 왔다."
나가면서 후스의 귀에 대고 속삭였다.
"쓸데없는 걱정 말고 건강이나 잘 추스려라. 쉬셴러가 나보다 돈이 더 많다."
두 사람의 결혼생활은 오래가지 않았다. 장멍린이 계단에서 실족했다. 입원한 사이에 쉬셴러는 장멍린의 재산을 자기 명의로 바꿔버렸다. 사실을 파악한 장멍린은 이혼 소송을 냈다. 쉬셴러도 입장을 밝혔다.
"남편은 자신의 모든 것이 이제는 내 거라고 말한 적이 있다. 나는 약한 여인에 불과하다. 괴롭히지 마라."
기자들이 몰려오자 장멍린도 사실을 실토했다.
"결혼 첫날밤부터 내 재산을 꼬치꼬치 물었다. 모든 잘못은 내게 있다. 스스로 만든 과실은 피할 길이 없다. 대가를 치르겠다. 단, 후스

1963년 4월 23일, 기자들에게 쉬셴러와의
결혼생활을 설명하는 장멍린(왼쪽).

를 볼 낯이 없다. 이미 저세상으로 갔으니 지하에서 만나 사죄하겠다"며 후스가 보냈던 편지를 공개했다. 법원은 장멍린의 신청을 받아들였다.

이혼 5개월 후 장멍린도 세상을 떠났다. 쉬셴러는 오래 살았다. 2006년 여름, 100세를 며칠 앞두고 눈을 감았다.

저장성에 중국 신교육의 제창자 장멍린 연구소조

당대(唐代)의 대시인 이백(李白)은 남 칭찬에 인색했다. 여자는 예외로 치고, 동시대 인물 중 유일하게 안록산(安祿山)의 난을 진압한 곽자의(郭子儀)의 공로와 겸손을 노래했다.

1200년 후, 칭화대학 초대 총장을 역임한 뤄자룬(羅家倫)은 인도 대사시절 네루를 만난 자리에서 "제2의 곽자의"라며 장멍린의 기백에 찬사를 아끼지 않았다.

차오쥐런의 극찬을 한 개 더 소개한다.

"장멍린은 사내 대장부였다. 자신의 잘못을 인정하면 곧바로 행동에 옮겼다. 부득이한 경우 가혹함도 서슴지 않았지만 뒤처리가 일품이었다. 루쉰과 후스도 이 점은 장멍린에게 미치지 못했다."

2010년 10월 저장성 위야오(余姚)시 정부는 '중국 신교육의 제창자 장멍린 연구소조'를 발족시켰다. 태어난 집도 기념관을 만들기 위해 원형대로 보수했다. 낙성식 날 이름만 대면 모르는 사람이 없을 대학자와 왕년의 일류 정객들이 몰려왔다. 거의가 베이징대학과 중국역사상 최고학부였던 시난연합대학 출신들이었다. 중일전쟁 시절, 전시수도 충칭에서 영문으로 쓴 『회고록』을 읽고 찾아온 외국인들도 많았다.

참석자들은 46년 전 타이베이에서 세상을 떠난 장멍린의 일화로 꽃을 피웠다. 특히 세 번째 부인 쉬셴러에 대한 질책과 후스와의 우정을 거론하며 시간 가는 줄 몰랐다.

페스트 사냥꾼 우롄더

"죽은 사람보다 산 사람이 중요하다."

위안스카이, 우롄더의 이름에 방점을 찍다

1907년 이른 봄, 랴오닝성(遼寧省) 뉴좡(牛莊)에 페스트가 창궐했다. 즈리 총독과 북양대신을 겸하던 위안스카이는 해외에 있는 젊은 의사들의 명단을 작성하라고 지시했다.

"중국인이건 화교건 가리지 마라."

위안스카이는 방 안에 틀어박혀 100여 명의 경력을 살폈다. 우롄더(伍連德)의 이름에 방점을 찍었다. 29세, 말레이시아 페낭에서 작은 병원을 운영하는 열대의학과 전염병, 방역전문가였다. 외교관 출신 스자오지(施肇基)가 토를 달았다.

"제가 아는 청년입니다. 유럽에 있을 때 만난 적이 있습니다. 영국 왕실장학금으로 케임브리지 대학에서 의학 박사학위를 받은 준재이긴 하지만 고집이 워낙 셉니다. 주장을 굽히기 싫어해서 충돌이 우려됩니다. 중국에는 열대의학이나 방역전문가가 필요 없습니다."

얼굴이 한차례 일그러진 위안스카이는 스자오지에게 면박을 줬다.

"제대로 알지도 못하면서 이러쿵저러쿵, 간섭하기 좋아하는 사람들에게 굽히지 않는 건 고집이 아니다. 쓸데없이 트집잡지 마라."

성격이 불같았던 위안스카이는 그래도 화가 안 풀렸던지 "너야말로 내 비위나 맞추며 나를 갖고 노는 놈이다. 그간 감언이설로 나를 얼마나 우롱했을지 이제야 알겠다"며 찻잔을 내동댕이쳤다.

"꼴도 보기 싫다. 당장 꺼져라."

역시 천하의 위안스카이다웠다.

런던에서 열린 국제 아편금지대회에 참석하고 돌아온 우렌더는 "연덕인제대인각하"(連德仁弟大人閣下)로 시작되는 위안스카이의 간곡한 편지를 읽고 말레이시아를 떠났다. 조상 대대로 광둥(廣東)에 살았다고 하지만 중국은 처음이었다.

우렌더가 중국을 향하던 중, 위안스카이는 군기대신(軍機大臣)으로 자리를 옮겼다. 근거지 톈진(天津)을 떠나면서 육군군의학당(陸軍軍醫學堂)에 우렌더의 자리를 마련했다. 부하들에게 단단히 일렀다.

"내가 없더라도 우렌더를 각별히 돌봐라."

위안스카이가 베이징에서 우렌더에게 보낸 편지가 남아 있다.

"중국어에 익숙하지 않다고 들었다. 모국어라 빨리 배울 수 있으니 선생을 구해라. 사람은 많이 사귈수록 좋다. 겉보기엔 멀쩡해도 쓰레기 같은 것들이 많으니 조심해야 한다. 런던과 베를린에 가서 군사의학을 살피도록 해라."

우렌더는 시키는 대로 했다.

1908년 12월, 베를린 체류 중이던 우렌더는 위안스카이의 실각소식을 듣자 귀국했다. 위안스카이를 찾아갔다가 "하던 공부나 계속하

세계 최고의 방역전문가 우롄더가 설치한 임시 격리수용소.
1911년, 창춘(長春).

지 왜 돌아왔느냐"며 욕만 바가지로 먹고 톈진으로 돌아왔다. 화낸 게 미안했던지 위안스카이는 인편에 먹을 것과 편지를 보냈다.

"나는 툭하면 화부터 내는 단점이 있다. 오래된 성격이라 평생 못 고칠 것 같다. 고전을 열심히 읽어라. 말 같지 않은 소리도 있지만 배울 게 많다."

검붉은 장밋빛 저주가 시작되다

1910년 여름, 시베리아에 페스트 환자가 발생했다. 거주지가 분산된 지역이다보니 감염자는 많지 않았다. 러시아 정부는 증세가 수상한 중국인들을 추방했다. 병균을 몸에 안고 철길을 따라 조국으로 향하던 사람들 거의가 중도에 목숨을 잃었다.

10월 19일, 두 명의 노동자가 국경을 넘었다. 보름 전, 이들이 머물던 간이숙소에서 중국인 일곱 명이 급사했다. 기겁한 러시아인들은 숙소와 죽은 노동자들의 짐을 불사르고 나머지 중국인들을 국경 밖으로 내몰았다.

만저우리(滿洲里)의 초라한 여관방에 몸을 푼 두 사람은 6일 후 세상을 떠났다. 투숙객들의 사망이 잇달았다. 한결같이 고열에 시달리다 피를 토했다. 시신은 검붉은 장밋빛 같았다. 작은 국경도시에서 발생한 이 사건에 아무도 관심을 갖지 않았다. 동북 3성에 페스트가 몰아닥칠 징조라고는 꿈에도 생각 못 했다.

대청(大清) 제국의 마지막 겨울은 참혹했다. 신해혁명 발발 10개월 전, 시베리아에서 건너온 고약한 전염병이 제국의 발상지 만주를 덮쳤다.

북만주의 중심도시 하얼빈은 시베리아와 만주를 관통하는 중동철도가 개통되기 전까지 시골마을에 불과했다. 철도공사가 시작되면서 노동자들이 몰려들었다. 하얼빈 북부의 푸자뎬(傅家店)은 인구 2만 5천의 주거지로 둔갑했다. 방값이 저렴하고 사람 창자처럼 구불구불한 전형적인 빈민굴, 흉악한 병균이 침투하기에 딱이었다.

푸자뎬에서 시작된 페스트는 하얼빈 전역은 물론이고 지린과 흑룡강(黑龍江)까지 확산됐다. 사망자가 4만 명에 달하자 만병통치로 알려진 아편 값이 폭등했다. 잡귀를 쫓아야 한다며 폭죽 소리가 동북 3성을 휘감았다. 관리들은 거리로 나가 사람들을 안심시키느라 정신이 없었다.

"인명은 하늘이 주는 것, 천명에 따라야 한다."

러시아와 일본은 교민보호를 이유로 청나라 정부에 방역권을 요구했다. 당시 하얼빈에는 러시아와 일본인이 많았다. 청나라 조정도 방역에 적합한 인물을 물색했다. 훗날 세계 최고의 방역전문가로 청사에 남을 우롄더가 중국에 와 있는 줄은 알 턱이 없었다.

세계 최고의 전염병 퇴치 전문가

몇 년 전, 위안스카이에게 말 한번 잘못했다가 곤욕을 치른 스자오지는 엉터리가 아니었다. 방역주권론을 주장하는 「상소문」을 올렸다.

"일본과 러시아가 중국 땅에 들어와 독자적으로 방역을 실시하게 내버려두는 것은 부당합니다. 동북 3성의 주권을 내주는 것과 다를 게 없습니다. 중국 땅에서 발생한 질병입니다. 우리 손으로 처리함이 마땅합니다."

스자오지는 우렌더를 천거했다. 조정은 스자오지에게 전권을 위임했다.

우렌더는 스자오지의 요청을 받아들였다. 12월 22일 새벽, 역에 나온 스자오지에게 "페스트는 악성 전염병이다. 치료약이 없다. 걸리면 무조건 죽는다"는 말을 남기고 북행길에 올랐다.

1911년 2월 중순, 섭정왕 짜이펑은 외무부 우승(右丞: 지금의 차관에 해당) 스자오지가 제출한 「국고지출 요청서」를 꼼꼼히 읽어 내려갔다. 우렌더의 이름을 발견하자 서류를 접었다. 더 볼 필요도 없었다. 국고 10만 냥을 지원하라고 내무부에 지시했다.

중국역사상 최초의 국제학술회의가 4월 3일부터 28일까지 선양(瀋陽)에서 열렸다. 6만여 명의 목숨을 앗아간 동북지역의 페스트 방역이 주제였다. 12개 국가의 전염병 연구자 33명이 출석했다. 회의는 26일간 계속됐다. 마지막 날 '만국 페스트 연구회'를 결성한 참석자들은 '폐페스트'라는 새로운 질병을 발견한 우렌더를 회장으로 선출했다.

『타임스』(The Times)의 베이징 특파원 모리슨(George Ernest Morrison: 훗날 총통 위안스카이의 고문)이 런던의 본사에 타전했다. 신문을 본 영국인들은 우리가 '세계 최고의 전염병 퇴치 전문가'를 배출했다며 열광했다. 우렌더의 모교인 케임브리지 대학은 말할

방역본부 앞의 방역요원들. 1911년 1월, 랴오닝성 선양.
얼굴에 착용한 마스크를 당시 사람들은
'우렌더 마스크'라고 불렀다.

나위도 없었다.

10여 년 후, 개화사상가 량치차오(梁啓超)도 극찬을 아끼지 않았다. "과학이 중국에 수입된 지 반세기가 지났지만, 학자의 자격으로 세계가 우러러보는 사람은 우렌더가 유일하다."

부인 저세상으로 보낸 다음 날 페스트 환자 살리기 위해 동북행

2003년, 광저우에서 발생한 조류독감이 전국을 강타했다. 중국전인대 부위원장을 겸하던 과학원 원사 한치더(韓啓德)가 TV에 나와 페스트와 콜레라 등 전염병의 역사를 강의했다. 90여 년 전, 외국의 도움 없이 중국인의 힘으로 악성 페스트를 퇴치한 우렌더의 업적을 소개하며 국민들을 안심시켰다. 난생처음 들어보는 이름이라며 의아해하는 사람이 많았다.

1937년, 중일전쟁이 발발하자 흔적도 없이 사라졌던 우렌더의 행적을 좇는 연구자들이 출현했다. 우렌더를 생각하며 사스(SARS)를 이겨냈다는 중년 부인의 기고가 눈길을 끌었다.

"모국에 돌아온 우렌더는 부인을 저세상으로 보낸 다음 날, 페스트 환자들을 살리기 위해 동북으로 떠났다. 그 후 30여 년간 수백만 명의 생명을 구했다. 마스크도 처음 전파시켰다. 총통에 취임한 위안스카이의 고위직 제의를 거절했고, 장제스도 위생부장을 시키려 했지만 뜻을 이루지 못했다. 전염병이 발생한 곳이면 어디든지 달려갔다. 중국을 점령한 일본군부가 손을 내밀자 모국을 뒤로했다. 말레이시아의 시골의사로 돌아가 쓸쓸한 여생을 마친 우렌더를 생각하면 뭐 이런 놈의 나라가 다 있고, 뭐 저런 사람이 다 있었는지, 생각하면 할수록 복장이 터진다. 자신의 명예를 소중히 여겼지만 명예욕은 없는 사람이었다. 『슈바이처 평전』도 읽어봤다. 어렸을 때부터 사람을 비교하면 안 된다고 배웠지만 우렌더와 비교하기엔 좀 그렇다는 생각이 들었다."

다시 1910년 겨울로 거슬러 올라간다. 하얼빈에 도착한 우렌더는 4륜마차를 타고 중국인 밀집지역을 둘러봤다. 버려진 시신들이 눈 덮인 광야에 널려 있었다. 발병 원인을 조사하겠다며 제 발로 달려온 백인 의사들은 우렌더에게 멸시의 눈초리를 날렸다. 밤이 되자 광활한 동북 하늘에 귀신들의 노랫소리가 울려 퍼지는 것 같았다.
　관리들의 모습은 가관이었다. 우렌더의 보좌관이 일기를 남겼다.

"배가 붕어처럼 튀어나온 사람들이 분주하게 오갔다. 환자들에게 손톱만큼의 믿음도 줄 것 같지 않았다. 날씨도 추웠지만 옷을 어찌나 껴입었는지 웃음부터 나왔다. 우렌더가 옆구리를 치는 바람에 웃음을 멈췄다."

도착 3일 후, 우렌더는 갓 사망한 일본여인의 중국인 남편을 찾아갔다. 시신해부를 허락해달라고 간청했다. 지하실에서 중국 최초의 인체해부를 시작했다. 기침이나 재채기, 혹은 이야기할 때 공기 속에 흩어져 나온 병원체를 들이마시면 감염되는 폐페스트라고 단정했다. 쥐나 쥐벼룩과는 상관이 없었다. 병원체는 산속 바위틈이나 평지에 굴을 파고 사는 마멋(marmot)이었다.

다른 것도 그렇지만, 악성 전염병도 모든 원인은 인간이었다. 몇 년 전부터 마멋 가죽이 피혁시장에서 인기를 끌었다. 값이 치솟자 너도나도 마멋 사냥에 뛰어들었다. 마멋은 종족 보존 본능이 강했다. 병든 마멋을 근거지에 들어오지 못하게 하는 습관이 있었다. 전문사냥꾼들은 병들어서 동작이 느린 마멋은 잡지 않았다. 어설픈 사냥꾼들은 그 반대였다. 잡기 쉬운 마멋을 마구 잡아댔다. 허기지면 고기를 먹기도 했다.

원인을 확인한 우렌더는 군인과 경찰을 동원해 도시를 봉쇄하고 환자들을 격리시켰다.

20세기 초반, 재해가 산둥(山東)과 허베이(河北) 일대를 덮쳤다. 이재민들은 먹고살 길을 찾기 위해 고향을 뒤로했다. 산하이관을 넘거나 발해만을 건너 비옥한 만주땅을 밟았다. 이들은 겨울만 되면 사냥도구를 들고 원시림을 헤맸다. 병들어 눈멀고 실성한 마멋을 닥치는 대로 포살했다. 설수(雪水)로 마른 목 축이고 해가 지면 모닥불 앞에서 마멋의 가죽을 벗겼다. 세상에 이런 신천지가 없었다. 눈이 유난히 예쁜 이 야생동물은 자신을 괴롭히던 악성 병균을 포살자들에게 선사하고 죽어갔다.

세계 최초 폐페스트의 발견

만주 일대에 창궐한 페스트가 쥐벼룩이 아닌 마멋 사냥꾼을 통해 전파된 폐페스트라는 우렌더의 주장은 의학계에 파문을 일으켰다. 중국에 와 있던 서양인 의사들은 우렌더의 이론을 반박했다.

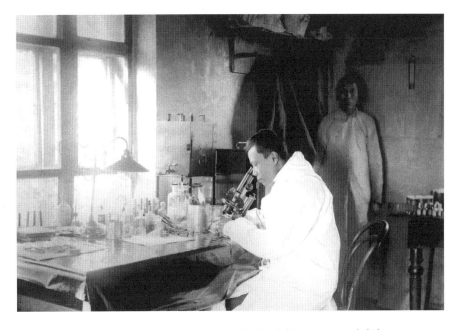

동3성(東三省) 방질총의관(防疾總醫官) 시절의
우렌더가 현미경을 들여다보며 연구하는 모습.
1911년 2월, 하얼빈.

"전염병은 동서양을 가리지 않는다. 페스트는 공기를 통해 전염되지 않는다."

베이징과 톈진에 감염자가 발생하자 청나라 조정은 의사와 간호사를 대상으로 자원 봉사자를 모집했다. 동북에 가겠다는 한의사와 의대생들이 줄을 이었다. 톈진에 와 있던 프랑스 출신 페스트 전문가 매시니도 자원했다. 홍콩과 인도에서 페스트 방역 경험이 있는, 우롄더와도 잘 아는 사이였다.

동북에 온 매시니는 우롄더의 판단을 무시했다.

"쥐를 소멸시키는 것이 관건이다. 환자는 격리시킬 필요 없다."

우롄더가 주장을 굽히지 않자 매시니는 발끈했다. 동3성(東三省) 총독을 찾아가 우롄더 대신 자신을 동3성 방질총의관(防疾總醫官)에 임명해달라고 간청했다.

총독에게 거절당한 매시니는 "러시아인 밀집지역에 가서 평소 하던 대로 하겠다"며 함께 하자는 우롄더의 손길을 뿌리쳤다. 벽안(碧眼)의 옛 친구에게 "가면 죽는다, 제발 가지 말라"고 말려도 듣지 않았다. 그날 밤 우롄더는 베이징의 스자오지에게 사직을 청하는 전문을 보냈다. 방질총의관에 매시니를 임명하자고 건의했다. 스자오지는 우롄더에게 최대의 신임과 지지를 표하는 전문을 발송했다.

"매시니의 직무를 정지시켰다. 계속 방역을 진행해라."

열흘 후 매시니는 하얼빈의 러시아인 거주지역에 있는 러시아 철도병원에서 세상을 떠났다. 사인은 폐페스트였다.

매시니의 죽음은 폐페스트 방역의 전환점이 됐다. 우롄더에게 회의를 품던 사람들도 복종하기 시작했다.

격리·소독·교통 차단을 아무리 해도 감염자는 점점 늘어났다. 우렌더는 사망자 처리에 문제가 있다고 판단했다. 성(城) 북쪽에 있는 공동묘지를 찾아갔다. 사람 키를 넘는 눈 위에 관목(棺木)과 시신이 널려 있었다. 끝이 안 보일 정도였다. 우렌더는 경악했다. 『일기』에 적었다.

"악성 병균은 살아 움직이고 있었다. 시신에 접촉한 동물들이 성 안에 들어와 사람들에게 전염시키면 막을 방법이 없다. 곧 설날이 다가온다. 우리 중국인들은 객지에서 죽은 사람의 시신을 고향에 안장하는 습관이 있다. 귀성길에 오른 사람들이 시신을 들고 만리 장성을 넘기라도 하는 날에는 산둥과 허베이 산시성(山西省)은 페 스트의 천국으로 변한다."

"시신 소각을 허락해달라"

하루빨리 시신을 안장하는 것이 최선이었지만 하얼빈의 겨울은 평균 영하 30도를 웃돌았다. 삽질이 불가능했다. 대지가 해동되기까 지 기다리려면 환자가 몇 배로 증가할지 몰랐다. 당장 화장시키는 것 외에는 대안이 없었다.

부모와 조상의 유체를 존중하는 전통을 유지해온 중국인들에게 화장은 상상도 못 할 일이었다. 반대를 진정시킬 방법은 황제의 성지 (聖旨) 외에는 없었다. 우렌더는 현지의 관원과 덕망 있기로 소문난 사람들을 모아놓고 방법을 설명했다. 의외로 다들 찬성했다.

시신 소각을 허락해달라는 우렌더의 상소에 청나라 조정은 발칵 뒤집혔다. 3일 후, 섭정왕 짜이펑은 서구문화를 받아들인 사람다운 결정을 내렸다. 외무부를 통해 지시를 내렸다.

"죽은 사람보다 산 사람이 중요하다. 우렌더의 청을 허락한다. 계획대로 진행해라."

1911년, 선통(宣統) 3년 정월 초하루, 하얼빈의 문무관원들은 새해를 맞을 틈도 없었다. 한 손에 휘발유 통을 들고 마스크를 칭칭 동여맨 채 2,500여 구의 시신을 소각했다.

다음 날부터 감염자 수가 줄어들기 시작했다. 동북 전역은 물론이고 러시아 측도 우렌더의 방법을 따라 했다.

그날 밤 12시, 하얼빈시 방역국은 중국인 거주지역의 페스트 사망자가 한 명도 발생하지 않았다고 우렌더에게 보고했다. 도시마다 희보가 잇달았다.

1919년 하얼빈에서 콜레라가 발생했을 때도 우렌더는 환자 2,000여 명의 생명을 구했다. 1937년, 중국을 침략한 일본군이 우렌더에게 손을 내밀었다. 이를 마다한 채 말레이시아로 돌아온 우렌더는 벽촌에 작은 병원을 차리고 화교들의 열대병을 치료하다 세상을 떠났다.

중국인과 노벨문학상

"노벨은 화약보다도 노벨상을 만들어 인류에 더 큰 해를 끼쳤다."

모옌이 노벨문학상을 받던 날

남 이야기 하기 좋아하기로는 중국인 따라갈 사람들이 없다. 누가 얼마 해먹었고, 누구 부인이 누구와 각별한 사이고 그 남편은 누구와 가깝다는 등 공원이나 찻집은 물론이고, 공중변소에 쭈그리고 앉아 시간 가는 줄 모르기 일쑤다. 사실 같은 유언비어, 거짓말 같은 진실이 난무할 수밖에 없다. 골목마다 소재가 다른 경우도 있지만, 전국적인 것이 대부분이다.

2012년, 모옌(莫言)이 노벨문학상 수상자로 결정된 후에도 예외가 아니었다. 새로운 얘깃거리와 함께 예전부터 나돌다 잠복했던 이야기들이 다시 수면 위로 떠올랐다.

2000년 10월, 프랑스 국적의 가오싱젠(高行健)이 노벨문학상을 받는다는 소식이 전해지자 대륙 작가들은 입을 삐죽거렸다.

"노벨이 중국 작가와 무슨 원수 질 일이 있었기에 중국 본토 작가들이 아직도 노벨문학상을 못 받는단 말인가. 가오싱젠은 3년 전까지만 해도 엄연한 중국 국적이었다."

심사위원 말름크비스트와 두 명의 중국인 부인

1985년, 고란 말름크비스트(Goran Malmqvist)가 노벨문학상 종신 심사위원에 선정되자 중국 작가들은 "이제야 노벨문학상으로 통하는 길이 열렸다"며 기대에 부풀었다. 인간관계를 중요시하는 민족이다보니 그와 편지라도 몇 번 주고받은 작가들은 "5·4신문학운동 이후 최대의 사건"이라며 흥분했다. 18명의 심사위원 중 중국문화를 이해하고 중국 고전과 현대문학, 쓰촨(四川) 방언에 정통한 사람은 말름크비스트가 유일했기 때문이다. 게다가 스웨덴이 배출한 세계적인 중국학자 요하네스 칼그렌(Johannes Karlgren)의 수제자였고, 부인도 남편 장악력이 뛰어난 쓰촨 여인이었다. 마웨란(馬悅然)이라는 중국 이름도 있었다. 며칠 밤을 뜬눈으로 새워도 피곤한 줄 모를 만한 경사였다.

말름크비스트는 중국문학 번역가로도 명성을 떨쳤다. 1992년 68세가 될 때까지『수호전』『서유기』같은 고전과『마오쩌둥시집』(毛澤東詩詞全集), 원이둬(聞一多), 선충원(沈從文)의 소설 등 700여 종의 중국 책을 직접 번역했다. 스웨덴에 있는 그의 책상에 중국 작가들이 보내온 저술들이 산처럼 쌓이기 시작했다.

1990년 가을, 홍콩을 방문한 말름크비스트와 중국 출판인의 대화를 엿들은 적이 있다. 중국인들이 노벨상을 얼마나 중요시하는지 실감이 났다. 처음부터 끝까지 노벨문학상에 관한 얘기였다. 루쉰·선충원·라오서(老舍)·원이둬·바진(巴金) 등 중국 문학을 대표하는 작가의 이름이 난무했다.

"중국인들은 1936년에 세상을 떠난 루쉰이 노벨문학상을 거절했다며 자부심을 느낀다. 당시 서구인들은 루쉰이 뭐하는 사람인지 몰랐다. 양셴이(楊憲益)의 주옥 같은 번역은 루쉰 사후에 나왔다."

"국민당 특무에게 피살당한 원이둬가 최고의 시인"

양셴이는 「홍루몽」(紅樓夢)을 영어로 번역한 베이징의 일류 술꾼이었다. 말름크비스트는 신문학운동이 배출한 최고의 작가로 선충원을 꼽았다.

"심사위원들은 매주 네 번씩 회의를 연다. 6월부터 8월까지는 회의가 없다. 1988년 5월 10일 밤, 타이완 여류작가로부터 선충원이 베이징의 허름한 아파트에서 세상을 떠난 걸 아느냐는 전화를 받았다. 스웨덴 주재 중국대사관 문화참사에게 사실 여부를 확인했다. 선충원이 도대체 뭐 하는 사람이냐고 내게 되물었다. 조금만 더 살았더라면 그해 가을의 노벨문학상은 선충원 차례가 됐을지도 모른다."

1988년은 말름크비스트가 선충원 소설 세 권의 완역본을 출간한 해였다. 그런 탓인지는 몰라도 말조심하는 표정이 역력했다.
"그러나 선충원의 소설은 너무 토속적인 게 흠이다. 외국인들이 이해하기 힘들다."
한국 신문에 자주 거론되던 바진의 작품에 관한 이야기도 빼놓지 않았다.

"아주 좋은 소설들이다. 미래의 중국 연구자들이 지난 세기 쓰촨인들의 생활상을 알려면 꼭 읽어야 한다. 문학적 가치는 선충원의 것들만 못하다. 비교 대상이 못 된다."

시인으로는 1946년 국민당 특무에게 피살당한 원이둬에게 가장 후한 점수를 줬다.

"중국 문학 사상 가장 아름다운 시를 쓴, 정말 위대한 시인이었다. 걸출한 학자이기도 했다. 시집 『붉은 촛불(紅燭)의 비애』는 읽는 사람을 황홀하게 만든다. 노벨문학상을 받고도 남을 만했다. 비장미 넘치는 시인이었다."

"다시는 중국인과 상종하지 않겠다"

2007년 10월, 중국을 방문한 말름크비스트는 다시 선충원 얘기를 꺼냈다.

"시간이 흘렀으니 얘기하겠다. 1988년 10월의 노벨문학상은 선충원 것이었다. 발표 5개월 전에 세상을 떠난 것이 아직도 애석하다. 작가는 이것저것 따질 필요가 없다. 그냥 쓰고 싶은 걸 쓰면 된다. 체제나 반체제, 이런 건 우리의 관심사항이 아니다. 노벨문학상은 세계 최고의 문학상이 아니다. 좋다고 생각되는 작가에게 주는 상이다. 중국에는 노벨문학상을 수상한 사람들보다 더 좋은 작가가 많다."

중국인들이 노벨상에 너무 집착한다며 폭발력 강한 발언도 했다.

"상금은 내가 줄 테니 명예만 우리에게 달라는 산둥성(山東省)의 문화담당 간부도 있었다. 어떤 작가는 자신의 작품을 보낼 때마다 서화(書畵)를 몇 점씩 보내곤 했다. 다 돌려줬다."

문화담당 간부가 누군지 밝히라는 추궁이 잇따랐지만 이름은 밝히지 않았다. 온갖 소문이 꼬리를 이었다.

모옌이 수상자로 발표되자 문화계가 발칵 뒤집혔다. 모옌은 산둥 사람이었다. 5년 전에 재혼한 말름크비스트의 부인까지 구설수를 탔다.

"이번 노벨문학상 수상자는 이 여자가 결정했다. 고향사람에게 상을 줘야 한다고 남편을 들볶았다."

43세 연하인 말름크비스트의 두 번째 부인도 쓰촨 출신의 중국 여인이었다.

온갖 소문에 시달린 말름크비스트는 "다시는 중국인과 상종하지 않겠다"며 돈에 얽힌 얘기도 폭로했다.

"미화 60만 달러를 들고 와 자신의 소설을 번역해달라는 젊은 중국 작가가 있었다. 거절하자 다른 심사위원에게 달려갔다."

장이이(張一一)라는 작가의 이름까지 공개했다.

노벨상 얘기가 나오면 '문화곤륜'(文化崑崙)으로 추앙받던 첸중수(錢鍾書)를 떠올리는 중국인이 많다. 첸중수는 노벨문학상 후보로 거론되자 "버나드 쇼의 말이 맞다. 노벨이라는 사람은 화약보다도 노벨상을 만들어 인류에 더 큰 해를 끼쳤다"며 불쾌해했다.

마오쩌둥은 옌안 철수를 결정했다.
"죽음을 불사하고 옌안을 떠나지 않겠다!"
마오는 동지들을 설득했다.
"땅을 잃어도 사람만 있으면
사람과 땅을 보존할 수 있다.
땅을 보존한다 하더라도 사람을 잃으면
땅과 사람을 모두 잃게 된다."

충칭에 나타난 시인 마오쩌둥

"이제 다시 날이 개면 붉고 흰 옷 차림의 모습은
유난히도 아름다우리."

"나는 평화를 위해 왔다"

1945년 8월 10일, 중국의 동북지역에 진입한 소련 홍군이 관동군을 궤멸시켰다. 일본은 무조건 항복했다. 일본 패망으로 중국은 전승국이 되었다. 모든 불평등조약은 폐기되고 중국은 5대 강국의 하나로 국제적 지위가 상승했다. 남은 일이라곤 전쟁의 상처를 치유하고 부강한 중국을 건설하는 것밖에 없는 듯했다.

국·공 양당이 합작해 치른 중일전쟁 8년 동안 공산당은 세력을 확장했다. 점령지역에서 국민정부의 통치력을 와해시켰고, 전쟁 초기 5만에 불과했던 군사력도 약 130만으로 늘어났다. 중공은 정보와 선전에서 국민당을 압도했다. 국민당 정부의 군·정 계통에 상당수의 공산당 비밀당원이 있었고 일부는 지휘 계통 핵심부까지 침투해 있었다. 전후의 통화팽창과 부패도 극에 달했다. 내전은 시간문제였다.

미국은 국·공 양당의 회담을 주선하며 장제스를 압박했다. 장제스는 8월 14일부터 세 차례 중국공산당 중앙위원회 주석 마오쩌둥에게 전보를 보내 전시수도였던 충칭에서 회담할 것을 제의했다. 공산당도 국민당과 기타 민주당파와 함께 협의해 단결을 공고히 하고 통일의 실현을 희망한다는 「시국선언문」을 발표했다.

1945년 8월 28일, 마오쩌둥은 중국 주재 미국대사 등과 함께 근거지 홍색수도(紅色首都) 옌안을 떠나 충칭에 도착했다. 마오쩌둥은 타고난 명연기자였다. 난생처음 타본 비행기에서 내리자마자 "나는 평화를 위해 왔다"는 성명을 발표하고 "장 위원장 만세"를 불렀다. 첫날부터 두 사람은 같이 사진 찍고 서로의 숙소를 방문했다. 함께 산책도 하며 무려 43일간 기(氣)싸움을 벌였다.

"우리의 앞날은 밝다, 숱한 곡절이 따를 것이다"

충칭에 있는 동안 마오쩌둥은 회담만 하지는 않았다. 외교사절을 비롯한 각 방면의 인사들과 폭넓게 접촉하며 존재를 과시했다. 특히 시인 류야쯔(柳亞子)와의 만남은 성공적이었다. 류야쯔를 만난 마오쩌둥은 자신의 시(詩) 한 편을 붓으로 써서 선물했다. 1936년 장정 도중에 쓴 「심원춘·설」(沁園春·雪)이라는 작품이었다.

북녘의 풍광(風光)은 천리(千里)에 얼음 덮이고,
만리(萬里)에 눈발 날리네
바라보니 장성(長城) 안팎은 망망한 백설천지(白雪天地),
대하(大河)의 상·하류 할 것 없이 도도한 기세 이루었다
산(山)은 춤추는 은색의 뱀이런가
고원(高原)은 내달리는 밀랍의 흰 코끼리,
저마다 하늘과 키를 겨루려 하네.

이제 다시 날이 개면

붉고 흰 옷 차림의 모습은 유난히도 아름다우리,

이토록 아름다운 강산이기에

수많은 영웅들도 다투어 허리 굽히게 하였네

아쉽게도 진시황과 한무제는 문채(文彩)가 모자랐고,

당 태종과 송 태조는 시(詩)에 손색이 있었다

일세를 풍미하던 하늘의 아들 칭기즈칸도

활 당겨 독수리나 쏠 줄밖에 몰랐거니

그러나 이 모두가 지나간 일,

정녕 풍류인물(風流人物) 꼽으려거든

오히려 이 시대를 보아야 하리

류야쯔도 즉각 화답하는 시를 보냈다. 마오쩌둥은 다시 답하며 "우리의 앞날은 밝다. 그러나 수많은 곡절이 따를 것"이라고 재차 강조했다.

류야쯔는 마오쩌둥이 충칭을 떠난 후 『신화일보』(新華日報)에 「심원춘·설」과 자신의 화답시를 발표했다.

소설가 장헌수이(張恨水)도 "윤지(潤芝: 마오쩌둥의 자字)가 시에 능하다는 것을 아는 사람이 많지 않다. 「심원춘·설」을 읽다보면 풍격의 독특함을 알 수 있다"며 자신이 주간이던 『신민보』(新民報)에 마오의 시를 게재했다. 『대공보』(大公報)에도 두 사람이 주고받은 시와 평론이 3일 연달아 실렸다.

사람들이 모이는 곳마다 마오쩌둥의 시가 화제가 되기 시작했다.

암송하고, 곡을 붙여 노래하며 마오쩌둥이야말로 진정한 풍류객(風流客)이라고 말하는 사람들이 점점 늘어났다.

당시 국민당 통치지역의 지식인들 중에는 마오쩌둥에 관해 아는 사람이 극히 적었다. 얼마 전까지만 해도 장정 도중 구이저우(貴州)에서 무좀 치료를 위해 수백 년 묵은 마오타이주(酒)에 발을 닦았다며 산채의 두령 정도로 알고 있는 사람이 대다수였다. 장제스도 한때 비적 두목 정도로 알던 마오쩌둥이 시를 쓴다는 말을 들은 적이 있지만 믿으려 하지 않았다. 「심원춘·설」이 딴사람의 작품을 도용한 것은 아닌지, 마오쩌둥이 쓴 것이 사실이라면 사람들이 열광하는 만큼 빼어난 작품인지를 측근에게 여러 차례 물었다. 다들 신통치 않다곤 했지만, 기분이 좋지 않았다.

충칭담판은 국·공 간의 모순을 해결하지 못한 실패한 회담이었다. 그러나 중국인들에게는 미래의 지도자로 누가 적합한가를 저울질해볼 수 있는 기회였다. 두 사람 중 한 명을 선택해야 할 때 가장 결정적인 것은 누가 더 '매력'이 있느냐다. 담판 기간 동안 대다수의 중국인들은 마오쩌둥에게서 그 매력을 발견했다.

8월 10일, 충칭의 승전 폭죽

> "군중들은 「의용군 행진곡」을 불러댔다.
> 상인들은 창고에 쌓아두었던 폭죽을 시민들에게 나눠줬다."

일본의 공습보다 시끄러운 축제가 시작됐다

1945년 8월 6일, 미국이 히로시마에 원자폭탄을 투하했다. 사흘 후 나가사키에 두 번째 폭탄을 투하하기 열 시간 전, 소련도 일본에 전쟁을 선포했다. 소련 홍군 150만이 만주에 진입하자 일본관동군은 1주일 만에 8만 3,000여 명이 전사하고 59만 4,000명이 투항했다. 관동군 사령관 우메즈 요시지로(梅津美治郎)는 소련군 진영을 찾아가 지휘권의 상징인 군도(軍刀)를 제출하고 스스로 포로가 됐다. 일본은 더 이상 활로가 없었다.

8월 10일 오후 7시, 중국 전구(戰區)의 정보기관이었던 충칭의 중미합작소(中美合作所)에 근무하던 미군 공작원 한 사람이 황급히 군용 지프를 몰고 시내를 향했다. 영어로 "VICTORY"를 외치며 질주했다. 거리에는 더위를 피하기 위해 나와 있던 시민들이 많았다. 눈 깜짝할 사이에 집 안에 있던 사람들까지 밖으로 쏟아져 나왔다.

면식이 있건 없건 얼싸안고 깡충깡충 뛰다가 두 팔로 'V'자를 그리며 동북항일연군의 무장투쟁을 노래한 「의용군 행진곡」을 불러댔다. 목청이 터져도 좋았다. 극장에서는 한참 상영 중이던 영화가 중

단되고 전쟁기록물이 스크린을 장식했다. 눈치 빠른 관객부터 고래고래 고함을 지르며 뛰쳐나갔다.

댄스홀에서도 비슷한 상황들이 벌어졌다. 상인들은 창고에 쌓아두었던 폭죽을 시민들에게 나눠주고 신문사들은 그제야 호외를 찍어댔다. 이날 밤 충칭은 사이렌 소리만 없을 뿐 일본군의 공습을 받을 때보다 더 시끄러웠다.

일본의 괴뢰정부(偽國民政府) 소재지 난징에선 일본이 제작한 중국어방송을 내보내던 탄바오린(譚保林)과 쑤허셴(蘇荷先)이라는 기술자가 충칭 방송을 청취하자마자 일본이 투항할 것이라는 소식을 전하고는 잠적해버렸다. 방송처럼 묘한 것도 없다. 10초가 될까 말까 한 짧은 시간이었지만 들은 사람이 적지 않았다. 순식간에 골목마다 폭죽이 터졌다. 영문을 모르고 있던 일본군들은 갑자기 무슨 일인지 싶어 어안이 벙벙했다.

11일 초저녁, 일본군 치하의 상하이 시민들은 정규방송이 시작되기 전에 중국 국가가 나오자 도대체 무슨 일인가 했다. 원래대로라면 「대동아행진곡」(大東亞行進曲)이 나와야 정상이었다. "일본이 포츠담 선언을 수락할지 모른다"는 방송을 듣고도 동요하는 기색이 없었다. 삼삼오오 모여 앉아 열띤 토론을 벌인 후에야 거리에 유황 냄새가 조금씩 퍼지기 시작했다.

소식을 접한 일부 지역에선 물가가 하락했다. 시안은 황금이 평소의 절반가격에 거래됐고, 전쟁기간 중 폭등했던 담뱃값도 하락했다. 안후이성은 특히 심했다. 현찰 10만 원이면 평소 46만 원 하던 황금 한 냥을 구입할 수 있었다. 목재와 도자기, 찻값도 폭락했다. 좋은 건

1945년 8월 10일, 일본의 패전 소식을 들은 사람들은
거리로 뛰쳐나와 면식이 있건 없건 얼싸안고 뛰며 목청이 터져라
「의용군 행진곡」을 불러댔다. 8월 15일 오후, 전시수도 충칭에서
항일전쟁 승리를 선포하고 방송국을 나서는 장제스.

지 나쁜 건지 알 수가 없었다. 눈치 빠른 상인들은 물건 사재기에 바빴다.

8월 15일 오후, 8년간 전쟁을 지휘한 국민정부 주석 장제스는 연합군 중국 전구 최고사령관 자격으로 전국의 군민(軍民)들에게 항일전쟁 승리를 정식으로 선포했다. 이날 밤 충칭은 또 한 차례 난리가 났다. 횃불 행렬이 10리를 이루었고 꽹과리와 나팔 소리가 밤새도록 그치지 않았다. 시민들 거의가 거리에서 밤을 보내다보니 빈집을 누비며 한몫 잡은 도둑들도 많았다.

역사학자 푸쓰녠(傅斯年)은 달리는 차 위에서 한 손에 술병을 들고 다른 한 손엔 모자가 걸쳐친 지팡이를 흔들며 미친 듯이 노래하고 춤을 추다 굴러떨어지는 바람에 몇 년간 허리를 제대로 쓰지 못했다.

홍색도시 옌안은 일본의 무조건 투항 소식이 전해지는 순간 성 전체가 동시에 불쑥 떴다가 쿵 하고 내려앉는 듯했다. 국기란 국기는 모두 내걸고 "홍군 만세" 등 온갖 구호를 열창했다. 린뱌오(林彪)가 지휘한 핑싱관(平型關) 전투에서 일본군과 싸웠다는 과일상인은 수박과 복숭아를 '승리의 과일'이라며 군중들에게 나눠주었다. 그 바람에 빈털터리가 됐지만 그래도 싱글벙글했다.

옌안에 나와 있던 미군들도 합세해 광환(狂歡)의 시간을 함께했다. 늦은 밤 팔로군 총사령관 주더와 펑더화이(彭德懷)는 이들을 초청해 승리를 경축하는 연회를 베풀었다. 5년 후 한반도에서 서로 총질을 하리라고는 상상도 못 할 밤이었다.

중국군은 일본군과 20여만 차례의 크고 작은 전투를 치르며 3,500여만 명의 군인과 민간인이 전사하거나 부상을 입었다. 약 2억 명의 중국인이 유랑민으로 전락했고 전비를 포함한 재산 손실도 미화 5,600억 달러에 달했다. 농담 좋아하기로는 중국인 따라갈 사람들이 없다.

"그간 일본사람들 전쟁하느라고 고생했다. 우리는 8년간 도망만 다녔다. 인구가 많다보니 용감한 사람들도 있게 마련이다. 전쟁이 끝났으니 용감하게 산화한 분들의 기념관 지을 일만 남았다."

중국의 혁명가들은 한결같이 염복이 많았다

"부인들은 참석시키지 말자. 일곱 명을 한자리에 모아놨다간 큰일 난다."

예젠잉 추도식에 부인들 참석 막은 덩샤오핑

1986년 10월 22일, 예젠잉이 89세로 세상을 떠났다. 10년 전, 4인 방 체포와 덩샤오핑 복권에 온갖 지혜를 짜냈던 대전략가의 죽음에 "중국의 운명을 바꿔놓은 위대한 전략가가 눈을 감았다"며 온 중국이 떠들썩했다.

중앙정치국은 성대한 추도식을 준비했다. 참석자 명단을 짜느라 머리를 싸맸다. 문제는 가족이었다. 예젠잉은 세 차례의 비공식적인 것까지 포함하면 열 번 결혼했다. 그중 일곱 명이 생존해 있었다. 근 60세 차이가 나는 마지막 부인 외에는 모두 혁명과정에서 만난, 소홀히 대접할 수 없는 여인들이었다. 오랜 동료였던 최고 실권자 덩샤오핑과 원수 네룽전(聶榮臻)이 지혜를 짜냈다.

"부인들은 참석시키지 말자. 일곱 명을 한자리에 모아놨다간 큰일 난다. 개성 강한 여자들이라 무슨 대형 사고를 일으킬지 모른다. 싸움이라도 벌어졌다 하는 날엔 천하대란보다 더 수습하기가 힘들다. 우리 모두 망신당하지 않으려면 이 방법밖에 없다."

20여 년 전 홍콩에서 "일부러 부인들에게 영결식 날짜를 틀리게 알려줬다"는 말을 들은 적이 있지만 확인할 방법은 없다. 개혁·개방 이후 최대 규모의 추도식이 끝나자 온갖 소문이 난무했다.

"우리는 한 명 뒤치다꺼리하기도 힘들어 죽겠는데, 예젠잉은 재주도 좋다. 쑨원, 장제스, 마오쩌둥이 중용할 만하다."

한대(漢代)에 이미 유언비어(流言蜚語)라는 사자성어를 만들어낸 민족이다보니 그냥 내버려뒀다간 무슨 심한 말들이 나올지 몰랐다. 예젠잉의 장남 예쉬안핑(葉選平: 당시 광둥성 성장)이 진화에 나섰다. 예쉬안핑이 직접 성명을 발표했다.

"어머니들을 참석시키지 않은 것은 우리 유자녀들의 의견일 뿐 아니라 당 중앙의 결정이었다. 아직도 우리 형제들은 일곱 명의 어머니들과 좋은 관계를 유지하고 있다."

중국인들은 누가 무슨 말을 하면 일단은 믿는 편이다. 중국의 무산계급 혁명가들은 한결같이 염복(艶福)이 많았다. 예젠잉에 비하면 아무것도 아니지만 1949년 중공정권 선포 당시 제5대 서기(書記)는 평균 두세 번 결혼했다. 류사오치 여섯 번, 마오쩌둥과 주더가 네 번 결혼했지만, 평균수치가 낮아진 것은 총리 저우언라이와 공청(공산주의청년단共産主義靑年團) 설립자 런비스(任弼時)가 한 번밖에 안 했기 때문이다.

제10대 원수(元帥)의 평균 결혼 횟수가 4~9차례가 된 것은 순전히 예젠잉 덕분이다. 예젠잉이 결혼했던 여인들은 근대 중국 군벌의

중국 무산계급 혁명가들은 한결같이 염복이 많았다.
가장 많이 결혼했던 예젠잉(오른쪽)과
가장 적게 결혼했던 저우언라이.

시조 쩡궈판(曾國藩) 집안의 딸과 혁명가, 군인, 간호사, 학생 등 다양했다. 이 정도면 "그 바쁜 와중에 정말 부지런했던 사람"이라는 말이 나올 만도 했다.

문인들도 뒤지지 않았다. 신중국 제1의 문호(文豪) 궈모뤄(郭沫若)는 네 차례에 불과했지만 기록을 생생히 남긴 덕에 아직도 많은 사람의 입에 오르내린다.

중국인들은 1995년 다롄(大連)에서 101세로 세상을 떠난 두 번째 부인인 일본여인을 특히 애석해한다. 부모가 지어준 일본이름을 버리고 궈뭐뤄가 지어준 안나(安娜)를 평생 사용한 이 여인은 원래 도쿄 '성루카병원'의 간호사였다. 1916년 6월, 오카야마(岡山) 6고에 재학 중이던 궈뭐뤄는 1고에 다니던 친구 병문안 갔다가 안나를 처음 만났다.

"돌아오는 내내 친구의 애인일까봐 조마조마했다. 그런 것도 같고 아닌 것도 같았다. 미간에 빛이 났다."

궈뭐뤄는 친구가 폐결핵으로 세상을 떠나자 안나에게 편지를 한 통 보냈다.

"망우(亡友)의 X레이를 보고 싶다."

잘생긴 중국청년의 편지를 받은 안나는 며칠간 잠을 못 잤다. 동봉한 영시(英詩)가 그렇게 아름다울 수가 없었다.

40여 차례 영문 편지를 주고받은 안나는 이 쓰촨 천재와 결혼을 결심했다. 4남 1녀를 연달아 출산했지만 오래가지 못했다. 이유는 단하나, 궈뭐뤄의 유곽 출입이었다. 귀국한 후에도 습관은 변하지 않았다. 성병을 옮기고도 태연했다. 궈뭐뤄와 이혼한 안나는 죽는 날까지 산둥성 지난(濟南)에 살며 총리 저우언라이의 보살핌을 받았다.

4인방 몰락의 드라마

> "적의 가장 견고한 부분을 공격해서,
> 상대편 두목을 제압하면, 그 조직은 해체된다."

덩샤오핑, 방광암 걸린 저우언라이 '대타'로 복귀

1971년 9월 13일, 중국의 2인자 린뱌오가 비행기 추락으로 사망
했다. 한직에 있던 원수 예젠잉이 국방부장 직을 승계했다. 1972년
5월, 총리 저우언라이의 몸에서 암세포가 발견됐다. 당시 중국은 장
칭(江青)과 장춘차오(張春橋), 왕훙원(王洪文), 야오원위안((姚文元)
등 4인방의 천하였다. 이들은 보안을 이유로 저우언라이의 병세가
외부로 새어나가지 못하게 했다.

마오쩌둥은 저우언라이의 발병 사실을 몰랐다. 온갖 일을 다 시켜
먹었다. 저우언라이의 주치의들은 마음이 급했다. 몰래 예젠잉을 찾
아가 이실직고했다.

린뱌오 사후 마오쩌둥은 간부들을 잘 만나지 않았다. 기회를 엿보
던 예젠잉은 마오쩌둥과 함께 외빈 접견이 끝나자 저우언라이의 혈
뇨가 담긴 병을 내밀었다.

마오쩌둥은 저우언라이 치료 전담반을 구성하라고 지시했다. 예젠
잉에게 책임을 맡겼다. 저우언라이를 대신할 인물도 물색했다. 시골
에 쫓겨 가 있던 덩샤오핑을 극비리에 베이징으로 불러올렸다.

시아누크 환영만찬회가 인민대회당에서 열렸다. 참석자들이 좌정하자 잠시 침묵이 흘렀다. 만찬장 문이 열리며 꾀죄죄한 몰골의 노인이 나타나자 시선이 쏠릴 수밖에 없었다. 어디 앉아야 좋을지 몰라 당황해하는 노인을 마오쩌둥의 여비서가 와서 안내하자 좌중이 술렁거렸다.

"주석이 덩샤오핑을 베이징으로 불렀다!"

외신기자들이 용수철처럼 밖으로 튀어나갔다. 전 세계의 신문들이 덩샤오핑의 기용 가능성을 대대적으로 보도했다. 반응이 나쁘지 않았다. 일단 소문부터 내놓고 여론을 들어보는, 중공의 전통적인 방법을 외국인들은 알 턱이 없었다. 만찬장에서 돌아온 예젠잉은 이 생각, 저 생각에 잠을 이루지 못했다. 팬티 바람으로 마오쩌둥에게 보내는 편지를 썼다.

"덩샤오핑이 돌아왔습니다. 군사위원회를 이끌 수 있도록 주석께 간청합니다."

마오쩌둥은 예젠잉의 의견을 받아들였다. 저우언라이와 상의했다. 덩샤오핑의 부총리 복직과 총참모장 임명을 결정했다.

1973년 3월 9일, 저우언라이는 정치국 회의석상에서 자신의 증세를 설명했다.

"2주간 휴가를 청한다. 주석도 동의했다. 내가 없는 동안 정치국 회의는 예젠잉이 주재한다. 군사위원회 업무도 마찬가지다."

다음 날, 중공 중앙은 덩샤오핑의 부총리 임명을 발표했다. 5개월

미국의 무인정찰기를 격추한 공군 부대원들을 격려하는
저우언라이(앞줄의 오른쪽에서부터 두 번째)와 예젠잉(오른쪽 첫 번째).
1965년 1월 9일, 베이징 인민대회당.

후, 덩샤오핑은 중앙위원에 선출됐다. 중앙정치국과 군사위원회 진입은 시간문제였다. 저우언라이와 예젠잉은 한숨을 돌렸다. 4인방은 긴장했다.

"피에는 공짜가 없다, 피 많이 흘린 정당이 집권한다"

해가 바뀌자 저우언라이는 해방군 총의원으로 거처를 옮겼다. 예젠잉은 병원을 떠나지 않았다. 방광암에 효과를 봤다는 비방(秘方)과 험방(驗方)을 다 긁어모았다. 수술받는 날 수술실 앞을 떠나지 않았다. 결과를 꼬치꼬치 캐묻고 나서야 병원 문을 나섰다. 비서의 기록에 따르면 "온갖 전쟁을 다 해봤지만 암세포와의 싸움처럼 힘든 것도 없다"며 한숨 내쉴 때가 많았다고 한다. 저우언라이도 예젠잉이 병원을 방문할 때는 문 앞에 나가 맞이했다.

예젠잉과 저우언라이는 1924년 8월, 광저우의 황푸군관학교에서 처음 만났다. 교장 장제스는 교수부 부주임 예젠잉을 총애했다. 무기를 휴대하고 교장 집무실을 마음대로 출입할 정도였다. 프랑스 유학을 마친 저우언라이가 정치부 주임으로 부임했다. 두 청년은 국·공합작 시절인 탓도 있었지만 항상 붙어 다녔다. 나이는 예젠잉이 27세, 저우언라이보다 한 살 더 많았다.

3년 후, 국·공합작을 파기한 장제스가 공산당원을 숙청했다. 예젠잉은 "사람을 많이 죽인 정당은 성공할 수 없다"며 국민당을 떠났다. 저우언라이를 찾아가 입당을 자청했다.

"피에는 공짜가 없다. 피 많이 흘린 정당이 집권한다."

이제 공산당은 틀렸다며, 열성 당원들조차 당을 떠날 때였다. 둘은

50년 가까이 온갖 환난을 겪으며 어려운 일이 생길 때마다 상부상조했다.

덩샤오핑이 저우언라이를 대신해 국무원과 군사위원회의 일상 업무를 관장하자 4인방은 반발했다. 정치국 회의에서 사사건건 덩샤오핑을 물고 늘어졌다. 마오쩌둥이 후계자로 지목한 당 부주석 왕훙원은 악담까지 퍼부어댔다. 덩샤오핑이 회의장을 박차고 나가면, 예젠잉은 주먹으로 책상을 내리치며 4인방을 공격했다. 뾰로통해서 앉아 있던 장칭의 얼굴에 핏기가 사라져도 개의치 않았다.

덩샤오핑은 미국을 방문해 국가원수에 버금가는 환영을 받았다. 프랑스에 가서는 유학생 시절 실컷 먹어본 적이 없는 크루아상을 사다가 옛 유학 동료들에게 다섯 개씩 돌렸다. 한 개도 못 받은 4인방은 마오쩌둥에게 가서 일렀다. 덩샤오핑은 그간 없어졌던 대학입시도 부활시켰다.

4인방은 전국적으로 덩샤오핑 비판운동을 전개했다. 마오쩌둥도 예전 같지 않았다. 정신이 들었다 말았다 했다. 예젠잉과 덩샤오핑은 실각 위기에 몰렸다.

예젠잉은 저우언라이의 치료와 덩샤오핑 보호에 매달렸다. 훗날 경호원 중 한 사람이 "밤마다 방 안에서 혼자 흐느끼곤 했다. 통곡 소리가 들릴 때도 있었다"는 구술을 남겼다.

병은 사람을 속이지 않는다. 죽든지 살든지 결과도 명쾌하다. 저우언라이의 병세는 호전될 기색이 없었다.

예젠잉(왼쪽)은 덩샤오핑의 말이라면 뭐든지 경청했다.
저우언라이 사망 5개월 전인 1975년 8월,
인민대회당 만찬 당시 국방부장 예젠잉이, 부총리로 복귀한
덩샤오핑의 말에 귀를 기울이고 있다.

4인방, 덩샤오핑·예젠잉 거세게 공격

1976년 1월 8일, 저우언라이가 세상을 떠났다. 4인방은 추모 열기에 찬물을 뿌렸다. 빈소 설치를 불허하고 상장(喪章) 착용을 금지시켰다. 검은색 옷도 못 입게 했다.

총리 저우언라이가 사망하자 혁명 1세대와 4인방 사이에 줄다리기가 벌어졌다. 추도식 날 누가 추도사를 하느냐가 쟁점으로 떠올랐다. 4인방은 군·정을 장악하고 있던 덩샤오핑과 예젠잉을 겨냥했다.

"전국적으로 우경화 비판이 거세다. 덩샤오핑은 적합하지 않다."

4인방의 일원인 왕훙원이나 장춘차오가 해야 한다는 의미였다.

예젠잉은 단호했다.

"덩샤오핑은 당당한 당의 부주석이고 국무원 제1부총리다. 적합하지 않다는 이유를 알 수가 없다."

4인방은 "예젠잉이 해야 한다"며 절충안을 내놨다. 80을 눈앞에 둔 예젠잉은 "나는 자격이 없다"며 뜻을 굽히지 않았다. 덩샤오핑은 도마 위에 오른 물고기 신세였다. 추도식을 주재하지 못하면 앞날을 보장하기 힘들었다. 4인방은 예젠잉의 고집을 꺾지 못했다.

저우언라이 영결식 날 덩샤오핑이 침통한 표정으로 「추도사」를 읽어내려가자 4인방은 긴장했다. 차기 총리는 덩샤오핑의 몫이나 다름없었다.

마오쩌둥은 사경을 헤매고 있었지만 정신 하나만은 여전했다. 총리 인선을 놓고 고심했다. 쫓아냈던 덩샤오핑은 다시 중책을 맡겼지만 고분고분하지 않았다. 4인방은 더 고약했다. 아무리 야단을 쳐도 잘못을 고칠 줄 몰랐다. '모순 해결에 능한 변증법의 대가'다운 결정을 내렸다. 의외의 인물을 발탁했다. 저우언라이 사망 13일 후인 1976년 1월 21일, 마오쩌둥은 "앞으로 누구를 통해 주석의 지시를 받아야 하는지 알려달라"는 국무원 부장(장관급)들의 요청에 화답했다.

"화궈펑이 국무원을 이끌어라. 화궈펑은 정치수준이 높은 사람이 아니다. 내부 단속만 하고, 외부 일은 덩샤오핑이 관장해라."

2월 2일 중공 중앙은 전 당에 '1호 문건'을 발송했다.

"위대한 영수 마오 주석의 제의를 중앙정치국이 만장일치로 의결했다. 공안부장 겸 부총리 화궈펑을 국무원 대리총리로 임명한다."

문건에는 다른 중요한 내용도 들어 있었다.

"예젠잉 동지의 병세가 위중하다. 베이징 군구 사령관 천시롄(陳錫聯) 동지가 중앙군사위 공작을 주재한다."

"나 장춘차오는 총리 임명을 강력히 요구한다"

4인방은 "예젠잉을 군사위원회에서 끌어내리고, 덩샤오핑의 총리 길을 막았다"며 자축했다. 상하이 거리에 큼지막한 표어가 나붙기 시작했다.

"강력히 요구한다. 장춘차오를 총리에 임명해라."

장춘차오는 기겁했다. 빨리 떼어내라고 지시했다. "나 장춘차오는 총리 임명을 강력히 요구한다"로 둔갑하리라곤 꿈에도 생각 못 했다.

기뻐하기는 예젠잉도 마찬가지였다. 마오쩌둥이 4인방에게 대권을 넘기지 않을 것이라고 확신했다. 자신의 영욕 따위는 아무래도 좋았다. 화궈펑 정도는 어린애였다.

선량하고 정직하면서, 쓸데없이 국가대사에 관심 많은 어리석은 사람들은 예젠잉의 건강을 걱정했다. 기를 쓰고 예젠잉의 집무실에 전화를 해댔다.

"원수(元帥)마저 병세가 위중하다니 나랏일이 걱정이다."

집무실 직원들은 사실을 숨기지 않았다.

"원수는 병에 걸린 적이 없다. 평소와 다름없다."

사람들은 반신반의했다.

중국처럼 소문이 빠른 나라도 없다. 온갖 풍문이 떠돌았다. 외국 언론들은 뭐가 뭔지 진위 판단이 불가능했다. 중국인들의 장난감으로 전락한 줄도 모른 채 실무파가 어떻고 급진파가 어떻다는 등 신조어 만들어내느라 분주했다.

예젠잉은 침묵했다. 오랜 혁명과정을 통해 '침묵이 지혜의 원천'이라는 것을 누구보다 잘 알았다. 입방정 떨다 귀신도 모르게 몰락한 자들이 한둘이 아니었다. 쓸데없이 걱정하는 옛 부하들이 "베이징은 요양하기에 적당한 곳이 아니다. 남쪽으로 거처를 옮기자"해도 듣지 않았다. 마오쩌둥의 처사에 불만을 표시하는 간부들에겐 "마오 주석이 없었더라면 신중국 탄생은 상상할 수도 없다. 지금도 우리는 상하이 조계의 지하실을 헤매고 있을지 모른다"며 화를 냈다.

뭔가 심상치 않다고 느낀 4인방은 예젠잉과 덩샤오핑을 내버려두지 않았다. 중앙군사위 상임위원회 석상에서 비수를 들이댔다.

"덩샤오핑은 마르크스주의를 배신하고 계급주의 종식론을 선양했다. 생산력에만 치중해 인민들을 사악한 길로 몰아넣으려 한다."

예젠잉의 비준을 받아 개방한 군사박물관도 폐쇄시켰다. 예젠잉이 의지할 곳은 마오쩌둥밖에 없었다. 마오 주석의 결정 앞에는 풍부한 투쟁경험이나 절세의 통찰력도 휴짓조각이나 다름없었다.

예젠잉은 2년간 틈만 나면 마오쩌둥에게 덩샤오핑을 추천했다.

"인재처럼 구하기 힘든 것도 없다. 말을 잘 안 들어서 버리기 쉽기 때문이다. 그간 벌여만 놓은 일이 한둘이 아니다. 완성할 사람은 덩샤오핑밖에 없다."

일곱 살 아래인 덩샤오핑에게는 짜증을 냈다.

"겁내지 마라. 무슨 일이건 대책이 있게 마련이다."

덩샤오핑도 만만치 않았다.

"겁이 없으면 사람이 아니다. 아무리 무서워도 원칙은 양보할 수 없다."

예젠잉은 역시 덩샤오핑이라며 싱글벙글했다. 79세와 72세 먹은 노인들의 대화였다.

알 수 없는 마오쩌둥의 속마음

마오쩌둥은 덩샤오핑을 어떤 때는 믿고 어떤 때는 불신했다. 병중의 저우언라이가 하던 일을 대신하게 했지만 지지와 배척을 반복했

1975년 1월, 전인대에서 투표하는 예젠잉(오른쪽)과 덩샤오핑.
덩샤오핑의 얼굴에 수심이 가득하다.

다. 대국의 최고지도자는 원래 이런 법이다.

1975년 9월 24일, 베트남 노동당 서기를 만난 자리에서 마오쩌둥이 덩샤오핑을 평한 기록이 남아 있다.

"현재 가장 가난한 나라는 너희가 아니라 우리다. 인구는 8억을 웃돌고 총리는 700일 가까이 병원 밖을 나오지 못한다. 1년에 수술을 네 차례나 받을 정도로 위험하다. 예젠잉도 건강이 엉망이다. 내 나이 82세, 아프지 않은 곳이 없다. 멀쩡한 사람은 덩샤오핑이 유일하다."

4인방은 "주석이 덩샤오핑을 후계자로 삼을지 모른다"며 머리를 맞댔다. 상황을 역전시킬 묘안을 짜냈다.

마오쩌둥에게 탁월한 동생이 하나 있었다. 누가 봐도 미래의 총서기감이었지만 1943년 6월 신장(新疆)에서 아들 마오위안신(毛遠新)을 남기고 처형당했다. 집권에 성공한 마오는 어린 조카를 친자식처럼 보살폈다. 말년에는 모든 지시를 위안신을 통해 내렸다.

마오위안신은 4인방과 가까웠다. 하루는 큰아버지에게 랴오닝성의 여론을 보고했다.

"문화대혁명을 어떻게 이해해야 할지를 놓고 말들이 많습니다. 긍정과 부정을 판단하기 힘들어합니다. 열에 일곱은 성과가 있다고 말합니다. 착오투성이였다고 말하는 사람도 열에 일곱입니다. 뭐가 뭔지 모르겠습니다."

위안신의 말엔 조리가 있었다. 마오쩌둥은 계속하라고 손짓했다.

"문제는 덩샤오핑입니다. 그간 그가 한 말들을 분석해봤습니다. 문화대혁명의 업적을 거의 언급하지 않았습니다. 또 쫓겨날지 몰라 전전긍긍하면서도 류사오치의 수정주의 노선 비판에 인색합니다. 아주 안 하는 건 아니지만 하기 싫은 걸 억지로 하는 사람 같습니다."

이 정도면 마오쩌둥을 자극하기에 충분했다. 문혁에 대한 마오쩌둥의 입장은 확고했다. 반대하는 사람이 많아도 "원칙의 문제"라며 굽히지 않았다. 큰아버지가 가장 중요하게 여기는 업적이 장제스와의 전쟁과 문혁이라는 것을 위안신은 누구보다 잘 알았다.

문혁에 불만을 표시한 칭화대학 부서기 류빙(劉冰)의 편지도 문제가 됐다. 덩샤오핑을 통해 2개월 간격으로 류빙의 편지를 전달받은 마오쩌둥은 기분이 상했다. 외빈 접견이 끝난 후, 배석했던 부총리 리셴녠에게 불만을 털어놨다.

"내가 베이징에 있는 줄 알면서 직접 건네지 않은 이유가 뭘까. 꼭 덩샤오핑을 통해 전달해야만 했을까. 덩샤오핑은 고약한 놈이다. 자기가 하고 싶은 말을 류빙을 부추겨 하게 하고 내 반응을 떠봤다."

마오쩌둥은 두 사건의 연관성을 위안신에게 설명했다.

"모두 덩샤오핑의 짓이다. 문화대혁명에 대한 불만을 드러내며 나와 계산을 한번 해보자는 심사다."

덩샤오핑 "청력 나빠 여러분 말 제대로 못 들었다"

마오쩌둥은 덩샤오핑이 문혁을 근본적으로 부정한다고 단정했지만 내치지는 않았다. 문혁에 대한 인식을 통일시키기 위해 덩샤오핑을 내세웠다. 11월 2일, 덩샤오핑에게 지시했다.

"정치국회의를 주재해라. 문화대혁명에 대한 긍정적인 결의를 이끌어내라."

덩샤오핑은 문혁에 대해 아는 게 없다며 완곡히 거절했다. 문혁 발발 후 지방에 쫓겨 가 있던 일을 상기시켰다.

"그간 저는 도화원에 박혀 있었습니다. 한(漢)나라가 있었던 것도 모르는 사람이 어찌 위(魏)나라와 진(晉)나라를 논하겠습니까."

마오위안신을 통해 주석의 의중을 파악한 4인방은 중앙정치국 긴급회의를 소집해 덩샤오핑에게 맹공을 퍼부었다. 옆에서 지켜보던 예젠잉은 목이 탔다. 자신에 대한 비판 따위는 한 귀로 흘려버렸다.

저우언라이 사망 2개월 후인 1976년 3월 말, 덩샤오핑 비판을 위한 중앙정치국 확대회의가 열렸다. 덩샤오핑은 발언을 하지 않았지만 자신의 잘못을 인정하지도 않았다. 회의가 끝날 무렵 할 말이 있다며 손을 들었다.

"나는 이미 늙었다. 건강에는 이상이 없지만 청력이 많이 상했다. 오늘 여러분들이 하는 말을 한마디도 제대로 듣지 못했다."

덩샤오핑의 여유에 예젠잉은 안도의 한숨을 내쉬었다.

24절기 중 하나인 청명은 중국의 전통적인 명절이다. 해마다 이날이 오면 선영을 단장하며 조상의 넋을 기린다. 4월 5일을 전후한 청명절이 다가오자 조상보다는 저우언라이 추모 열기가 전국을 휩쓸었다. 상장(喪章)을 차고 흰 꽃을 든 군중들이 천안문 광장에 꾸역꾸역 몰려들었다. 광장을 메운 추모객들은 자작시를 낭송하며 4인방을 성토했다.

예젠잉은 천안문 광장의 추도열기에 "4인방의 제삿날이 임박했다"며 흥분을 감추지 못했다. 매일 오후 3시만 되면 직접 광장 주변을 한 바퀴씩 돌았다. 여기저기 붙어 있는 애도시를 옮겨 적고 화환 숫자를 헤아렸다.

4인방은 공안부장을 겸하고 있던 총리대리 화궈펑을 압박했다. 화궈펑은 예젠잉과 덩샤오핑 몰래 베이징 주재 정치국원들을 소집했다.

4월 6일 다시 정치국 회의를 열었다. 참석자들은 "시위가 계획적이고 조직적"이라고 단정했다. 4인방은 마오위안신을 마오쩌둥에게 보냈다. 조카로부터 회의 결과를 들은 마오쩌둥은 한숨부터 내쉬었다.

"나도 무슨 음모가 있다고 생각한다. 덩샤오핑이 막후에서 시위를 조정했다는 증거는 없지만 권한을 행사하게 내버려둘 수는 없다."

그날 밤, 장칭이 마오쩌둥에게 달려갔다. 덩샤오핑의 당적 박탈을 요구했다. 마오는 거절했다.

"나는 민심을 잃었다. 저우언라이는 백성들 마음에 영웅으로 자리 잡았다. 이번 사건 때문에 덩샤오핑은 민중의 지지를 받는 지도자 자격을 갖췄다."

통치권 넘긴 마오 "염라대왕 만날 약속" 농담만

1976년 4월 7일 오후, 마오쩌둥은 마오위안신을 통해 중앙정치국에 건의했다.

"저우언라이 사후 3개월간 대리총리 화궈펑은 직무에 충실했다.

화궈펑(오른쪽 첫 번째)이 공안부장 시절,
천융구이(陳永貴 · 왼쪽 세 번째), 우구이셴(吳桂賢 · 오른쪽 세 번째),
덩샤오핑(왼쪽 두 번째) 등 3명의 부총리와 함께
장칭(가운데)을 따라 농업시범구 다자이(大寨)를 방문하고 있다.
1974년 봄, 다자이 교외.

당 제1부주석 겸 총리에 임명함이 마땅하다."

덩샤오핑 문제도 함께 거론했다.

"당과 정부, 군대에서 차지하던 덩샤오핑의 모든 직위를 박탈했으면 한다."

말이 건의지 지상명령이나 다름없었다. 마오쩌둥은 덩샤오핑을 철저히 내치지 않았다. 묘한 지시를 첨부했다.

"당적은 보유케 해라. 하는 걸 잘 지켜봐라."

정치국 회의장에 침묵이 흘렀다. 4인방의 일원이며 한때 마오의 후계자였던 왕훙원의 얼굴이 백짓장으로 변했다. 정치국은 한발 더 나아갔다. 덩샤오핑을 적으로 간주했다. 감옥에 처넣건, 패 죽이건 상관없다는 의미였다. 훗날 덩샤오핑은 당시를 회상했다.

"이날을 계기로 4인방의 힘도 약해졌다. 인민들은 더 이상 왼쪽으로 가려 하지 않았다. 여론이 돌아섰다. 혁명이라면 다들 넌덜머리를 냈다."

총리와 당 제1부주석에 선출된 화궈펑은 서열이 급상승했다. 4인방과의 관계 개선에 들어갔다. 4인방은 화궈펑을 적수로 보지 않았다. 당 원로들도 "긴장이 극에 달한 정치 분위기를 완화시킬 사람이 없다"며 겸손하고 소심한 화궈펑을 지지했다.

덩샤오핑이 자취를 감추자 전 세계 언론들의 오보가 잇달았다. 다시 정치무대에 등장한 후에도 수십 년간 소설을 써댔다.

"덩샤오핑은 1967년 주자파로 몰렸을 때처럼 앉아서 당하지 않았다. 위기에 대비해 비밀계획을 세워놓고 있었다. 마오쩌둥의 명령으로 직위가 해제된 날 베이징을 탈출했다. 정치국원이었던 광둥군구(廣東軍區) 사령관 쉬스유(許世友)의 전용기를 타고 광저우에 안착했다. 며칠 후 예젠잉도 광저우로 내려왔다. 두 사람은 변두리에 있는 온천마을을 전전하며 4인방 제거계획을 세웠다."

중국 물정 모르는 특파원들이 찻집과 골목에 나돌던 말들을 곧이곧대로 보도한, 이런 말들을 믿는 사람이 아직도 많다.

"덩샤오핑을 안전한 곳에 격리시켜라"

덩샤오핑은 민첩했다. 면직 당일 밤, 마오쩌둥에게 보내는 편지를 한 통 들고 중앙 경위국(警衛局) 서기 왕둥싱을 찾아갔다. 마오의 경호실장 격인 왕둥싱은 옛 친구의 청을 들어줬다.

"당의 규율을 준수하겠습니다. 화궈펑 동지를 제1부주석과 총리에 선출한 주석과 당 중앙의 결정을 지지합니다. 제가 당에 남아 있도록 윤허해주신 주석께 충심으로 감격했습니다. 예전에는 총명했는데 점점 미련한 짓만 골라서 한다는 주석의 지적 명심하겠습니다."

편지를 읽어내려가던 마오쩌둥은 왕둥싱을 바라보며 싱긋이 웃었다.

덩샤오핑 비판에 열을 올리던 시기의 장칭.
1975년 10월 3일, 다자이.

1976년 봄, 집무실에서 문건을 살피는 왕훙원.
문혁 초기 상하이를 장악했다.
1971년 린뱌오 사후 마오쩌둥은 36세의 왕훙원을 후계자로 발탁했다.
4인방 중 당내 서열도 제일 높았다.

"덩샤오핑을 안전한 곳에 격리시켜라. 자녀들과 너무 멀리 떨어진 곳에 두지 마라."

4인방에게는 절대 비밀로 하라고 신신당부했다. 마오는 방귀를 크게 한 방 뀌고 잠자리에 들었다. 표정이 그렇게 편안해 보일 수가 없었다. 베이징 시내 한복판, 유서 깊은 고가(古家)에 머물게 된 덩샤오핑은 외부로부터 철저히 차단됐다.

화궈펑에게 통치권을 넘긴 마오쩌둥은 앉아 있는 시간보다 누워 있을 때가 더 많았다. 5월 11일 심장발작이 일어난 후부터는 매사가 귀찮았던지 화궈펑도 거의 만나지 않았다. 슬픈 농담만 되풀이했다.

"염라대왕과 만나기로 약속했다."

장칭은 힘이 넘쳤다. 당과 군대의 선전기구를 동원해 마오쩌둥 사후를 대비했다. 덩샤오핑과 혁명 원로들 비판에 정력을 쏟아부었다. 감히 대적하는 사람이 없었다. 잘못 보였다 하는 날엔 귀신도 모르게 행방불명이 되고도 남을 정도로 살벌했다.

젊은 시절부터 온갖 신산(辛酸)을 겪은 당 원로들은 핫바지가 아니었다. 부총리 왕전(王震)이 시산(西山)의 베이징군구 깊숙한 곳에 칩거 중인 예젠잉을 방문했다. 4인방을 대놓고 거론했다. 이날 왕전은 정곡을 찔렀다.

"4인방은 없다. 주석까지 해서 5인방이 맞다."

예젠잉은 대꾸를 하지 않았다. 고개만 끄덕였다.

마오쩌둥은 덩샤오핑을 눈에 보이지 않게 보살폈다. 6월 10일, 덩샤오핑이 왕둥싱을 통해 마오와 화궈펑에게 보낸 편지가 최근 공개됐다.

"집사람이 안질에 걸렸습니다. 증세가 심해서 병원에 입원해야 합니다. 간호를 위해 가족 중 한 사람이 병실에 함께 기거했으면 합니다."

마오는 선뜻 허락했다. 부인이 병원에서 퇴원하는 날 덩샤오핑은 살던 집으로 돌아가도 좋다는 통지를 받았다.

1976년 7월 6일, 중국 홍군의 아버지 주더가 세상을 떠났다. 저우언라이 사망 6개월 후였다. 덩샤오핑은 추도식에도 참석하지 못했다.

7월 28일 3시 42분 53.8초, 베이징에서 100킬로미터 떨어진 탕산(唐山)에서 지진이 발생했다. 24만 2,769명이 사망하고 하루아침에 4,204명이 고아가 된 대형 지진이었다. 큰 변이 날 징조라며 전 중국이 들썩거렸다.

닉슨 만난 마오쩌둥 "싸우다 지치면 친구 되는 법"

1971년 가을에 들어서자 마오쩌둥의 건강에 빨간불이 켜졌다. 심장 발작이 자주 일어났다. 중국 최고의 의료진이 진땀을 흘리고, 워낙 건강한 체질이라 회복이 됐지만 그것도 한두 번, 해를 거듭할수록 증세가 심각했다. 본인도 살 날이 얼마 남지 않았다는 것을 잘 알았다. 1975년 4월 18일, 김일성을 만난 자리에서 평소에 안 하던 말을 했다.

"둥비우(董必武)가 죽고, 총리는 병중이다. 내 나이 여든둘, 몸도 못 가눌 날이 머지않았다. 그때는 너희들에게나 기대겠다."

마오쩌둥이 한때 후계자로 염두에 뒀던
덩샤오핑(오른쪽)과 마지막 후계자로 선정한 화궈펑(왼쪽).
천하의 마오쩌둥도 결국은 능력 있는 사람보다
말 잘 듣는 사람을 선택했다.
1950년대 말, 덩샤오핑이 당 총서기였을 때
화궈펑은 현(縣)서기에 불과했다.

현장에 있었던 두슈셴(杜修賢)에 따르면 그렇게 비장하고 처량해 보일 수가 없었다고 한다. 2개월 후 심장병이 재발한 후부터는 음식도 제대로 삼키지 못했다. 그래도 책은 놓지 않았다.

1976년 2월, 리처드 닉슨이 중국을 방문했다. 마오쩌둥은 워터게이트 사건으로 하야한 닉슨을 국가원수로 예우했다. 직접 만나 한 시간 40분간 대화를 나눴다. 목이 막히면 종이에 하고 싶은 말들을 써 내려 갔다. 허약할 대로 허약해진 83세 노인의 기억력과 사고는 경이로웠다. 4년 전 겨울, 처음 만났을 때 있었던 크고 작은 일들을 거론하며 어린애처럼 좋아했다. 미국 국내 상황을 정확히 알고 있었고 국제문제 분석도 명쾌했다.

평생 논쟁을 즐긴 마오쩌둥은 이날도 수십 년간 적대시하던 미국의 전직 대통령과 논쟁을 벌였다. 헤어질 무렵 천천히 찻잔을 들었다. 손에 힘이 없어 보였다. 건배 제의를 눈치 챈 닉슨도 찻잔을 높이 들었다. 마오가 겨우 입을 열었다. 목소리가 들릴락 말락 했다.

"우리는 수십 년간 바다를 사이에 두고 원수처럼 지냈다. 원수진 집안이 아니면 머리 맞대고 의논할 일도 없다. 원래 싸우다 지치면 친구가 되는 법이다. 서로를 위해 건배하자. 이제 나는 술을 못 마신다. 군자의 사귐은 담백하기가 물과 같다는 말이 있다. 술이 없지만 물은 있다. 물로 술을 대신하자."

닉슨과 수행원들은 마오의 매력에 흠뻑 취했다. 닉슨도 마오의 시 한 구절을 인용하며 화답했다.

"세상에 어려운 일은 없다. 등산하듯이 한 발 한 발 기어오르면 된다."

"외빈들의 주석 접견을 불허한다"

마오는 닉슨 회견 직후부터 건강이 악화됐다.

1976년 3월 8일 오후, 지린성(吉林省)에 운석이 떨어졌다. 19킬로미터 상공에서 폭발한 3,000여 개의 운석 덩어리가 시골 마을을 덮쳤다. 177킬로그램 짜리도 있었다. 전속 간호사가 운석 소식이 실린 신문을 마오쩌둥에게 읽어줬다. 한참 듣던 마오는 간호사를 제지했다. "그만 읽어라. 듣고 싶지 않다. 천지가 요동칠 징조다. 하늘에서 돌덩어리가 떨어지면 사람이 죽는다. 『삼국지』를 보면 제갈량과 조자룡이 죽을 때도 그랬다"며 불안해하는 기색이 역력했다.

4월 30일, 뉴질랜드 총리를 만난 후, 배석했던 화궈펑을 붙잡았다. 하고 싶은 말이 있었지만 소리가 나오지 않았다. 종이 세 장에 뭔가 써서 건넸다.

"천천히 해라. 급하게 서두를 필요 없다."
"네가 일을 처리하니 안심이다."
"예전 방침대로 하면 된다."

1976년 5월 27일 밤, 화궈펑이 파키스탄 총리 부토를 마오쩌둥의 서재로 안내했다. 부토는 10분 만에 자리를 떴다. 마오의 두 손을 잡고 건강 회복을 기원했다. 부토가 베이징을 떠난 후 중국 정부는 "앞으로 외빈들의 주석 접견을 불허한다"고 대외에 공포했다. 화궈펑을 비롯한 정치국원들이 돌아가며 병실을 지켰다.

독서를 능가할 만한 진통제는 없었다. 마오쩌둥은 통증을 견디며 손에서 책을 놓지 않았다. 손에 힘이 빠지면 의사와 간호사가 대신 들고 책장을 넘겼다. 눈이 피곤하면 간호사에게 읽으라고 손짓했다. 눈에 피로가 풀리면 다시 책을 읽었다. 마지막 숨을 내쉬는 순간까지 그럴 기세였다.

사망 2개월 전, 마오쩌둥은 고향산천이 그리웠다. 어린 시절 뛰어 놀던 곳으로 돌아가 쉬고 싶다는 말을 자주했다. 중앙정치국은 토론과 연구를 거듭했다. 만에 하나 무슨 일이라도 생길까봐 함부로 의견을 내지 못했다.

마오쩌둥의 부인 장칭은 병실에 거의 나타나지 않았다. 덩샤오핑을 비판하고 예젠잉을 자리에서 끌어내리기 위해 안 가는 곳이 없었다. 가는 곳마다 주석의 대리인을 자처하며 마오의 사망에 대비했다. 9월 1일 밤, 측근들과 긴급회의를 열었다. 예젠잉과 덩샤오핑 외에 화궈펑을 처음 거론했다.

"일단 우리 편으로 끌어들였다가 처리하자. 주석이 언제 죽을지 모른다. 너희들이 있으면 나는 없어도 된다. 내일 다자이로 가겠다. 밑에서부터 여론을 조성할 생각이다. 내가 없는 동안 사람 감시를 철저히 해라. 조금이라도 이상이 있으면 수시로 알려라."

2일 새벽, 장칭은 병중의 마오쩌둥을 뒤로했다. 호화 전용열차에 한 무리의 측근과 연예인, 작가들을 데리고 다자이로 떠났다. 농민들에게 보여줄 외국영화 필름과 백마 네 마리도 손수 챙겼다. 주석의 병세가 위중하니 가지 말라는 측근들의 만류도 뿌리쳤다.

'측천무후' 꿈꾼 장칭과 '독 오른 여자' 치려는 예젠잉

장칭은 다자이에 도착한 날부터 농민들과 함께 사슴을 희롱하고 토끼를 쫓았다. 해가 지면 달빛에 취해 이야기보따리를 풀어놨다. 인류의 영원한 화제인 여인통치(女人掌權)에 농민들은 입을 헤벌렸다. 익히 아는 얘기였지만 한(漢)대의 여치(呂雉)와 당(唐)의 측천무후(則天武后)에 얽힌 일화는 아무리 들어도 지루하지 않았다. 베이징에서 따라온 일류 연예인과 작가들도 『고대의 걸출했던 정치가 무측천』『법가인물 여후』(法家人物 呂后) 같은 책을 나눠주며 장단을 맞췄다. 대놓고 말은 못 했지만 "공산주의 사회에도 여성 통치자가 등장할 때가 됐다"는 것이었다.

당시 전국의 언론기관은 4인방이 장악하고 있었다. 『인민일보』와 『북경일보』에 장칭의 활동이 1면을 차지했다.

"중공 중앙정치국위원 장칭 동지가 마오 주석과 당 중앙을 대표해 인민들의 노고를 위로했다."

병상의 마오쩌둥은 장칭과 달랐다. 반년 사이에 전우 저우언라이·주더·장원톈을 잃고, 탕산대지진까지 겪은 절세의 노(老)혁명가는 의지할 곳이 없었다. 자신을 말라비틀어진 버드나무에 비유하며 처연함을 감추지 못했다. 툭하면 남북조시대 시인 유신(庾信)의 「고수부」(枯樹賦) 한 구절을 우물거렸다.

"흔들리는 모습, 살 뜻이 다했다
강가에 서 있는 모습 서글프다
나무도 이와 같거늘

산시성 다자이에는 중국의 대표적인 집단농장이 있었다.
문혁 시절 장칭은 다자이를 수시로 찾았다.
언론기관을 장악하고 있던 4인방에게 농민들과 함께하는
장칭의 모습은 좋은 선전거리였다.
1976년 9월 초, 장칭은 마오쩌둥 사망 직전에도
다자이를 방문했다.

사람이 어찌 견딜 수 있으랴"

마오쩌둥의 병실을 지키던 장춘차오와 왕흥원은 머리가 복잡했다. 장춘차오는 마오가 누워 있는 방에 들어가기를 꺼렸다. 의사들에게 병세를 물어보지도 않았다. 가망이 없다는 생각이 들자 종적을 감춰 버렸다. 후계자였던 왕흥원은 베이하이(北海)공원과 중난하이(中南海)에서 사냥과 낚시로 소일하며 마오의 사후에 대비했다. 자신의 근거지 상하이와의 통화도 빈번했다. 상하이에는 4인방의 지시만 기다리는 무장병력 2만이 있었다.

베이징 교외 시산(西山)에 칩거 중인 예젠잉은 입이 탔다. 답답하기는 개국 10원수 중 한 사람인 네룽전도 마찬가지였다. 예젠잉이 피서지 시산에 있다는 말을 듣자 더위를 핑계로 집을 나섰다. 두 사람은 1926년, 황푸군관학교 교관 시절부터 생사를 함께한 노(老)전우였다. 예젠잉은 젊은 시절부터 지하공작에 익숙했다. 네룽전의 방문을 받자 집 안에 있는 사람들을 밖으로 내보냈다. 라디오 볼륨을 크게 하고 수도꼭지란 수도꼭지는 모두 틀어놓고 나서야 대화를 시작했다.

네룽전이 먼저 예젠잉의 귀에 대고 속삭였다.

"저들 때문에 정말 큰일이다. 주석 옆에 붙어 있으니 방법이 없다."

예젠잉이 고개를 끄덕였다.

"주석도 저들을 해결해야 한다고 여러 번 말한 적이 있다. 참고 기다리자."

경극의 반주가 방 안에 울려 퍼졌다. 예젠잉은 네룽전을 안심시켰다.

"덩샤오핑은 쫓겨나고 우리도 제거 대상에 이름이 올랐다. 지금은 저들이 천자를 끼고 제후들을 호령하지만 왕훙원이나 장춘차오는 조조(曹操)가 아니고 주석은 한나라 황제가 아니다. 주석이 세상을 떠나면 장칭이 난동을 부릴 테니 두고 봐라. 독이 오른 여자는 처리하기가 쉽다. 장칭은 젊었을 때부터 셰익스피어의 작품을 좋아했다. 셰익스피어를 많이 읽은 여자들이 못됐다는 소리는 들었지만 저 정도일 줄은 몰랐다."

두 원수의 '시산예화'(西山夜話)는 몇 날 며칠이 지나도 그칠 줄을 몰랐다.

1976년 9월 5일, 마오쩌둥의 병세가 악화됐다. 예젠잉은 당 부주석 자격으로 장칭에게 귀경을 독촉했다. 장칭은 서두르지 않았다. 밤새도록 창밖만 응시하며 생각에 잠겼다. 어둠이 걷히자 한숨을 내쉬며 귀경길에 올랐다. 장칭은 냉정했다. 사신이 남편 곁에 어른거린다는 것을 알면서도 평소와 다르지 않았다. 분주하게 오가는 의료진과 훌쩍거리는 간호사들에게 소리를 꽥 질렀다.

"질질 짜지 마라. 꼴도 보기 싫다. 당장 할 일이 없는 사람들은 모두 방에서 나가라."

장칭은 마오쩌둥의 팔다리를 주무르고 두 손으로 얼굴을 계속 문질렀다. 가끔 소리를 지르며 화도 냈다. 훗날 사람들은 갑자기 나타나 마오를 괴롭혔다고 장칭을 비난했다. 아직도 그렇게 말하는 사람이 많다. 장칭은 누가 뭐래도 마오의 부인이었다. 전혀 이상할 게 없었다.

9월 8일 새벽, 장칭은 신화사 인쇄창을 찾아갔다. 공원들에게 모과

예젠잉과 녜룽전은 1949년 10월 신중국 선포를 전후해
베이징 시장을 역임했다.
1979년 1월 28일 녜룽전(왼쪽 첫 번째)과 예젠잉(왼쪽 세 번째).
가운데는 역시 베이징 시장을 지낸 펑전(彭眞).

(文冠果)를 한 개씩 선물했다. 중국인들은 문관과(文官果)라고도 불렀다. 그 덕에 뒷날 왕훙원·장춘차오·야오원위안 등 문관들이 정권을 잡아야 한다는 의미라며 몰매를 맞았다.

"중국 역사상 가장 위대한 심장이 멎었다"

오후가 되자 번갈아가며 마오쩌둥의 병실 문을 지키던 정치국원들이 도열했다. 한 사람씩 들어가 마지막 작별인사를 했다. 예젠잉의 차례가 왔다.

수십 년간 추종했던 영수와의 영원한 이별, 예젠잉은 만감이 교차했다. 1980년 봄, 당시를 회상했다.

"가늘게 뜬 두 눈은 뭔가 새로운 지시를 내리려는 모습이었다. 자세히 보니 눈물이 고여 있었다. 갑자기 눈을 뜨더니 나를 물끄러미 바라봤다. 더 이상 볼 수가 없었다. 터져 나오는 울음을 참느라 손으로 입을 가렸다."

방에서 나온 예젠잉을 간호사가 황급히 따라 나왔다.
"주석이 부릅니다."
주석이 부른다는 간호사의 말을 듣자 예젠잉은 발길을 돌렸다. 옆에서 지켜본 베이징시 서기 우더(吳德)가 생생한 기록을 남겼다.

"9월 8일 오후, 주석의 혈압이 하강곡선을 그리기 시작했다. 밤이 되자 중앙정치국원들이 마지막 인사를 드리기 위해 조를 짰다.

나는 예젠잉, 리셴녠과 같은 조였다. 작별을 고하고 방문을 나서는 순간 주석이 예젠잉 원수를 다시 오라고 했다. 나와 리셴녠은 밖으로 나가지 않고 입구에 서 있었다. 고개를 숙인 예젠잉은 주석의 손을 잡았다. 마오 주석은 무슨 말을 하고 싶은 것 같았다. 주석은 이미 말을 못 했다. 예젠잉이 고개를 더 숙였다. 잠시 그러고 있다가 밖으로 나왔다."

두 사람의 행동은 훗날 수많은 추측을 불러일으키기에 족했다. 한 동안 사실처럼 떠돌던 말이 있다.

"마오 주석이 예젠잉에게 4인방을 제거하라고 생애 마지막 명령을 내렸다. 기도가 막혀 말은 나오지 않았지만 예젠잉은 표정과 눈빛을 보고 주석이 무슨 말을 하려는지 알았다."

세월이 흐를수록, 말 같지 않은 소리라고 말하는 사람이 더 많다. 마오쩌둥이 예젠잉에게 무슨 말을 하고 싶었는지는 알 길이 없다. 흔히들 "무한한 신뢰를 표했다"고 하지만 예젠잉이 주관하던 중앙군사위원회 업무를 천시롄에게 넘기려 했고, 중앙정치국회의에 예젠잉을 참석 못 하게 한 사람이 마오였다. 천하의 마오쩌둥도 결국은 어쩔 수 없는 사람이었다.

"내가 죽으면 장칭을 잘 부탁한다. 쓸데없는 짓 하지 마라."

이 말이 차라리 설득력이 있다.

1976년 9월 9일 0시 10분, 마오쩌둥이 마지막 숨을 내쉬었다. 뭐가 뭔지 알 수 없는 일들이 벌어지기 시작했다. 4인방 몰락 후 펴낸 『4인방 반당집단 범죄증거자료집』(四人幇反黨集團罪證資料)은 장칭을 악녀로 묘사했다.

"마오 주석이 서거하자 다들 비통한 표정을 감추지 못했다. 장칭은 딴판이었다. '오만상 찡그리지 말라'며 목청을 높였다. 기쁘다는 말까지 했다."

부부간의 감정은 그렇다 치자. 개인적 이익 하나만 놓고 보더라도 마오쩌둥의 죽음으로 가장 큰 타격을 입은 사람은 장칭이었다. 4인방의 일원인 야오원위안의 구술이 더 믿을 만하다.

"머리를 풀어헤친 장칭은 실성한 사람 같았다. 주먹으로 주석의 시신을 쳐대며 통곡했다. 의사들에게 '멀뚱멀뚱 서 있지만 말고 빨리 주석을 구하라'고 울부짖었다. 목이 상해서 무슨 말을 하는지 알아듣기도 힘들었다. 잠시 쉬라고 부축해도 자리를 뜨지 않았다. 처절한 모습에 너 나 할 것 없이 눈물을 흘렸다."

"내가 죽으면 화장해라"

마오쩌둥 사망 한 시간 30분 후, 마오의 침실 옆방에서 정치국 긴급회의가 열렸다. 장례문제를 토의했다. 장춘차오가 유체(遺體)를 보존하자고 주장했다.

"주석의 유체를 보존 못 하면 자손만대에 죄인이 된다. 인도의 네루를 봐라. 사망 후 시간을 지체하는 바람에 시신이 부패했다. 결국 화장하는 수밖에 없었다. 베트남의 호찌민은 유체 보존에 성공했다. 베트남에 도움을 청하자."

1956년, 마오쩌둥은 "사후 화장을 허락한다"는 문서에 제일 먼저 서명을 한 적이 있었지만 아무도 화장문제를 거론하지 않았다.

허구한 날 통곡만 할 수는 없는 법, 장칭은 불안이 엄습했다. 연금 중인 덩샤오핑 처리 문제를 들고 나왔다.

"주석은 덩샤오핑 때문에 죽었다. 당적을 박탈해야 한다."

총리 화궈펑은 "마오 주석은 덩샤오핑의 당적을 유지시켰다. 주석의 뜻에 위배된다"며 반대했다. 발끈한 장칭과 한바탕 언쟁을 벌였다. 마오가 세상을 떠난 마당에 화궈펑의 주장엔 권위가 있었다. 몇 시간 전의 화궈펑이 아니었다.

날이 밝자 중공 중앙과 전인대, 국무원, 중앙군사위원회 명의로 마오쩌둥의 사망을 발표했다. 연금 중이던 덩샤오핑은 방 안에 마오의 사진을 걸어놓고 작은 제단(祭壇)을 차렸다. "중국 역사상 가장 위대한 심장이 멎었다"며 온종일 식음을 전폐했다.

마오쩌둥 사망 다음 날, 당 부주석 왕훙원은 중난하이(中南海) 자광각(紫光閣)에 중앙판공청 직반실(中央辦公廳直班室) 간판을 내걸었다. 중앙판공청 명의로 전국의 성과 시·자치구에 통보했다.

"주석 장례기간 중 발생하는 모든 문제를 직반실로 보고해라."

직반실 업무는 왕훙원의 비서가 총괄했다.

후난성(湖南省) 서기가 화궈펑에게 전화로 일렀다. 화궈펑은 예젠잉과 의논했다. 4인방을 제외한 정치국원들의 동의를 얻어낸 후 전국의 당·정 기관에 공문을 발송했다.

"중앙의 동의를 거치지 않고 개설한 중앙판공청 직반실을 즉각 폐쇄한다. 중공 중앙 명의로 전국의 당·정·군에 통보한다. 모든 중대 문제를 화궈펑 동지를 정점으로 하는 당 중앙에 보고하고 지시를 받아라."

피할 수 없는 싸움의 시작

마오쩌둥 사후 지휘계통을 장악하려던 4인방의 기도는 하루 만에 실패로 돌아갔다. 국민은 묘한 속성이 있다. 친근한 지도자에겐 금방 싫증을 낸다. 독재자라고 비난은 해도 강한 지도자를 선호한다. 강력한 지도자가 등장하려면, 천하대란은 시간 문제였다.

마오쩌둥 사망 이틀 후인 1976년 9월 11일 오전, 빈소를 지키던 총리 화궈펑이 복통을 호소했다. 배를 움켜잡고 화장실로 달려갔다. 계속 들락거리자 장칭이 혀를 차며 중얼거렸다.

"베이징 시내 휴지가 거덜이 나겠다."

병원에 가라고 권하는 사람이 많았지만 화궈펑은 마오쩌둥의 시신 곁을 떠나지 않았다. 오후가 되자 얼굴이 일그러지더니 잠깐 나갔다 오겠다며 자리를 떴다. 다들 병원에 가겠거니 했다.

베이징 의원에 잠깐 들른 화궈펑의 승용차가 부총리 리셴녠의 집을 향했다. 화궈펑은 지방 관리를 오래 했다. 린뱌오 사후 마오쩌둥

1979년 9월 18일 오후 3시, 천안문광장에서 열린
마오쩌둥의 추도식을 주재하는 화궈펑(왼쪽 두 번째), 왕훙원(왼쪽 세 번째),
예젠잉(왼쪽 첫 번째) 등 세 명의 부주석과 장춘차오, 장칭, 리셴녠.
앞날을 예견이라도 한 듯 장칭과 왕훙원의 안색이 유난히 초췌하다.
마오 사망 직후 장칭이 "덩샤오핑의 당적을 박탈하자"고 주장했으나
화궈펑은 이에 반대했다.

에 의해 권력 중심부에 진입했지만 중앙에 친한 사람이 별로 없었다. 리셴녠만은 예외였다. 후난성 서기처 서기 시절 재정업무를 담당할 때, 직속 상사가 전국의 재정과 무역을 관장하던 리셴녠이었다. 얼떨결에 마오의 후계자가 된 후 무리한 요구를 하거나 귀찮게 굴어도 리셴녠은 싫은 내색을 하지 않았다. 소문대로 입도 무거웠다. 무슨 말을 해도 되돌아오는 법이 없었다.

불청객을 맞이한 리셴녠은 짚이는 바가 있었다. 거실로 안내한 후 방문을 걸어 닫았다. 화궈펑이 먼저 입을 열었다.

"오래 머물 시간이 없다. 용건만 말하겠다. 마오 주석은 이미 이 세상 사람이 아니다. 이제 4인방과의 싸움은 피할 수가 없다. 관건은 군의 동향이다. 나는 군을 통제할 능력이 없다. 나 대신 예젠잉을 만나라. 방법과 적당한 시기를 물어봐라."

리셴녠은 동의했다. 마오 주석의 후계자 화궈펑의 생각이 그렇다면 해볼만 했다. 4인방 제거를 결심한 화궈펑이 리셴녠을 찾은 이유는 분명했다. 당시 중앙군사위원회는 베이징 군구 사령관 천시롄이 장악하고 있었다. 천시롄과 리셴녠은 알 만한 사람은 다 아는 사이였다. 리셴녠 어머니의 전남편이 천(陳)씨였다. 가끔 만나면 촌수를 따지며 웃을 때가 많았다. 나란히 쭈그리고 앉아 변을 볼 정도로 가까웠다. 마오 사망 직후 함께 시신을 지킨 적이 있었다. 이날도 리셴녠이 화장실에 가자 천시롄이 뒤를 따라왔다. 쭈그리고 앉아 볼일을 보는 리셴녠 옆에 손으로 코를 막고 다가와 속삭였다.

"아무래도 저것들이 무슨 일을 벌일 속셈이니 조심해라."

구체적으로 누구를 지목하지는 않았다. 리셴녠이 손을 휘젓자 입을 닫았다. 두 사람은 그런 사이였다.

화궈펑과 천시롄의 의중을 파악한 리셴녠은 쾌재를 불렀다. 이틀후 "기분이 울적하다. 향산(香山) 식물원이나 한 바퀴 돌고 오겠다"며 집을 나섰다. 차가 식물원 근처에 오자 수행원에게 지시했다.

"식물원은 다음에 가자. 이왕 왔으니 예젠잉 원수나 보고 가자."

경비실의 연락을 받은 예젠잉은 당황했다. "도처에 4인방의 눈이 널려 있다. 공적인 자리가 아니면 만나지 말자. 무슨 날벼락 맞을지 모른다. 거처도 오가지 말자"고 한 것이 엊그제였다. 한동안 망설이다 통과시키라고 지시했다.

두 노혁명가는 변기 앞에 앉아 필담했다

얼마 전 서울을 다녀간 리셴녠의 딸에 따르면, 오랜만에 만난 두 사람의 첫 대화는 싱거웠다고 한다.

"갑자기 웬일인가."

"웬일이라니. 내가 못 올 곳이라도 왔나."

거실에 정좌한 리셴녠에게 예젠잉이 물었다.

"상부의 명을 받은 공적인 일 때문인가, 아니면 옛 정이 그리워 찾아왔나."

"모두 다다."

예젠잉은 라디오를 크게 틀었다. 경극 가락이 방 안에 가득했다.

80회 생일을 앞둔 예젠잉은 청력이 신통치 않았다. 음악 소리에 뒤

후계자 시절, 마오쩌둥과 부총리 리셴녠(오른쪽)의
회동에 배석한 왕훙원. 1973년 가을.

엉킨 리셴녠의 말을 알아듣지 못했다. 필기구와 성냥을 챙겨서 화장실로 들어갔다.

1980년, 예젠잉의 회상에 의하면 두 노인은 변기 앞에 앉아 필담을 나눴다고 한다. 한 줄씩 쓰고 소각했다. 리셴녠이 먼저 썼다.

"피할 수 없는 싸움을 한바탕 해야 할 것 같다."

예젠잉이 답했다.

"맞다. 너 죽고 나 죽자는 싸움은 안 된다. 너 죽고 나 살자는 싸움이라야 한다."

필담이 계속됐다.

"방법은 네가 정해라."

예젠잉이 고개를 끄덕이며 '陳錫聯'(천시롄) 석 자를 썼다. 리셴녠의 대답도 간단했다.

"그건 내게 맡겨라."

젊은 시절부터 지하공작과 잔혹한 정치투쟁을 경험한 두 원로는 변기 안에 쌓인 재들을 막대기로 휘젓고 화장실을 나섰다. 둘의 만남은 30분도 채 걸리지 않았다.

예젠잉과 리셴녠의 지지를 확보한 화궈펑은 4인방 제거에 착수했다. 마오쩌둥의 그림자나 다름없던, 8341 부대장 왕둥싱을 같은 편으로 끌어들였다. 30년간 마오의 경호를 책임졌던 왕둥싱도 4인방이라면 진절머리를 냈다. 진작부터 "전쟁시절 총 한 방 못 쏴본 것들"이라며 사람으로 보지 않았다.

"싸움은 먼저 거는 쪽이 진다"

"너 죽고 나 살자"는 4인방도 마찬가지였다. 9월 14일, 장칭은 화궈펑에게 전화를 걸었다.

"토의할 일이 생겼다. 당장 정치국 상무위원 회의를 소집해라. 예젠잉은 부르지 마라."

이 말만 하고 툭 끊어버렸다. 화궈펑은 얼굴이 벌개졌다. "절대권력이 죽으면 후유증이 큰 법, 새로운 지도자가 등장하기까지 한차례 홍역을 치러야 한다. 세계 최대의 혁명정당, 중국공산당도 예외가 아니다"라고 훗날 말했다.

마오쩌둥 사망 당시 당 내에는 실무, 극좌, 혁명원로 등 세 개 파벌이 있었다. 마오가 후계자로 지명한 당 제1부주석 겸 국무총리 화궈펑과 마오의 직계였던 중앙 경위국장(8341부대 최고 지휘관) 왕둥싱, 마오의 부인 겸 생활비서 장칭을 필두로 한 4인방, 젊은 시절부터 온갖 별꼴을 다 겪은 예젠잉·천윈(陳雲)·리셴녠·네룽전 등 당 원로들이 각 파벌을 대표했다.

4인방은 결집력이 강했다. 원로들은 정치국과 군에 포진해 있었지만 문혁을 겪으며 눈치꾸러기로 전락했다. 화궈펑은 군과 정치국을 장악하지 못했고, 중앙경위국도 마오가 세상을 떠나자 방향을 잡지 못했다. 잠복해 있던 권력투쟁이 본격적으로 시작됐다. 두 파벌이 손을 잡으면 다른 하나는 몰락하는 싸움이었다.

화궈펑과 연합한 예젠잉은 신중했다. 4인방을 제거하기까지 약 1개월간, 거처를 옮겨 다니며 원로들을 설득했다.

"정치와 범죄는 그게 그거다. 성공하려면 주도면밀하고 일관성이 있어야 한다. 상대를 혼란에 빠뜨리기 위해서라면 몰라도, 괴팍하고 변덕이 심하면 판단력이 흐려지기 때문이다. 이번 싸움은 먼저 거는 쪽이 진다."

마오가 살아 있을 때 같으면 어림도 없는 일이었다.

싸움은 4인방 측에서 먼저 걸었다. 9월 17~19일, 3일간 문건대전(文件大戰)이 벌어졌다. 4인방은 마오쩌둥이 남긴 원고와 서류 들을 확보하기 위해 안간힘을 썼다. 마오의 문건을 관리하던 비서가 구술을 남겼다.

"장칭은 오래전부터 주석의 수고(手稿)와 문건의 내용을 궁금해했다. 주석이 세상을 떠난 다음에는 거의 매일 나를 찾아와 원고를 보자고 요구했다. 9월 18일 추도회가 끝난 후에는 다급해 보였다. 왕둥싱에게 보고하는 수밖에 없었다. 왕둥싱은 부하들을 파견해 문건이 있던 방을 봉쇄해버렸다. 주석의 침실과 서재가 중앙판공청 명의로 봉쇄된 것을 발견한 장칭의 얼굴이 잿빛으로 변했다. 돌아가는 뒷모습이 예전과 달랐다. 기운이 하나도 없어 보였다."

"주석의 친필원고 넘겨줄 수 없다"

문건대전이 한참이던 1976년 9월 18일 오후 3시, 마오쩌둥 추도식이 천안문광장에서 열렸다. 참석자는 100만 명으로 제한했다. 이날도 한차례 소동이 벌어졌다. 발단은 엉뚱이였다. 시작 10분 전, 화귀펑이 천안문을 등지고 군중들을 향해 도열한 당·정·군 고위인사들에게 제안했다.

상하이민병은 4인방이 권력을 장악하기 위한
무력을 뒷받침했다.
평상시에는 노동에 종사하다가 유사시에는
언제든 출동할 수 있는 준비가 되어 있었다.

마오쩌둥 사망 후, 대량의 무기와 실탄이
여성민병대에게도 지급되었다.

"뒤로 돌아 주석의 유상(遺像)을 향해 세 번 절하자."

부총리 장춘차오가 싱긋이 웃고 나서 버럭 소리를 질렀다.

"말 같지 않은 소리 하지도 마라. 돌아서서 절을 하면 저 많은 군중들에게 우리 엉덩이를 삐죽 내밀어야 한다."

4인방 중 나머지 세 명도 "추도객들에게 엉덩이를 들이댈 수 없다"고 동조했다.

예젠잉과 리셴녠은 "정치국회의에서 결정한 사항"이라며 화궈펑 편을 들었다. 화궈펑은 "사사건건 트집을 잡는다"고 4인방에게 화를 냈다.

"광장의 군중들에게 엉덩이를 내밀지 않으면 주석에게 우리의 더러운 엉덩이를 들이밀란 말이냐."

숙소로 돌아온 장칭은 화궈펑에게 전화를 걸었다. 중앙정치국회의를 열자고 요구했다. 장춘차오와 왕훙원은 전쟁준비를 서둘렀다. 4인방의 근거지 상하이에 급전을 보냈다.

"군용차량을 징발하고 민병(民兵)들에게 실탄을 지급해라. 해안에 경비정을 배치하고 레이더에서 눈을 떼지 마라."

9월 29일, 평소 습관대로 오밤중에 정치국회의가 열렸다. 장칭은 이날도 연금 중인 덩샤오핑을 당에서 축출하자며 원로들을 압박했다. 장춘차오는 엉뚱한 의견을 내놨다.

"10월 1일 개국기념일 행사를 성대히 열자. 8341부대와 베이징 군구도 병력을 동원해라."

잠자코 있던 화궈펑이 예젠잉을 힐끔 쳐다봤다. 벌떡 일어난 예젠잉은 화장실로 달려갔다. 오는 길에 왕둥싱 옆을 스치며 살짝 말했다.

"지금은 비상시기다. 군 동원은 절대 안 된다."

왕둥싱도 가볍게 고개를 끄덕였다.

회의를 마친 장칭은 왕둥싱을 잡고 늘어졌다.

"나는 주석의 미망인이다. 남긴 원고와 문건들을 내가 보관하겠다."

싸늘한 대답이 돌아왔다.

"주석의 친필원고와 문건들은 우리 당의 중요한 보배다. 개인이 소유할 수 없다. 중앙판공청에서 보관함이 마땅하다."

왕둥싱은 중앙판공청 주임도 겸하고 있었다.

"피를 흘려서는 안 된다"

9월 30일 오후, 예젠잉이 왕둥싱을 방문했다. "장춘차오와 장칭이 두 차례 밀담을 나눴다"는 보고를 받았다.

그날 밤 예젠잉은 저우언라이의 부인 덩잉차오를 찾았다. 밀담을 나누던 중 원로 천윈에게 사람을 보냈다. 칩거 중이던 천윈은 짚이는 바가 있었다. 집을 나서며 아들에게 금고 열쇠를 맡겼다.

"중요한 문건들이 저 안에 들어 있다. 내가 못 돌아오면 열쇠와 금고를 당에 보내라. 너는 열어보지 마라."

오랜만에 만난 세 사람은 4인방 문제로 머리를 맞댔다. "잘못하면 내전으로 번질 수 있다. 피를 흘려선 안 된다. 당 내부문제로 처리하자"는 천윈의 제의가 받아들여졌다.

날이 밝자 예젠잉은 군사과학원 정치위원 쑤위(粟裕)와 원장 쑹스룬(宋時輪)을 불렀다. "경계를 강화하고 군 간부들의 동향을 주시하

마오쩌둥 추도식을 마친 후
평소 시중 들던 사람들과 자리를 함께한 장칭(앞줄 왼쪽 세 번째).

라"고 지시했다. 국·공전쟁 시절, 양자강 도하를 지휘했던 쑤위와 1950년 겨울, 한반도 북단 장진호(長津湖)에서 미군에게 치명타를 안긴 쑹스룬은 장담했다.

"4인방이라면 생각만 해도 울화가 치민다. 도대체 뭐하던 것들인지 정체를 알 수 없는 자들이다. 저것들 없애는 일이라면 당장이라도 짚신 신고 싸우겠다. 명령만 내려달라."

예젠잉은 이들을 달래느라 진땀을 흘렸다.

당시 301의원에는 입원중인 군 지휘관들이 많았다. 병원 인근 호텔에 4인방의 추종자들이 몰려들어 방을 잡았다는 보고를 받은 예젠잉은 침착했다. 지휘관들에게 은밀히 사람을 보냈다.

"옆에 있는 호텔에 4인방 측 사람들이 많으니 주의해라. 회의를 하자고 부르면 절대 가지 마라."

지휘관들은 핏대를 세웠다.

"천하의 예젠잉도 나이를 먹더니 별 걱정을 다 한다. 염려 마라, 여차하면 총으로 쏴 죽여버리겠다"며 대표 두 명을 예젠잉에게 보냈다.

환자복 차림으로 찾아온 지휘관들에게 예젠잉은 차분히 말했다.

"아프지도 않은 놈들이 병원 침대에서 빈둥거리고 있다는 거 내가 잘 안다. 빨리 병원들을 나와라. 군복 입고 각자 부대로 돌아가서 병력을 장악해라. 왕훙원이 나를 감시하기 위해 근처로 이사 왔다. 위험하니 다시는 나를 찾아오지 마라. 이제 피 흘리는 싸움은 그만해야 한다."

10월에 들어서자 4인방은 화궈펑을 집중적으로 몰아붙였다. 궁지에 몰린 화궈펑도 결전 태세를 갖췄다. 왕둥싱과 만나는 횟수가 눈에 띄게 빈번해졌다.

　10월 2일 오후, 예젠잉이 왕둥싱의 집무실을 찾았다. 왕둥싱은 방문부터 걸어 닫았다. '경부부사 노난미이'(慶父不死 魯難未已), "우두머리를 없애지 않으면 편할 수가 없다"며 빨리 손을 쓰자고 재촉했다. 훗날, 왕둥싱은 이날의 대화를 자주 회상했다.

　"예젠잉이 내 귀를 잡아끌었다. 뭐든지 때가 무르익어야 한다. 상대방을 안심시키고 신속하게 허를 찔러야 한다. 무슨 싸움이건 순식간에 희비가 엇갈린다. 방심은 금물이다. 남자와 여자가 싸우면 결국은 여자가 이긴다. 장칭을 여자로 생각하면 우리가 진다. 적으로 여겨야 한다."

　왕둥싱이 "원수와 화궈펑 동지 두 분이 이끌고, 정치국원 다수가 동조합니다. 이기는 싸움입니다"라고 하자 예젠잉은 자리에서 일어섰다.

　방문을 나서려던 예젠잉이 다시 몸을 돌렸다

　"요즈음 장칭이 화장실에 자주 간다고 들었다. 한번 가면 머무르는 시간이 길다는데 사실이냐?"

　왕둥싱은 장칭의 건강상태를 소상히 파악하고 있었다.

　"변비는 없지만 소변보기를 힘들어합니다."

　한동안 창밖을 바라보던 예젠잉이 중얼거리듯이 한마디했다.

"장칭도 머리가 복잡하구나. 생각이 많을 수밖에."

왕둥싱의 집무실을 나온 예젠잉은 화궈펑을 찾아갔다. 의견 일치를 확인하고 옥천산(玉泉山) 숙소로 돌아갔다. 그날 밤 9시, 왕둥싱은 화궈펑에게 예젠잉과 나눴던 대화를 보고했다. 화궈펑은 결단을 내렸다.

"4일 밤 정치국회의를 열겠다. 저들이 회의 내용에 골몰하는 동안 구체적인 작전계획을 세워라. 시간이 하루밖에 없다."

'4인방 체포'의 단막극

1976년 10월 6일 수요일(음력 윤8월 13일), 오후 3시 반, 예젠잉의 경호원과 운전기사 집무실에 홍색전화의 벨이 요란하게 울렸다.

"오늘 밤 8시 중난하이 화이런탕(懷仁堂)에서 정치국 상무위원 회의가 열린다. 한 시간 전에 도착해라."

80고령의 예젠잉은 이른 저녁을 들었다. 경호원 한 사람만 대동하고 옥천산을 떠났다. 80년대 말, 영화감독으로 대성한 딸이 홍콩의 한 출판사 회의실에서 당시를 회상했다.

"아직도 그날의 정경이 생생하다. 아버지는 못 돌아올지도 모른다는 말만 남겼다. 무슨 일인지 별 생각이 다 났다. 달빛이 유난히 밝았다."

예젠잉의 경호원도 회고담을 남겼다.

"우리는 5시에 옥천산을 출발했다. 원수는 장칭이 머무는 댜오위타이(釣魚臺)를 지날 때 한숨을 길게 내쉬었다. 중난하이가 익숙하냐고 내게 물었다. 그렇다고 하자 질문이 이어졌다. 화이런탕에 후문이 있느냐? 차 진입이 가능하냐? 왜 그런 걸 묻는지 의아했다."

문혁 시절 마오쩌둥과 4인방은 군과 언론을 완전히 장악하고 있었다. 마오가 세상을 떠난 후 군은 당 원로들에게 순종했다. 4인방의 몰락은 시간문제였다.

화궈펑의 제안으로 예젠잉이 기획하고, 왕둥싱이 주관한 4인방 체포는 한 편의 드라마였다. 그것도 30분짜리 단막극이었다. 워낙 비밀이 많은 사람들이다보니, 행동 조장의 구술이 있기 전까지 달 밝은 가을밤, 중국의 심장부에서 벌어진 일을 놓고 수십 년간 온갖 추측들이 난무했다.

마오쩌둥 사망 당시 베이징에는 열세 명의 정치국원이 있었다. 홍위병들에게 얻어맞아 식물인간이 된 원수 류보청(劉伯承)과 4인방을 제외한 여덟 명이 4인방 제거를 화궈펑에게 건의했다. 표결로 처리하자는 주장이 있었지만 화궈펑과 예젠잉은 묵살했다.

"그간 4인방은 정국을 좌지우지했다. 무슨 일을 벌일지 모른다. 우리가 다수라도 안심할 수 없다. 이런 일은 참여자가 적으면 적을수록 좋다. 베이징을 떠나지 말고 소식을 기다려라."

오후 7시 10분 남짓, 4인방 체포를 위해 중난하이의 화이런탕에

1976년 10월 4일 밤, 당 제1 부주석 화궈펑이 소집한 정치국 회의장.
테이블 왼쪽부터 장칭, 장춘차오·화궈펑·왕훙원·왕둥싱.
이틀 후 장칭·장춘차오·왕훙원 등 4인방은 공개석상에서 모습을 감췄다.
4인방의 일원인 야오원위안은 이날 회의에 불참했다.

도착한 예젠잉을 왕둥싱이 영접했다.

"안심하셔도 됩니다. 배치를 끝냈습니다."

예젠잉은 신중한 모략가였다. 사방에 눈길을 준 후 "우리는 배수진을 친 거나 마찬가지"라며 36계의 한 구절을 속삭였다.

"적의 가장 견고한 부분을 공격해서(催其堅), 상대편 두목을 제압하면(奪其魁), 그 조직은 해체된다(解其體)."

예젠잉은 시인이기도 했다. 애독자였던 왕둥싱은 이날따라 예젠잉의 시 중에서 적당한 대목이 떠오르지 않았다. 하는 수 없이 두보(杜甫)의 시로 화답했다.

"사람을 쏘려면 말부터 쏴야 하고, 도둑을 잡으려면 괴수부터 잡아야 한다."(射人先射馬, 擒賊先擒王)

예젠잉은 만족했다. "오늘 밤 중요한 무대가 펼쳐진다. 네가 노래해라. 나는 들으며 즐기겠다"며 농담을 건넸다. 왕둥싱은 "저는 당중앙의 명령에 따를 뿐"이라며 머리를 긁적였다.

"너희들이 이렇게 빨리 손쓸 줄 몰랐다"

네 시간 전, 왕둥싱은 4인방 체포 담당조를 조직했다.

"당 중앙의 결정사항이다. 오늘 밤 4인방에 대한 격리심사를 실시한다. 당과 국가의 운명이 우리 손에 달렸다."

간 큰 부하가 있었다.

"누구의 명령을 받았습니까?"

당연한 질문이었다.

"오래전부터 계획된 일이다. 화궈펑 총리와 예젠잉 원수의 명령이다."

이 한마디에 다들 결연한 표정을 지었다.

왕둥싱은 준수사항을 선포했다.

"비밀을 엄수해라. 누설했을 경우 엄중한 제재를 각오해라. 명령에 복종해라. 무슨 일이 있어도 총성이 울려선 안 된다. 피 한 방울 흘리지 않고 임무를 완수해야 한다. 지금 이 순간부터 가족은 물론, 외부와의 접촉을 금한다. 6시 30분까지 정해진 위치에 가서 대기해라."

또 질문이 있었다.

"왕훙원 부주석은 항상 총을 차고 다닙니다. 사격 솜씨도 백발백중입니다. 사격을 해오면 어떻게 할까요?"

"그래도 총을 쏘지 마라. 몰려가서 때려 죽여라. 죽어도 너희들 책임이 아니다."

비슷한 시간, 장칭은 측근들과 베이하이공원을 산책했다. 가을 햇살이 따가웠다. 사과나무에 눈길이 갔다. 나무에 올라가 사과를 땄다. 다섯 광주리에 탐스러운 사과가 가득해지자 천천히 내려와 옷깃을 털었다.

"그만 가자. 머지않아 성대한 축제가 열릴 거다. 나머지는 그때 쓰게 내버려두자."

남편을 잃은 지 27일, 한때 태양을 품었던 62세 여인이 누린 마지막 자유였다.

7시 45분, 회의시작 15분을 남기고 화궈펑이 도착했다. 화궈펑과 예젠잉이 소파에 앉자 왕둥싱은 자리를 떴다.

"저는 정치국 상무위원이 아닙니다. 병풍 뒤에서 만일의 사태에 대비하겠습니다."

장춘차오가 제일 먼저 모습을 드러냈다. 행동조원들에게 몇 대 얻어터지며 끌려온 장춘차오는 제정신이 아니었다. 화궈펑이 자리에 앉은 채 문건을 읽어내려갔다.

"너는 중앙의 경고를 무시하고 당파를 결성해 불법 활동을 자행하며 당권을 찬탈하려 했다. 당 중앙은 너의 격리심사를 결정했다. 즉각 집행한다."

잠시 후 왕훙원이 단정한 복장에 번쩍거리는 구두를 신고 나타났다. 행동조들에게 제압당하자 "뭐 하는 짓들이냐? 나는 회의에 참석하러 왔다"며 저항했지만 잠시였다. 장춘차오와 비슷한 절차를 밟았다. 끌려 나가며 가볍게 탄식했다고 한다.

"너희들이 이렇게 빨리 손쓸 줄은 상상도 못 했다."

왕훙원과 장춘차오, 4인방 중 두 명을 10분 만에 처리한 예젠잉과 화궈펑은 뜨거운 물수건과 진한 차로 피로를 풀었다. 남은 건 야오원위안과 장칭이었다. 중앙정치국 상무위원이 아닌 두 사람은 회의에 참석할 자격이 없었다.

왕둥싱은 거침이 없었다.

"장칭은 지금 중난하이에 있다. 체포조가 대기 중이다. 당장 잡아오면 된다. 야오원위안은 이곳으로 유인하자. 마오 주석의 원고는 중난하이 밖을 나갈 수 없다. 주석의 『선집』 출판에 관한 건이라고 하면 당장 달려온다. 전화는 화궈펑 동지가 직접 해라."

마오쩌둥 사후 마오와 후계자 화궈펑의 초상화가 중국 전역에
나란히 내걸렸다. 1977년 1월에 완성된 마오와 화궈펑의 표준 초상화.
한동안 부자관계라는 설이 나돌 만큼 생김새가 비슷했다.

화궈펑의 전화를 받은 야오원위안은 "왕훙원, 장춘차오 동지와 『마오쩌둥선집』 5권 출판에 관한 문제로 회의 중이다. 당신의 의견이 필요하다"는 말을 듣자 "지금 곧 가겠다"며 전화를 끊었다.

화궈펑과 예젠잉은 더 이상 회의실에 있을 이유가 없었다. 왕둥싱도 부하들에게 야오원위안의 체포를 지시하고 자리를 떴다.

서류가방을 들고 나타난 야오원위안을 왕둥싱의 부하들이 에워쌌다. 화궈펑 명의의 「격리심사 명령서」를 손에 든 야오원위안은 데리고 온 경호원을 불렀다. 어느 구석에 있는지 그림자도 보이지 않았다. 체포를 지휘한 조장이 구술을 남겼다.

"야오원위안은 계속 고함을 질러댔다. 격리심사 장소로 이동하는 차 안에서도 너희들은 어디 소속이냐며 그칠 줄을 몰랐다. 덩샤오핑이 시켰냐는 말까지 했다. 준비한 수건을 입에 틀어막고 몇 대 쥐어박자 잠잠해졌다."

태양을 품었던 여인의 최후

장칭은 누가 뭐래도 마오쩌둥의 부인이었다. 왕둥싱은 중앙경위국 부국장 장야오스(張耀祠)에게 체포를 지시했다.

"전화로 화궈펑 총리의 명령을 받았다고 해라. 당 중앙이 격리심사를 결정했으니 다른 곳으로 옮겨야 한다고 하면 된다. 문건 상자 열쇠를 뺏고, 전화선을 끊어버려라. 만일에 대비해 여자 간호사를 한 명 데리고 가라."

장야오스도 구술을 남겼다.

"마오 주석 사망 후, 장칭은 중난하이 201호에 머물고 있었다. 몇 명만 데리고 갔다. 주변에 깔린 게 모두 직속 부하들이라 몰려갈 필요도 없었다. 매일 다니던 곳이다보니 이상하게 여기는 사람이 한 명도 없었다."

장칭의 부속실은 평소와 다를 게 없었다. 비서, 경호원, 의사, 간호사, 운전기사 들이 뒤섞여 포커놀이가 한참이었다. 장야오스 일행을 보자 손을 흔들었다. "안에 있냐"고 손짓을 하자 다들 웃으며 고개를 끄덕였다. 장야오스는 장칭의 운전기사에게 방탄차를 문 앞에 대기시키라고 일렀다.

장칭은 셰익스피어의 희곡 못지않게 할리우드 영화도 좋아했다. 이날도 소파에 앉아 클라크 게이블이 나오는 영화를 보고 있었다. 장야오스를 보자 "무슨 일이냐"는 표정을 지었다. 장야오스는 부동자세로 엄숙한 표정을 지었다.

"장칭! 너는 중앙의 경고를 무시했다. 패거리를 만들어 당을 분열시키고 당권 찬탈 음모를 꾸몄다. 이에 당 중앙은 너를 격리심사에 처하기로 결정했다. 즉각 집행한다."

평생 요도염에 시달렸던 장칭

듣고만 있던 장칭이 몸을 꼿꼿이 하고 되물었다. 두 사람 사이의 대화가 몇 년 전 공개됐다.

"중공 중앙 누구의 결정이냐?"

장야오스는 말문이 막혔다. 이실직고하는 수밖에 없었다.

"화궈펑과 예젠잉 부주석의 명령을 받았다."

동행한 행동조장이 언성을 높였다.

"서둘러라. 빨리 이곳을 떠나야 한다."

장칭은 못 들은 체했다. 질문을 계속했다.

"이 방에 있는 문건들을 어떻게 하라는 지시도 받았나?"

"우리가 보관하겠다. 열쇠를 내놔라."

장칭은 고개를 흔들었다.

"그건 안 된다. 나는 당에 책임이 있는 사람이다. 화궈펑에게 직접 전달하겠다."

장야오스는 거절할 명분이 없었다.

"화궈펑에게 편지를 써라. 서류와 함께 전달하겠다."

장칭은 앉은자리에서 화궈펑에게 보내는 편지를 썼다.

"너의 명령을 받았다는 사람들이 내게 격리심사를 통보했다. 당 중앙의 결정인지, 사실 여부를 알 수 없다. 편지와 함께 문건상자 열쇠를 이들에게 넘긴다."

중요서류와 열쇠가 담긴 봉투를 건넨 장칭은 복장과 머리를 가다듬고 자리에서 일어났다. 왕둥싱이 간호사를 딸려 보낸 것은 이유가

체포 몇 시간 전,
사과를 따며 생애 마지막 자유를 누리는 장칭.
1976년 10월 6일 오후 5시 무렵.

있었다. 장칭은 평생 소변에 시달렸다. 마오쩌둥이 선물한 요도염 때문이라고 하지만 확실하지는 않다. 이날도 방문을 나가기 전 화장실에 들어가 30분을 허비했다.

장칭은 평소 이용하던 방탄차를 타고 격리심사가 진행될 곳으로 이동했다. 선도 차량과 중무장한 8341부대원을 태운 차가 뒤를 따랐다. 베이징 중요거리의 교통경찰들은 눈치가 빨랐다. 홍색 등을 무시하고 질주하는 차량을 제지하지 않았다. 아주 높은 사람이 타고 있는 게 분명했다.

격리심사장에 도착한 장칭을 지켜본 사람이 기록을 남겼다.

"차에서 내린 장칭은 당황해하는 기색이 없었다. 여기가 어디냐, 언젠가 와본 곳 같다며 사방을 두리번거렸다. 기억을 더듬는 듯했지만 잠시였다. 무장요원들에게 끌려 격리심사실로 들어갔다."

거의 같은 시간, 베이징 위수사령관 첸시렌의 명령을 받은 무장병력이 칭화·베이징 양 대학을 급습해 홍위병 두목들을 체포했다. 4인방의 주무대였던 신화통신사와 인민일보사, 중앙 TV(CCTV)도 화궈펑과 예젠잉이 파견한 요원들의 지시에 순순히 따랐다. 문혁 10년이 끝나는 순간이었다.

권력과 금력처럼 허망한 것도 없다. 아무리 망할 것 같지 않아도, 인심을 잃으면 망하는 건 하루아침이다. 4인방도 그랬다.

마오의 간 큰 부하 왕둥싱

왕둥싱이 없었더라면, 화궈펑과 예젠잉의 4인방 체포는 꿈도 못 꿨을 일이다. 마오쩌둥 사후 중국의 심장부를 움켜쥐고 있던 사람이 왕둥싱이었기 때문이다. 마오쩌둥이 세상을 떠나자 왕둥싱은 화궈펑을 지지했다. 이유는 간단하다. 화궈펑은 마오가 생전에 지명한 후계자였다. 왕둥싱은 화궈펑이 4인방 제거를 제의하자 두말없이 동조했다.

왕둥싱은 전쟁에서 공을 세운 적은 없었지만, 1955년 소장 계급장을 받았다. 마오쩌둥 경호가 주 임무였다. 잠시 고향 장시성(江西省) 부성장을 지낸 것 외에는 중난하이를 떠난 적이 없었다. 직책도 중앙판공청 주임, 공안부 부부장, 중앙경위국 제1서기, 베이징 위수사령부 서기, 중앙 군사위원회 경위국장 등 다양했다.

이쯤 되면, 베이징 시내의 비밀경찰과 공안, 군복 입은 사람들은 모두 왕둥싱의 부하였다. 당·정·군 수뇌들의 일거일동이 손바닥 안에 있었다고 봐도 된다. 전설처럼 내려오는, 마오쩌둥의 왕둥싱에 대한 평가가 재미있다.

"그는 항상 나와 함께하려 했다. 나도 왕둥싱이 보이지 않으면 안심이 안 됐다. 그러다보니 왕둥싱이 옆에 있는 게 습관이 돼버렸다. 왕둥싱도 사람이다보니 나처럼 장·단점이 있다. 세심하고 주도면밀함에서 따라갈 사람이 없다. 이론이나 문화수준이 낮고 머리 쓰기를 싫어하지만, 높은 자리에 앉았다고 뭐든지 아는 척해서 조롱받는 것보다는 낫다. 한(漢)대의 주발(周勃)을 봐라. 머리에

4인방 제거 후 첫 번째 휴가를 떠난 예젠잉.
1980년 여름 베이다이허(北戴河).

든 건 없었지만 결정적인 순간마다 공을 세웠다. 모시는 사람에게 명예를 안겨줬다. 왕둥싱과 손잡기 위해 노력한 사람들이 많았지만 모두 실패했다."

두 사람의 관계를 알 수 있는 대목이다.

왕둥싱과 마오쩌둥의 인연은 1947년 3월 18일, 홍색도시 옌안에서 시작됐다. 1946년 6월 하순, 국·공내전이 발발했다. 인민해방군은 도처에서 승리했다. 6개월 만에 71만여 명의 국민당군을 전멸시켰다. 국민당군도 공산당이 지배하던 105개 도시를 점령했지만 병력 손실이 컸다.

1947년에 들어서자 장제스는 전략을 수정했다. 전면전을 포기하고 중점지역에 34개 여단, 23만 명을 배치했다. 애장(愛將) 후쭝난(胡宗南)에게 공산당 근거지 옌안을 점령하라는 전문을 보냈다. 당시 인민해방군 주력은 전선에 나가있었다. 옌안 주변에는 이렇다 할 전투부대가 없었다. 마오쩌둥은 옌안 철수를 결정했다.

"죽음을 불사하고 옌안을 떠나지 않겠다"며 눈을 부라리는 자들이 많았다. 마오쩌둥은 이들을 모아놓고 설득했다.

"옌안에 10년을 있었다. 맨손으로 굴을 파서 살 집을 마련했고, 황무지를 개간해 곡식을 일궜다. 간부 양성과 학습도 게을리하지 않았다. 이곳에서 항일전쟁을 지휘하고 혁명을 전파했다. 중국은 물론이고, 외국에서도 혁명성지 옌안을 모르는 사람은 없다. 이제는 여기를 떠날 때가 됐다. 전쟁에서 한 지역을 얻고 잃는 것은 중요하지 않다. 철수와 도망가는 건 다르다. 지금 떠나면 철수지만 뭉기적거리면, 그

때는 도망가야 한다."

회의장에 폭소가 터지자 만고의 명언을 남겼다.

"땅을 잃어도 사람만 있으면, 사람과 땅을 보존할 수 있다. 땅을
보존한다 하더라도 사람을 잃으면, 땅과 사람을 모두 잃게 된다."

存人失地, 人地皆存

存地失人, 人地皆失

"적을 내 눈으로 직접 보겠다"

3월 15일, 국민당군 전투기가 옌안을 공습했다. 옌안 군민의 조직
적인 철수가 시작됐다. 18일 오전 옌안성 30리 밖에 국민당군이 모
습을 드러냈다. 포성과 총소리가 요란했지만 마오쩌둥은 요지부동,
떠날 생각을 안 했다. 재촉하는 저우언라이와 런비스 등에게 엉뚱한
소리를 했다.

"급할 것 없다. 당황하지 마라. 적을 내 눈으로 직접 본 다음에 떠
나겠다."

저우언라이가 다시 건의했다.

"주석 대신 다른 동지가 남아 있다가 적을 확인하게 하자."

당시 주변에는 마오를 경호하기 위해 달려온 경호원들이 몇 명 있
었다. 마오쩌둥이 그중 한 명에게 물었다.

"낯이 익다. 이름이 뭐냐?"

"왕둥싱입니다."

"나 대신 남아서 적을 확인하겠느냐?"

문혁 초기인 1966년 9월 15일 황혼 무렵,
왕둥싱(왼쪽)이 홍위병 접견을 위해 천안문에 오르는
마오쩌둥을 수행하고 있다.
마오는 "왕둥싱이 옆에 있는 게 습관이 돼버렸다"고
그를 평가했다. 오른쪽은 21년간 마오의 수석간호사였던
305의원 부원장 우쉬쥔(吳旭君).

1946년 3월 장칭(왼쪽)이 중공 근거지 옌안을 방문한
미국 대통령 특사 마셜 원수를 배웅하고 있다.

"주석의 명령에 따르겠습니다."

마오는 뭐가 좋은지 싱글벙글했다.

"좋다, 병력을 주마. 원하는 대로 말해봐라."

왕둥싱은 우물거리지 않았다.

"1개 분대면 족합니다."

마오는 또 한바탕 웃었다.

"간이 크구나. 내 부하 자격이 있다. 기병 다섯 명을 더 주겠다. 나 대신 적들을 보고, 나 있는 곳으로 와서 같이 가자. 이왕이면 몇 놈 날려버리고 와라. 그래야 속이 시원하겠다."

왕둥싱은 임무를 무사히 마쳤다. 마오쩌둥은 연신 왕둥싱의 등을 두드리며 기뻐했다.

"당태종 이세민은 설인귀 덕분에 목숨을 구한 적이 있다. 그때 당태종의 기분이 어땠을지 알 것 같다. 오늘부터 내 옆을 떠나지 마라."

"마오 주석의 유지를 계승하기 위해 4인방을 체포했다"

세계적인 외교관 구웨이쥔(顧維鈞)의 부인 가운데 하나가 『회고록』을 남겼다.

"세상에 파(罷)하지 않은 파티는 없다."

20여 년 전 홍콩에서, 표지 제목만 보고도 키득거리는 노인들을 많이 봤다.

"멋진 제목이다. 외교관들이 허구한 날, 이상한 옷 입고 여는 파티도 돈만 까먹었지 별게 아니구나. 위대한 문화대혁명과 똑같다."

혁명이나 전쟁을 파티 정도로 여기는 민족이라 그런지, 중국인들은 온 천지가 소용돌이에 휩싸여도 "납작 엎드려만 있으면 결국은 끝날 날이 온다"며 낙관적이다.

적응력도 뛰어나다. "제아무리 난다 긴다 하는 놈도 인생의 결말은 비극이다. 무슨 일이 닥치건, 살아 있을 때 오만상 찡그리지 말고 실컷 웃자"는 화가 황용위(黃永玉)의 말에 거의가 공감한다. 이해의 폭이나 융통성도 따라갈 민족이 없다. 변화가 닥치면 신념은 일단 접어두는 경우가 많다. 내로라하는 혁명가나 직업정치가 들도 마찬가지다.

수십 년간 사회주의와 자본주의, 보수와 진보, 좌·우를 거침없이 넘나들었지만 왕둥싱만은 특이한 존재다. 평생 머릿속에 마오쩌둥 한 사람밖에 없었다. 화궈펑만은 존중했다. 마오쩌둥이 지정한 후계자라라는 점이 가장 중요한 이유였다.

화궈펑, 예젠잉과 함께 4인방을 체포한 날 밤, 왕둥싱은 베이징에 거주하는 중앙정치국원들에게 전화를 걸었다.

"오늘 밤 10시, 교외에 있는 예젠잉 원수의 거처에서 긴급회의가 열린다. 빠짐없이 참석해라. 화궈펑 부주석의 명령이다."

엉겁결에 달려온 정치국원들은 무슨 영문인지 몰랐다. 리셴녠조차도 차에서 내리자마자 예젠잉의 건강에 문제가 생겼냐고 물을 정도였다.

화궈펑이 "4인방을 체포했다"며 예젠잉에게 발언을 청했다. 예젠잉은 2년 전 일을 거론했다.

"1974년 7월 17일, 마오 주석은 4인방을 비판했다. 4인방 체포는 정치국 소수인원의 결정이 아니다. 우리가 갑작스럽게 취한 행동도 아니다. 주석은 생전에 해결을 미루고 있을 뿐이었다. 두 시간 전, 마오 주석의 유지를 계승하기 위해 4인방을 체포했다."

참석자들은 왕둥싱을 힐끔 쳐다봤다. 왕둥싱이 가볍게 고개를 끄덕이자 회의장에 환호와 박수갈채가 터졌다. 흥분이 심하다보니 심장발작을 일으켜 구급차에 실려간 정치국원도 있었다.

회의는 예젠잉의 제의를 만장일치로 통과시켰다.

"화궈펑을 당 주석과 군사위원회 주석에 추대한다. 왕둥싱 주재 하에 『마오쩌둥선집』 5권을 출간하고, 베이징에 주석의 기념관을 건립한다. 4인방과 추종세력에 대한 심사는 왕둥싱에게 전권을 일임한다."

이제 대륙은 덩샤오핑의 천하다

"그는 마오쩌둥보다 독한 사람이다. 일단 복잡하게 만들어놓고,
일을 풀어나가는 묘한 재주가 있다."

덩샤오핑 복귀 반대한 왕둥싱

10월 7일 오후, 예젠잉의 아들이 헐레벌떡, 자전거를 타고 덩샤오
핑의 연금장소를 찾아왔다. 4인방 체포소식을 들은 덩샤오핑은 왕
둥싱의 근황부터 물었다. 만족할 만한 대답을 듣자 가족들을 데리고
목욕탕으로 들어갔다. 수도꼭지란 수도꼭지는 다 틀어놓고 "어젯
밤, 4인방이 체포됐다. 왕둥싱이 참여했다니 안심이다. 나도 이제는
만년을 편안히 보내게 됐다"며 자녀들에게 입조심을 당부했다.

덩샤오핑의 복귀를 주장하는 사람이 한둘 나타나기 시작했다. 왕
둥싱은 반대했다.

"덩샤오핑의 총리 기용을 요구하는 사람들이 많다. 덩샤오핑이
어떤 사람인지는 내가 잘 안다. 능력도 조금 있지만, 시행착오가
더 많았다. 1975년, 마오 주석도 총리로 기용을 검토한 적이 있다.
시골구석에 쫓겨 가 있는 걸 데려다 시험해봤지만 좀 빠진다는 결
론을 내렸다. 화궈펑은 주석의 시험을 통과한 사람이다."

1977년 3월, 중앙공작회의에서 천원이 덩샤오핑을 지지하고 나섰다. 왕둥싱은 천원의 직무태도를 비판했다.

"천원은 앞장서기를 싫어하고 박력이 부족하다. 이래도 좋고 저래도 좋은 눈치꾸러기다. 뭐든지 원만한 것만 숭상한다. 마오 주석도 시골 부자의 첩 같은 짓만 골라서 한다고 했다."

왕둥싱은 전 베이징 시장 펑전과 전 국가계획위원회 부주임 보이보(薄一波)의 복권도 반대했다.

"한때 펑전은 독립왕국의 두목이었다. 보이보는 당을 배반한 적이 있다. 마오 주석이 배신자라고 했다. 이런 사람들을 업무에 복귀시키면 우리 당의 체면이 말이 아니다. 지하의 마오 주석이 우리를 어떻게 보고, 전 세계가 우리를 뭐로 볼지 한번 생각해봐라."

우여곡절 끝에 복귀한 덩샤오핑도 왕둥싱의 공격에서 벗어나지 못했다. 당 부주석과 중앙정치국 상무위원 자격으로 중앙당교에 가서 공개적으로 깔봤다. 4인방과 일전을 불사했던 이유로 덩샤오핑의 위상이 화궈펑을 능가했을 때다.

"덩샤오핑이 4인방과 투쟁한 것은 사실이지만, 우리의 영명한 화궈펑 주석과 이름을 나란히 할 수는 없다. 저우언라이 총리 사후 다들 덩샤오핑이 총리가 될 줄 알았지만 주석은 화궈펑 동지를 낙

1966년 10월 1일 밤, 천안문 광장에서
불꽃놀이를 즐기는 마오쩌둥과 저우언라이.
가운데가 왕둥싱.

점했다. 덩샤오핑은 4인방에 의해 쫓겨난 적이 있다. 화궈펑이 없었더라면 복귀가 불가능했다. 지금쯤 집안에서 여생을 보내는 평범한 노인에 불과했을 사람이다."

덩샤오핑, 화궈펑에게 도전할 엄두 감히 못 내

1976년 4월, 베이징 주재 미국연락사무소 소장 토머스 게이츠(Thomas Gates)가 국무원 총리 겸 당 제1부주석 화궈펑과 한 시간 40분간 회담했다. 선견지명으로 가득한「보고서」를 본국에 보냈다.

"근면하고 성실한 것 외에는 특징이 없는 사람이다. 장악력은 그런대로 있어 보이지만, 범인(凡人)을 초월한 지혜나 매력을 찾아볼 수 없다. 한마디로, 이상적인 과도기적 인물이다. 내정이나 외교문제에 기상천외한 조치를 취할 가능성은 전혀 없다. 장기간 집권할 수 있을지 의심된다. 머지않아, 더 능력 있고 강력한 지도자가 출현할 것이 분명하다. 화궈펑은 고지식한 사람이다. 자신에게 주어진 역사적 사명을 완수한 후, 구석에 있기를 자청할 중국 특유의 고전적 지혜는 갖췄다고 봐도 된다."

1976년 10월 18일, 중공 중앙은 "6일 저녁, 4인방을 체포했다"고 발표했다. 경축 행사가 전국적으로 벌어졌다. 한 외국기자가 흥미 있는 기록을 남겼다.

"이해하기 힘든 민족이다. 거의 동시에, 전국의 대도시마다 흥분한 인파가 거리를 메웠다. 농촌도 꽹과리를 치며 야단법석을 떨었다. 4인방 매도 문구나 외쳐대는 구호도 거의 비슷했다. 다른 나라에선 있을 수 없는 일이다. 이렇게 크고 말 많은 나라에서 12일간 보안이 유지된 것도 신기했다."

홍콩과 서구 언론의 반응은 한결같았다. "화궈펑과 덩샤오핑, 두 사람 간에 권력투쟁이 이미 시작됐다"고 보도했다.

중국 내의 반응은 달랐다. 어느 누구도 마오쩌둥이 지정한 후계자이며 당 주석인 화궈펑에게 도전할 엄두를 못 냈다. 얼마 안 가 화궈펑도 마오쩌둥과 같은 권위를 확보하리라고 다들 믿었다. 덩샤오핑에게 후한 점수를 줬지만 "복직하면, 마오쩌둥 밑에서 혼신의 노력을 했던 저우언라이처럼 화궈펑 휘하에서 총리직을 수행할 것"이라는 생각이 지배적이었다. 화궈펑의 눈치만 보던 덩샤오핑도 왕둥싱을 통해 새로운 권력자에게 충성서약 비슷한 편지를 보냈다.

예젠잉, 덩샤오핑의 복직을 서둘렀다

4인방 체포 후 화궈펑을 당 주석, 국무원 총리, 군사위원회 주석에 추대한 예젠잉은 덩샤오핑의 복직을 서둘렀다. 중앙군사위원회 요양원에 머물던 덩샤오핑에게 일할 준비를 하라고 이를 정도였다. 단, 화궈펑의 수하에 둬야 한다는 생각은 남들과 같았다. 확실한 명분이 있었다.

"앞으로 당 중앙은 정식 제도가 작용을 할 수 있도록 바뀌어야 한

덩샤오핑(오른쪽)과 천윈, 두 사람은 죽이 잘 맞았다.
항상 서로를 추천했다.
1952년, 베이징 이화원(颐和園).

다. 지도자의 성격에 의해 좌우되는 정당은 국민들에게 버림받는다."

엉뚱한 소리가 나오기 시작했다. "4인방을 체포한 이유를 모르겠다. 과연 그럴 필요가 있었을까"는 그런대로 봐줄 만했다. 체포를 주도한 화궈펑이나 예젠잉, 왕둥싱이 듣기에 거북한 소리가 당내에서 나왔다.

"마오 주석이 화궈펑을 후계자로 선택한 것이 사실이라면 증거를 내놔라."

그럴 만도 했다. 실제로 마오쩌둥이 화궈펑을 자신의 후계자라고 딱 부러지게 선포한 적은 없다.

수위가 점점 높아졌다.

"마오쩌둥은 생각을 실천에 옮기는 성격이다. 장칭은 마오 주석의 당당한 부인이다. 4인방의 행동이 맘에 들지는 않았지만, 제거를 생각해본 적은 없었다. 나 죽거든 장칭을 잘 부탁한다는 말을 했으면 했지 제거해버리라고 했을 리가 없다. 알 만한 사람은 모두 아는 사실이다."

예젠잉과 왕둥싱은 목이 탔다. 각 성(省)과 군구(軍區)의 중심인물들을 베이징에 소집했다. "4인방 체포는 궁중정변이 아니다. 화궈펑을 지지해달라"고 열을 올렸다. 겨우 "화궈펑, 예젠잉, 왕둥싱의 과감한 행동에 공감한다"는 답변을 얻어냈다.

왕둥싱과 예젠잉은 화궈펑에 대한 개인숭배를 전개했다. 화궈펑의 지도력을 찬양하는 서적들이 쏟아져 나왔다. 온종일 화궈펑을 찬양하는 노래가 방송을 탔다. 대도시는 물론이고 시골 촌구석 어디를 가도 마오쩌둥과 나란히 걸린 화궈펑의 초상화를 볼 수 있었다. 개인숭배가 습관이 된 국민들에겐 이 방법밖에 없었다.

노(老)혁명 간부들이 반발했다.

"우리는 마오 주석을 따라 전쟁터를 누볐다. 1938년 국·공합작 이후 입당한 어린애를 숭배하라니 당치도 않다."

왕둥싱도 힘들어했다.

"마오 주석 생존 시에는 머리를 쓸 필요가 없었다. 머리 좋은 사람들 상대로 머리를 써야 하니 할 짓이 못 된다."

"화궈펑은 영수의 자질이 있다"

4인방 체포 후, 예젠잉은 화궈펑의 능력을 인정했다. 군사위원회 정보국장 슝샹후이(熊向暉)에게 속내를 털어놨다. 슝샹후이는 국민당 통치시절 장제스의 안방 깊숙한 곳에 침투했던 특수 공작원 출신답게 입이 무거웠다. 무슨 말을 해도 되돌아오는 법이 없었다.

"화궈펑은 영수의 자질이 있다. 역시 마오 주석은 영웅을 알아보는 혜안이 있었다. 나는 그런 안목을 갖추지 못했다. 한차례 난리를 치르면 나라가 안정된다. 지금이 그런 시기다. 4인방 중 세 명을 처리하는 건 별것도 아니었다. 장칭은 마오 주석의 부인이다. 그 누구도 감히 잡아둘 결심을 못 했다. 어리숙하면서 지혜롭고, 겸손과 용기를 겸비한 화궈펑이 아니면 꿈도 못 꿀 일이다. 나도 장칭 체포는 엄두를 못 냈다. 저우언라이가 살아 있어도 못 했을 거

244

1955년 7월, 남방 시찰 도중 후난성 간부들과 대화를 나누는 마오쩌둥.
화궈펑(왼쪽 첫 번째)은 마오의 고향인 샹탄(湘潭)현의
당 서기였던 관계로 참석했다.
이날 마오는 처음 만난 34세의 화궈펑을 보고 즐거워했다.

다. 덩샤오핑은 말할 것도 없다. 문약(文弱)해 보이는 사람이 일을 벌이면 우리 같은 사람보다 더 사납고 무섭다. 화궈펑은 속이 깊다. 남의 강요에 의해 움직이는 성격이 아니다. 대국의 지도자로 손색이 없다."

슝샹후이는 내친김에 왕둥싱의 인물평도 했다.

"왕둥싱은 경호대장을 오래 한 게 흠이다. 마오 주석이 세상을 떠나자 4인방은 8341부대를 해체시키려고 했다. 주석의 후계자 화궈펑이 구상한 4인방 체포에 적극 가담하지 않을 이유가 없었다. 최고 권력자의 경호책임자나 비서실장들은 화류계 종사자와 비슷하다. 자신이 모시는 사람 앞에서 쩔쩔매는 고위층들을 아래로 보는 경향이 있다. 말로가 비참할 수밖에 없다. 왕둥싱은 예외다. 16세 때 홍군에 가입해 장정과 항일전쟁, 해방전쟁을 함께한 오랜 전우다. 4인방 제거에도 불멸의 업적을 남겼다. 대국(大局)을 보는 눈은 부족하지만 우리 당의 지도자 중 한 사람이다. 앞으로 함부로 대해선 안 된다. 결정적인 순간에 개인의 명예보다 당과 국가의 이익을 먼저 생각할 테니 두고 봐라."

슝샹후이는 다시 이렇게 말했다.

"인민은 실패를 반복한다. 새로운 통치자가 등장하면 우리가 바라던 지도자라며 열광하다가 이내 팔뚝질을 해댄다. 박수갈채 보낼 때 가려운 곳을 긁어주지 않으면 별것도 아닌 일로 등을 돌린다. 밥 먹으면서 똥 눌 걱정하는 실무형 지도자가 필요하다. 내 나이 80, 나는 너무 늙었다. 이런 일을 할 수 있는 사람은 덩샤오핑과 천원밖에 없다.”

화궈펑, 마오의 유지를 받들다

한동안, 화궈펑이 덩샤오핑의 복직을 반대했다는 것이 정설이었다. 덩샤오핑·화궈펑·예젠잉·천원 등이 세상을 떠나자 사실이 밝혀졌다. 예젠잉과 슝상후이의 대화가 있을 무렵, 화궈펑은 정치국회의에서 대놓고 덩샤오핑의 복직을 주장했다.

“덩샤오핑이 업무에 복귀하기를 희망한다. 절차가 중요하다. 중앙회의에서 당당하게 선출됐으면 좋겠다. 덩샤오핑이 일할 수 있도록 공작을 진행해라.”

화궈펑은 덩샤오핑에 대한 배려도 잊지 않았다. 12월 10일 밤, 덩샤오핑의 전립선염이 악화됐다. 순전히 화궈펑 덕에 301의원 독방에 입원이 가능했다. 덩샤오핑은 의사가 수술을 권하자 화궈펑과 왕둥싱에게 편지를 보냈다.

“수술을 허락해주십시오.”

수술을 받으려면 상급기관의 허락이 필요할 때였다. 당시 덩샤오핑은 평당원이었다. 아무런 직함이 없었다.

화궈펑도 답장을 보냈다. “4인방 시절에는 의료시설이 신통치 않았다. 이제 4인방도 없어졌으니 마음 놓고 치료에 전념하라”며 수술을 비준했다. 왕둥싱도 「동의서」에 서명했다.

마오쩌둥과 장칭이 결혼하던 당시 장칭의
문란한 남자관계가 알려졌다. 공산당 지도자들은
장칭이 향후 30년간 정치에 관여하지 않는다는 조건으로
결혼을 인정했다. 마오쩌둥은 사망하기 전
자신의 후계자를 딱 부러지게 선포하지 않았고,
문화대혁명으로 절대 권력을 행사하던 장칭은 몰락했다.
1991년 자살로 생을 마감한다.

덩샤오핑의 입원소식이 알려지자 옛 동지들의 방문이 줄을 이었다. 덩샤오핑은 "앞으로 오줌 눌 때마다 화궈펑과 왕둥싱에게 고마워해야 한다"는 원로들의 농담에 폭소를 터뜨렸다. 틀린 말이 아니었다.

1977년, 새해가 밝았다. 덩샤오핑의 병실은 여전히 방문객들로 붐볐다. 1월 8일, 베이징의 중심을 가르는 시단(西單)의 상가 벽에 표어가 나붙었다.

"단호히 요구한다. 덩샤오핑 동지를 공직에 복귀시켜라!"

덕지덕지 붙은 표어들이 10미터가 넘었다. 전국이 들썩했다.

공안기관은 홍위병 영수 출신인 주모자를 체포했다. 덩샤오핑 아들의 친구라는 소문이 나돌았다. 왕둥싱은 덩샤오핑 주변을 의심했다. 화궈펑은 심기가 상했지만 속으로 삭였다.

2월 27일, 화궈펑의 악수(惡手)가 인민일보 1면을 장식했다.

"무릇(凡是), 마오 주석이 내렸던 결정을 우리는 굳건히 유지해야 한다. 무릇(凡是), 마오 주석이 생전에 했던 지시는 어김없이 준수해야 한다."

마오쩌둥이 내쫓은 덩샤오핑의 복직은 불가능하다는 의미였다. 1세대 혁명가들은 당황했다.

납작 엎드린 덩샤오핑

4인방 체포를 모의할 때부터, 원로 혁명가들은 연금 중인 덩샤오핑의 복직을 염두에 뒀다. 쫓겨나기 전, 덩샤오핑의 직책은 중앙정치국 상무위원과 국무원 부총리, 총참모장을 겸했다.

마오쩌둥이 했던 결정과 지시를 유지, 준수해야 한다는 화궈펑의 결정은 예젠잉을 실망시켰다. 4인방이라는 공동의 적을 제거하기 위해 한배를 탔던 사람들은 갈라섰다. 원인은 단 하나, 덩샤오핑의 복직 여부 외에는 없었다.

처음에는 복직을 반대하는 세력이 비호세력을 압도했다. 실권과 덩샤오핑을 비판했던 마오쩌둥의 문건을 한 손에 쥐고 있었기 때문이다. 누구도 범접할 수 없는 성지(聖旨)나 다름없었다. 화궈펑과 왕둥싱을 필두로 베이징 군구 사령관 천시롄, 베이징시 제1서기 겸 전인대 부위원장 우더, 캉성(康生)의 비서였던 중앙 판공청 부주임 리신(李鑫) 등이 반대 세력을 대표했다.

정치국 내부에도 반대자가 많았다. 한결같이 문혁을 계기로 두각을 나타난 사람들이다보니 덩샤오핑이 4인방에 동조하지 않은 점은 인정했지만, 전우로 여기지는 않았다. 1976년 4월 천안문 광장에 운집한 군중을 진압했던 우더는 덩샤오핑을 "덩 나치!"라며 매도했다.

"덩샤오핑은 천안문 반혁명 사건을 배후에서 지휘했다. 군중을 동원해 세상을 시끄럽게 만드는 사람이다. 독일의 나치와 다를 게 없다. 내가 말을 안 해서 그렇지, 죄상이 이미 드러난 사람이다. 마오 주석이 내친 건 그럴 만한 이유가 있었기 때문이다."

인쇄공 출신으로 마오쩌둥과 장정을 함께했던 천윈.
문화대혁명 기간 중 마오쩌둥의 '삼면홍기' 정책에
불만을 표했다가 한직으로 밀려났다.
덩샤오핑과는 각별한 사이였다.

1982년 중국의 계획경제는 '새장', '시장'은 '새'에 비유되었다.
"새는 새장 안에 있어야 한다."
"시장은 계획의 범위 안에서 이루어져야 한다."
'새장이론' 또는 '조롱경제론'(鳥籠經養論)이라고 불렸다.
천원은 경제정책에서 보수파 중진으로,
개혁개방론자 덩샤오핑과 대립했다.
가운데 줄 왼쪽에서 네 번째가 천원.

덩샤오핑의 지지자들은 왕둥싱을 제일 두려워했다. 홍색 근거지 엔안시절 부터 중난하이까지 마오쩌둥의 곁을 떠난 적이 없고, 문혁의 전 과정을 속속들이 아는 사람은 왕둥싱밖에 없었다. 마오의 친필 문건도 왕둥싱 외에는 열람이 불가능했다.

덩샤오핑은 납작 엎드렸다. 화궈펑에게 "당 주석과 중앙군사위원회 주석 취임을 축하한다. 이렇게 기쁠 수가 없다"는 편지를 보냈다. 아무리 기다려도 회신은 오지 않았다.

화궈펑은 말이나 행동이 무거웠다. 덩샤오핑의 편지를 읽고도 별 내색을 하지 않았다. 옆에 있던 왕둥싱에게 읽어보라고 건네며 한마디하는 게 다였다.

"경축대회에 덩샤오핑도 참석시켜라."

왕둥싱이 "두꺼비처럼 생긴 게 또 잔재주 부리기 시작했다"해도 표정을 바꾸지 않았다.

천안문 광장에서 4인방 타도와 화궈펑 주석 취임을 겸한 경축대회가 열렸다. 우더가 행사를 주관했다. 구석 자리에 앉아 화궈펑에게 열렬한 박수를 보낸 덩샤오핑의 심정이 어땠을지는 알 길이 없다.

덩샤오핑의 복직을 은밀히 추진하던 화궈펑이 "마오 주석이 내렸던 결정을 굳건히 유지하고, 생전에 했던 지시를 준수해야 한다"는 주장을 하자 덩샤오핑 반대세력들은 쾌재를 불렀다.

알다가도 모를 게 민심이다. 화궈펑에 대한 개인숭배가 일어나자 묘한 현상이 일어나기 시작했다. "병중의 저우언라이를 대신해 국정을 챙기다 4인방의 무고로 쫓겨난 덩샤오핑은 억울하다. 천안문 사건도 반혁명 사건이 아니다. 복직시켜야 한다"며 덩샤오핑을 그리워했다.

"덩샤오핑의 복귀를 강구하라"

예젠잉은 하늘이 준 기회를 놓치지 않았다. 옥천산(玉泉山)에 덩샤오핑의 거처를 마련했다. 베이징 서북쪽, 수목이 울창한 산 정상에 적당한 간격을 두고 들어선 집들은 중앙군사위원회 소유였다. 덩샤오핑이 자리 잡자 군 지휘관들의 발길이 줄을 이었다.

숨길수록 더 드러나는 법, "시내 한복판에 있는 중난하이를 상대할, 새로운 정치 중심이 베이징 교외의 산속에 출현했다"는 소문이 나돌기 시작했다.

1977년 2월 18일, 산속에서 춘절(春節: 음력 설)를 맞이한 덩샤오핑은 예젠잉·리셴녠·쉬샹첸·네룽전·후야오팡 등의 방문을 받았다. 노원수(老帥)들이 모두 왔다며 즐거워했다. "네가 우리들의 지도자"라고 하자 숨통이 트이는 것 같았다. 당장은 아무 힘도 없지만, 이들의 지지만 있다면 복귀는 시간문제였다.

두 진영의 대치는 오래가지 않았다. 3월 중순, 화궈펑이 중앙공작자회의를 소집했다. 그간 표현만 안 했을 뿐, 긴장관계를 유지하던 양측의 충돌은 불가피했다. 예젠잉이 먼저 말문을 열었다.

"덩샤오핑의 복직은 빠르면 빠를수록 좋다."

이어서 "마오쩌둥 생전의 지시와 결정을 준수한다"는 화궈펑의 주장에 반대의사를 분명히 했다. 이날 예젠잉은 얼굴 한번 붉히지 않았다. 덩샤오핑이 대놓고 화궈펑의 이론을 비판하기 2개월 전이었다.

1977년 3월, 중앙공작자회의에서 화궈펑은 종전의 주장을 되풀이했다. "마오 주석이 생전에 내린 결정을 준수해야 한다. 마오 주석의

1978년 8월, 화궈펑(오른쪽 네 번째)이 국무원 총리 자격으로
유고슬라비아 중앙시장을 방문하고 있다.

1982년 9월 중순, 중공 제11기 1중전회에 참석한 1세대 혁명가들.
마오쩌둥 사후 한결같이 덩샤오핑의 복직을 주장했다.
앞줄 왼쪽부터 쉬샹첸·천윈·예젠잉·덩샤오핑·리셴녠·네룽전.

형상에 금이 갈 수 있는 말이나 행동은 결단코 제지해야 한다"며 예젠잉, 천윈 등 원로들의 주장을 묵살했다. 단 덩샤오핑의 복직문제는 한발 물러섰다.

"덩샤오핑은 천안문 사태와 상관이 없다. 서두르지 마라."

사태를 관망하던 덩샤오핑은 화궈펑과 예젠잉 앞으로 편지를 보냈다.

"나 개인의 복직은 언제라도 상관없다. 당 중앙의 고려와 안배에 따르겠다. 우리는 대대손손 정확하고 완벽한 마오쩌둥 사상으로 전 당과 인민을 지도해야 한다. 내 의견이 타당하다면 이 서신을 1976년 10월에 보낸 것과 함께 당원들에게 배포하기 바란다."

마오쩌둥이 내렸던 결정을 무조건 준수해야 한다는 화궈펑의 주장에 대한 비판이나 다름없었다.

서신은 23일간 권력의 중심부를 돌고 돌았다. 소문이 안 날 리 없었다. 화궈펑과 왕둥싱은 당원들에게 공개하자는 예젠잉의 제의를 순순히 받아들였다.

"덩샤오핑은 4인방 체포 직후 화궈펑 주석의 취임에 환호하는 편지를 보낸 적이 있다. 이번 편지도 화궈펑의 지위를 인정했다. 공개하지 않을 이유가 없다."

덩샤오핑의 서신은 당원들을 열광시켰다. 사방에서 복직을 외쳐댔다. 화궈펑은 왕둥싱을 불렀다.

"덩샤오핑을 복귀시킬 방법을 강구해라. 내 밑에서 충실하게 일할 수 있을지 궁금하다. 덩샤오핑을 만나봐라."

"화궈펑은 마오쩌둥이 아니다"

5월 24일, 이른 점심을 마친 왕둥싱은 중앙 판공청 부주임 리신과 함께 덩샤오핑을 방문했다.

"복직이 가능하다. 전제가 있다. 마오 주석은 천안문사건으로 너를 공직에서 퇴출시켰다. 당시 마오 주석의 결정은 영명했다는 「성명서」를 제출해라. 서신 형식이면 된다."

왕둥싱은 과분한 요구라고 생각하지 않았다. 1971년, 마오쩌둥 암살혐의를 받던 2인자 린뱌오가 중국을 탈출했다. 몽고 사막에서 비행기 추락으로 사망하자 유배 중이던 덩샤오핑은 쾌재를 불렀다. 마오쩌둥에게 장문의 편지를 보냈다.

"저는 그간 엄중한 과오를 저질렀습니다. 류사오치, 펑더화이 모두 나쁜 놈들이지만 저도 마찬가지입니다. 예전엔 똑똑하더니 날이 갈수록 미련한 짓만 골라서 한다는 주석의 지적은 옳았습니다."

대충 이런 내용이었다. 이 서신을 계기로 덩샤오핑은 두 번째 재기에 성공할 수 있었다. 덩샤오핑은 타협의 명수였지만, 왕둥싱을 통해 제시한 화궈펑의 타협안을 일언지하에 거절했다. 혁명 1세대들이 "마오 주석이 생전에 내렸던 결정을 무조건 따르고 준수해야 한다"는 화궈펑의 주장을 비판하고, 민중들이 자신의 복귀를 주장하는 마당에 타협은 사치였다. 20년 전 모스크바에서 들었던 마오쩌둥의 연설이 떠올랐다.

1957년 11월 18일, 소련공산당대회가 모스크바에서 열렸다. 10월혁명 40주년 기념식 참석을 위해 소련에 체류 중이던 마오쩌둥에게 특강을 요청했다. 마오는 거절하지 않았다. 펑더화이, 덩샤오핑, 리셴녠을 대동하고 '단결의 변증법적 방법'이라는 멋진 제목으로 연설했다. 한 구절이 덩샤오핑의 뇌리를 파고들었다.

"레닌은 전 세계를 통틀어 착오를 범하지 않는 사람은 없다고 말했다. 나도 착오를 범한 적이 있다, 그러나 착오를 겪으면서 유익한 것을 많이 얻었다."

덩샤오핑은 단정했다.

"화궈펑은 마오의 사상을 정확히 이해하지 못한다."

덩샤오핑은 왕둥싱과 반나절 간 얘기를 나누며 뜻을 굽히지 않았다.

1940년 가을의 덩샤오핑(앉아 있는 사람).
백단대전(百團大戰)을 치르던
팔로군 129사단 정치위원 시절이다.
사단장 류보청의 훈시를 들으면서 졸고 있다.

"나는 복직을 안 해도 상관없다. 천안문 사건은 반혁명 사건이 아니다. 군중들이 자발적으로 저우언라이를 추도하기 위해 광장에 운집했다. 나는 이들을 뒤에서 조정하지 않았다. 스스로 비판할 이유가 없다."

덩샤오핑은 이어서 화궈펑의 주장을 비판했다.

"마오 주석의 사상을 제대로 모르는 사람이다. 주석의 유지를 따르지도 않으면서 주석이 생전에 했던 결정과 지시를 준수해야 한다니 어처구니가 없다."

덩샤오핑은 두 가지를 예로 들었다.

"마오 주석은 4인방을 못마땅해했지만 타도해야 한다는 말은 한적이 없다. 크게 문제 될 건 없다며 작은 일을 크게 만들 필요가 없다고 했다. 상반기에 해결 못 하면 하반기에 하면 된다. 금년에 못 하면 내년에 하고, 내년에 못 하면 그다음 해에 하면 된다고 분명히 말했다. 주석이 세상을 떠나자 화궈펑은 장칭을 체포했다. 주석의 뜻에 위배된다."

화궈펑이 제의한 마오쩌둥 기념관과 유체보존도 걸고 넘어졌다.

"화궈펑은 모순 덩어리다. 1956년 4월 27일, 주석은 「화장 동의서」에 서명했다. 2년 후 생전에 물고기를 너무 많이 먹었다, 빚을 갚아야 된다며 골회(骨灰)를 바다에 뿌리라고 분명히 지시했다."

왕둥싱은 어안이 벙벙했다. 뭔가 대단한 이유라도 있는 것 같은 권력투쟁도 애들 싸움과 다를 바 없다는 건 진작 알았지만 의외였다. 덩샤오핑은 1971년의 덩샤오핑이 아니었다. 작년 10월 화궈펑에게 납작 엎드리던 때와는 딴판이었다. 돌아오는 길에 왕둥싱은 무릎을 쳤다.

"화궈펑은 마오쩌둥이 아니다."

"마오쩌둥보다 더 독한" 덩샤오핑 시대의 개막

1977년 7월 16일, 중공 제10차 전국인민대표자대회 세 중전회의가 베이징에서 열렸다. 4인방 몰락 이후 첫 번째 회의였다. 부주석 예젠잉은 화궈펑을 치켜세웠다.

"영도자의 지위가 안정되어야 한다. 우리 당의 사업에 가장 중요한 문제이기 때문이다. 혁명은 우리에게 화궈펑 주석을 선전하고, 마오 주석의 영수 지위를 공고히 하라는 의무를 부여했다."

예젠잉은 이어서 덩샤오핑의 복직을 주장했다. 화궈펑을 포함한 중앙위원 전체가 예젠잉의 제의에 이의를 제기하지 않았다. 왕둥싱도 대세에 순응했다. 회의 마지막 날인 7월 21일 네 가지 결의안을 통과시켰다.

예젠잉의 예언은 적중했다.
화궈펑의 과도기를 거쳐 권력의 정상에 오른 실무형 지도자
덩샤오핑과 천윈. 1982년 6월, 베이징.

"화궈펑 동지의 당주석과 중앙 군사위원회 주석 취임을 추인한다. 덩샤오핑을 중앙정치국 상무위원, 중앙 부주석, 중앙군사위원회 부주석, 국무원 부총리, 인민해방군 총참모장에 복귀시킨다. 4인방의 당적을 영원히 박탈하고, 그간 맡았던 모든 직책에서 해임 한다."

네 가지 결의안 중, 덩샤오핑의 복직을 제외한 나머지 세 개는 주목을 받지 못했다. 당시 당 부주석은 예젠잉이 유일했다. 부주석에 복직한 덩샤오핑은 서열 3위였다. 80회 생일을 마친 예젠잉은 나이를 이유로 일선에 나서려 하지 않았다. 정치국 서열 4위였던 왕둥싱도 "나는 머리가 나쁘다"며 몸을 사렸다. 어느 누구도 덩샤오핑의 천하가 임박했다는 것을 부인하지 않았다.

오후에 열린 폐막식에서 덩샤오핑이 폐회사를 했다. 침묵 1년 만에 입을 열었다.

"내 나이 73세, 여년을 당과 국가와 인민을 위해 일하라니 우선은 기쁘고, 당원들의 신임에 감사한다. 2, 30년 더 살고 싶지만 소망일 뿐, 자연의 법칙은 인간의 의지를 조롱한다. 아직 건강한 편이라 몇 년간은 일에 무리가 없을 듯하다. 이 나이가 됐지만 아직도 사심과 잡념에서 자유롭지 못함을 인정한다. 선택의 여지가 없다 보니, 성실하게 당원의 책임을 다하고 당의 안배와 명령에 복종하겠다. 마오쩌둥 사상은 우리 당의 지도사상이다. 린뱌오는 주석의 사상을 마르크스·레닌주의와 분리시켰다. 엄중한 왜곡이다. 마

혼자 힘으로 정국을 수습하기 어려웠던 화귀펑은 예젠잉,
왕둥싱과 손잡고 4인방을 몰아냈다. 나이가 많았던 예젠잉,
몸을 사렸던 왕둥싱. 덩샤오핑(오른쪽)의 천하가
임박했다는 것을 누구도 부인하지 못했다.

실권 장악 후, 당·정 대표단을 이끌고 북한을 방문한 덩샤오핑.
1978년 9월 11일, 평양 모란봉.

오쩌둥 동지의 말은 어느 상황이건 항상 정확했다. 단, 시간과 조건이 다르면 말을 바꾼 적이 있다. 그러다보니 정확히 이해하기가 힘들다. 특히 4인방의 이론가로 자처하던 장춘차오는 마오쩌둥 사상을 왜곡하다 못해 멋대로 뜯어고치고 해석해서 모두를 기만했다. 정확하고 완전무결한 마오쩌둥 사상을 우리당의 지도방침으로 삼아야 한다. 군중노선(群衆路線)과 실사구시(實事求是)를 하루도 잊지 않겠다."

린뱌오와 장춘차오에 빗대 화궈펑의 이론을 비판한 거나 다름없었다. 장내에 박수가 터지자 덩샤오핑은 자신이 생겼다. 대놓고 화궈펑을 비판하기 시작했다.

"마오쩌둥 동지는 자신의 말 중에 잘못된 점이 많았다고 여러 번 인정했다. 무조건 준수하라는 지시를 한 적이 없다. 마르크스나 레닌도 마찬가지다."

이어서 지식과 인재를 존중해야 한다고 역설했다.

"당 내에 새로운 분위기를 조성해야 한다. 지식인을 존중하지 않는 잘못된 사상에 반대한다."

이 한마디에 지식인들은 입을 헤벌렸다. 평소 대접받지 못할 짓도 많이 했지만, 문혁 시절 4인방은 "지식이 많으면 많을수록 하는 짓은 더 반동적"이라며 지식인들을 사람취급 하지 않았다.

덩샤오핑은 과학과 기술, 교육의 중요성도 강조했다.

"현대화 실현의 관건은 과학과 기술력의 향상이다. 교육이 선행

되어야 한다. 지식과 인재를 존중하지 않으면 되는 일이 없다. 현대화는 불가능하다. 우리가 얼마나 뒤처져 있는지를 스스로 인정해야 희망이 있다. 현재 중국의 과학과 기술교육은 20년 이상 낙후돼 있다."

축구장에 나타나 열광받은 덩샤오핑

덩샤오핑의 정계복귀 발표는 중국과 세계를 진동시켰다. 정부는 대규모 환영시위는 허락하지 않았지만, 집회는 모른 체했다.

덩샤오핑은 축구광이었다. 7월 30일 오후 8시, 베이징 공인체육장(工人體育場)에서 벌어진 중국과 홍콩 대표팀 축구경기에 처음 모습을 나타냈다. 경기장을 메운 8만 관중은 저우언라이 영결식 이후 모습을 감췄던, 157센티미터의 작은 노인이 입장하자 기립박수를 보내며 열광했다. 2대 1로 이겼지만 그런 건 중요하지 않았다. 중국 팀이 득점했을 때보다 전반전 끝나고 덩샤오핑이 잠시 일어났을 때 박수가 더 요란했다.

1978년 3월, 덩샤오핑이 정치협상회의 주석에 선출됐다. 당 부주석, 정치국 상무위원, 부총리, 중앙군사위원회 부주석으로 복직한지 8개월 만이었다. 18개월 동안 떠들썩했던 덩샤오핑 문제는 외부세계의 내로라하는 중국전문가들을 3류 점쟁이로 전락시키고 막을 내렸다.

같은 해 5월 20일, 타이베이에서 장징궈가 중화민국 총통에 취임했다. 당일 오후, 신임 총통 주재로 정보기관장 회의가 열렸다.

"이제 대륙은 덩샤오핑의 천하다. 정치협상회의 주석까지 꿰찼다.

화궈펑은 있으나 마나다. 의견들을 말해봐라."

생각들이 거의 비슷했다.

"덩샤오핑은 마오쩌둥에 비해 온건한 편입니다. 장차 양안관계도 완화될 것입니다."

장징궈의 생각은 달랐다.

"덩샤오핑이 어떤 사람인지 몰라서 그런다. 나는 덩샤오핑을 잘 안다. 소련시절 함께 공부했다. 마오쩌둥보다 더 독한 사람이다. 일단 복잡하게 만들어놓고, 일을 풀어나가는 묘한 재주가 있다. 한마디로 막판 엎어치기의 명수다. 뭐가 뭔지 분간하기 힘들 정도로 복잡해질 테니 두고 봐라."

장징궈의 덩샤오핑에 대한 평가는 정확했다.

중국과 북한의 끈끈한 속사정 4

1949년 10월 1일, 신중국 선포 후
수많은 외국 국가원수들이 중국을 방문했다.
다들 일정한 격식에 따라 환영식과
회담을 마치고 귀국했지만
베트남의 호찌민과 캄보디아의 시아누크,
북한의 김일성·김정일 부자만은 예외였다.
다른 국가원수들과는 비교가 안 될 정도로 환대를 받고
사적인 은밀한 관계를 나눴다.
뿌리 깊은 인연 때문이다.

한국인은 북·중관계의 속내를 너무 모른다

"중국 지도자들과의 긴밀했던 관계를 파고들어가보면
호찌민과 시아누크도 김일성에 비하면 아무것도 아니다."

"겉과 속이 달라야 세련된 사람"

2014년 8월이면 한·중수교 22주년을 맞이한다. 국가원수들 간의 친분이 중요하다고 흔히들 말하지만, 그간 우리의 지도자들은 중국의 지도자들에게 뒤통수 맞는 일이 허다했다. "겉과 속이 달라야 세련된 사람"이라는 중국인들의 꿍꿍이속을 모르다보니 그럴 수밖에 없었다. 하기야 1894년 갑오년에 발발한 청일전쟁에서 패한 청나라가 한반도에서 쫓겨나고, 일본이 그 자리를 차지하면서 1세기 가까이 관계가 단절되다보니 그럴 만도 했다.

1992년 1월, 중국의 실권자 덩샤오핑이 남방 순시에 나섰다. 광둥 일대를 둘러본 덩샤오핑은 붉은 흔적을 찾아보기 힘든, 70년 전 혁명의 중심지에서 개혁과 개방의 강력한 추진을 천명했다.

같은 해 8월, 베이징에서 한·중수교 체결식이 열렸다. 한·중관계가 원만해지면 우리의 숙원인 남북문제도 잘 풀릴 것이라고 다들 믿었다. 갑자기 맺어진 한·중수교는 양국 간에 많은 에피소드를 양산했다.

한·중수교 이후 우리 대통령이 처음 중국을 방문했을 때 베이징대학에서 특강을 한 적이 있었다. 이날 베이징대학 쪽은 방청석을 채우기 위해 무진 애를 썼다. 결국 유학 중인 한국 학생들을 동원할 수밖에 없었다.

피카소가 인정했던 화가 장딩(張仃)은 한국에 왔다가 3류 미술가 취급을 받았고, 대서예가 황먀오쯔(黃苗子)는 우리나라 국회의원의 초청을 받은 시골 서예가만도 못한 대접을 받았다. 중국인들에게 사랑받는 시사만화가 딩충도 마찬가지였다. 딩충이 세상을 떠났을 때 중국 최고지도자들의 조의가 잇따르자 우리 신문에도 보도된 적이 있었다.

한 시사만화가의 칼럼이 눈길을 끌었다.

"시사만화의 역사가 짧은 중국에서 한 시사만화가의 죽음에 국가 지도자들이 조의를 표하는 것을 보고 우리의 현실을 개탄한다."

딩충이 항일전쟁과 반기아운동·국공내전·반우파운동·문혁 등 온갖 고난을 거치면서도 웃음을 잃지 않았던 자유주의자인 줄 알았다면 나올 수 없는 글이었다.

한때 중국의 온갖 유행어를 만들어낸 화가 황융위(黃永玉)는 대표적인 중국 연구자가 처음 들어보는 사람이라고 하는 바람에 전시조차 거절당했다. 한국에 오면 장구를 신나게 쳐보고 싶다던 황융위의 꿈은 아직도 이루어지지 않았다. 그랬을 리도 없지만 만에 하나 이들이 북한을 갔더라면 어땠을까. 모르긴 해도 엄청난 대접을 받았을 거라고 확신한다.

한국전쟁 휴전 이후 중국을 첫 번째 공식 방문해 마오쩌둥 주석과
만나는 김일성(오른쪽). 마오 뒤에 당시 2인자였던 류사오치가 서 있다.
1954년 9월 말, 베이징 중난하이.

한국인들은 중국과 북한을 너무나 모른다

1992년 겨울, 김일성 회고록 중국어판 『여세기동행』(與世紀同行: 세기와 더불어) 제1권이 중국에서 출간될 때 나는 베이징에 있었다. 중국의 지식인들 사이에 선풍적인 인기를 끄는 것을 보고 의아했다. 7년 전에는 우리 대통령의 『회고록』이 베이징에서 출간됐다. 한·중 문화교류를 표방한 서울의 민간단체가 대기업의 후원으로 베이징대 학에 저자의 이름을 딴 강좌를 개설했다. 참석자들이 없을 것 같자 당황한 주최 측은 학생회 간부를 포섭했다. 말이 포섭이지 매수나 다름없었다. 걱정 말라며 큰소리치던 학생회 간부는 개최 당일 자취를 감췄다. 평소 연락을 주고받던 전화도 꺼버렸다. 당황한 주최 측은 특유의 순발력을 발휘해 자리를 메웠다. 자세한 내용은 생략하기로 한다.

1997년 겨울, 한국에 근무한 적이 있는 칭다오(靑島) 출신 여성 공 직자를 만난 적이 있었다. 북한에 대한 애정이 남달랐다.

"열일곱 살 때 평양 유학생 모집에 응모했습니다. 당시 평양 유 학은 장학금을 많이 주기 때문에 인기가 좋았습니다. 제가 다닌 대 학의 선생님들은 훌륭했습니다. 우리를 정성껏 지도했습니다. 서 울에 있을 때 명문대학의 특수대학원에 다녔습니다. 선생님들에게 실망했습니다. 특수대학원이라 회식이 많았습니다. 회식 내내 골 프 이야기만 해서 놀랐습니다. 서울은 다시 가고 싶은 생각이 없습 니다. 북한에 관해서도 많이 물어봤지만 제대로 이야기해주지 않 았습니다. 아이스크림 먹으면서 북한에도 이런 게 있느냐고 물었습니다. 거기도 사람 사는 나라라는 말을 해주려다 참았습니다.

선생님들 모시고 중국여행도 한 적이 있습니다. 충칭에서 우한까지 장강삼협(長江三峽)을 여행하는 배 안에서 아이스크림 이야기가 또 나왔습니다. 장강삼협이 어떤 곳입니까. 중국 문학을 찬란하게 수놓은 이백·두보·이상은(李商隱) 등의 체취가 물씬 배어 있는 곳입니다. 이들의 시와 함께하지 않는 삼협 여행은 남미의 원시림 여행과 다를 바가 없습니다. 김일성 주석은 쓰촨성을 방문했을 때 덩샤오핑과 함께 두보초당(杜甫草堂)을 찾아갔습니다."

한국인들은 문화가 없다는 말도 했다.

"문명의 이기를 맘껏 누리는 것이 문화인이라고 착각하더군요."

맞는 말도 같고, 아닌 것도 같았다. "한국사람들은 북한과 중국 관계를 몰라도 너무 모른다"며 이름 석 자만 대면 초등학생들도 알 만한 사람들의 실명까지 거론했다. 직접 경험했던 일들을 몇 시간 동안, 그것도 아주 차분하게 얘기하는데 놀랐다.

북한과 중국은 떼려야 뗄 수 없는 관계

가깝게 지내던 한 젊은 외교관은 한국어가 유창했다. 북한 발령이 날까봐 초조해하는 기색이 역력했다.

"한반도는 외국이라는 생각이 들지 않았습니다. 학생시절부터 윤동주와 김소월의 시를 좋아했습니다. 평양 주재 중국대사관에 근무할 때 김소월의 고향을 자전거 타고 다녀온 적이 있습니다. 가

1964년 5월 베트남 하노이 순방을 마친 류사오치(오른쪽) 일행에게
송별연을 베푸는 호찌민(왼쪽)의 모습이다.
가운데는 외교부장 천이(陳毅).

기 전에도 그랬고 다녀온 후에도 며칠간 밤잠을 설쳤습니다. 식료품 구하러 단둥(丹東)을 자주 왕래했습니다. 국경을 넘을 때 북한 경비병들의 간섭은 상상을 초월합니다. 상납할 식료품을 따로 준비해야 돌아올 때 통과가 수월합니다. 외교관이라고 해서 봐줄 거라고 생각했다간 큰코다칩니다.

해외에 근무하는 외교관들이 휴가 때 일시 귀국하면 본국 근무자들에게 저녁을 삽니다. 북한에 근무하는 사람들은 정반대입니다. 얼마나 고생이 심하냐며 밥 사주고 술 사주면서 위로합니다. 장인은 저와 다릅니다. 제가 이런 말을 하면 "북한 근무야말로 국가가 너를 인정했다는 증거다. 그런 영광이 없다"며 제가 다시 북한에 발령 날 날만 고대합니다."

국제사회에서 명성을 떨쳤던 전 중국 외교부장 차오관화(喬冠華)의 부인도 유엔 부대표까지 지냈지만 한국에는 관심이 없었다. 도리어 남편이 한국전 휴전회담에 중국 쪽 고문으로 참석한 게 언제 일인데 아직도 남북이 왕래를 못 하느냐며 한심해했다. 대신 남편에게 들었다며 남일이나 최용건(崔庸健), 김책(金策) 같은 사람들에 관한 얘기가 줄줄이 나왔다. 북한 영화를 본다는 말도 빼놓지 않았다.

"문혁 시절 나는 마오 주석의 영문 통역을 했다. 1972년 중국을 방문한 닉슨이 만리장성 가는 날도 수행했다. 닉슨이 중국을 떠난 다음 날 총리 저우언라이가 평양을 다녀올 정도로 북한과 중국은 떼려야 뗄 수 없는 사이다. 문혁 초기 북한을 수정주의라고 비난하는 대자보가 전국에 난무했다. 한동안 냉담한 관계가 유지됐지만 오래가지 않았다. 1969년 외교정책에 변화가 일자 이내 관계가 회복됐다.

최용건이 눈수술을 받은 김일성을 대신해 중국을 방문해서 환대를 받았다. 1970년 김일성이 중국에 왔을 때는 마오 주석이 직접 댜오위타이(釣魚臺: 베이징에 있는 외국 귀빈을 접대하는 국빈관)까지 가서 김일성과 회담했다. 이런 파격은 처음이었다. 상대가 김일성이 아니라면 어느 외국 국가원수도 불가능했다. 당시 중국에는 북한 영화가 유행했다. 「꽃 파는 처녀」를 보고 울지 않는 사람이 없었다."

호찌민과 시아누크, 김일성

1949년 10월 1일, 신중국 선포 후 수많은 외국 국가원수들이 중국을 방문했다. 다들 일정한 격식에 따라 환영식과 회담을 마치고 귀국했지만 베트남의 호찌민과 캄보디아의 시아누크, 북한의 김일성, 김정일 부자만은 예외였다. 다른 국가원수들과는 비교가 안 될 정도로 환대를 받고 사적인 은밀한 관계를 나눴다. 뿌리 깊은 인연 때문이다.

호찌민은 1920년, 서른 살 때 프랑스에서 프랑스 공산당에 입당했다. 베트남인 최초의 공산당원이 된 호찌민은 파리의 한 공원에서 중국인 유학생들이 결성한 소년공산당 당원들과 친분이 두터웠다. 젊은 시절부터 저우언라이·차이허썬(蔡和森)·덩샤오핑 등과 교분을 쌓았다. 호찌민은 소련을 거쳐 광둥성 광저우에 안착했다. 공식 직함은 코민테른(20세기 초 소련의 주도 아래 각국 혁명운동을 지원했던 국제 노동자 조직)이 광저우에 쑨원의 고문으로 파견한 미하일 보로딘의 통역이었다.

광저우는 혁명의 용광로였다. 호찌민은 광저우의 레닌이라 불리던 보로딘과 같은 집에 살며 중국 혁명가들과 어울렸다. 언변이 뛰어나고 영어·프랑스어·러시아어·광둥어에 능했던 호찌민은 정치훈련반을 개설했다. 저우언라이·리푸춘(李富春) 등을 강사로 초빙하고 자신도 장제스가 교장으로 있던 국·공합작의 산물인 황푸군관학교 학생들에게 군사학과 정치학을 강의했다. 훗날 중국의 국가주석 류사오치도 강의실에 자주 나타났다. 정변을 일으킨 장제스가 정권을 장악한 뒤에는 국민당 정부의 13개 감옥을 전전하며 고초를 겪었다.

2012년 10월 15일, 중국을 제2의 조국이라 부르던 전 캄보디아 국가원수 시아누크가 베이징에서 90세로 세상을 떠났다. 시신을 캄보디아로 운구하는 날 베이징에서 영결식이 열렸다. 후진타오 이하 중국의 지도자 전원이 참석해도 전혀 이상하지 않을 정도로 중국의 지도자들과 오랫동안 친분이 두터웠다.

긴말이 필요 없다. 캄보디아 수도 프놈펜의 제일 중심가 도로명이 마오쩌둥로이고 그 양쪽이 김일성로와 시아누크로다. 하지만 중국 지도자들과의 긴밀했던 관계를 파고들어가보면 호찌민과 시아누크도 김일성에 비하면 아무것도 아니다.

'조선족 김일성'의 운명을 바꾼 일본의 만주 침략

> "동북에서 일본군과 싸울 때는 중국 항일부대로 활동했지만,
> 압록강 건너 조선 땅에 들어와 유격전을 펼칠 때는
> '조선인민혁명군'이라는 명칭을 사용했다."

중국영화 「첸푸」와 「커왕」 보는 평양사람들

일본 군국주의의 침략에 대한 중국인들의 정서는 복잡하다. 한 예를 들면, 1981년 중국이 배출한 세계적인 지리학자 천정샹(陳正祥)은 항일전쟁 승리 뒤 최고의 명저로 꼽히는 『중국문화지리』 첫 장에 청매죽마(青梅竹馬)였던 여자친구 허이런(何伊人)에게 이 책을 바친다며 일본의 침략을 질타하는 글을 남겼다.

"만일 일본 군국주의자들의 광기 어린 침략이 없었더라면, 허이런은 절대 황량하고 외진 산속에서 약 한 첩 못 쓰고 병사하지 않았다. 만일 일본군의 잔악한 약탈과 살상이 없었더라면, 나도 황급히 서호(西湖)를 등지고 소나무 언덕(전시수도 충칭을 의미)까지 피난 갈 이유가 없었다. 또 만일이지만, 일본의 패전과 투항이 없었더라면, 세계를 떠돌며 장기간에 걸친 연구와 조사에 매진할 기회가 있었을 리 없다. 만약 이런 일들이 없었더라면 행복이 충만한 가정에서 우수하고 교양 있는 자손들을 거느리며 전통문화의 진정한 계승자로 자처했을 것이다. 그러나 현재의 나는 국제학계에

서의 허명 외에는 가진 게 아무것도 없다. 남은 것이라곤 회상, 실
망, 서글픔과 슬픈 상처뿐이다."

며칠 전 한 일간지에 평양에서 중국 드라마 「첸푸」(潛伏)가 인기리
에 방영되고 있다는 보도가 실렸다. 5년 전에 나온 「첸푸」는 전 중국
을 떠들썩하게 했다. 몇 사람 모였다 하면 드라마에 등장하는 인물의
모델이 누구인지를 놓고 설전들을 벌였다. 국공합작과 전쟁을 제대
로 알지 못하면 지루하기 그지없는 이 30회짜리 드라마가 유행 중인
것이 사실이라면, 평양시민들의 중국 이해가 수준 이상이라고 봐도
된다.

1990년에도 「커왕」(渴望)이라는 50회짜리 연속극이 중국에 이어
북한에서 유행했다. 하루는 친척 만나러 평양에 다녀왔다는 중국 친
구가 놀란 표정을 지으며 말했다.

"평양 갔다가 TV에서 중국 드라마 「커왕」을 방영하는 것을 보
고 놀랐다. 방영시간만 되면 거리에 인적이 드물었다. 친척에게 이
유를 물었더니 수령님이 좋아한다고 해서 다들 본다고 했다. 뭐가
뭔지 이해가 안 가는 나라다."

이날 중국 친구는 "김일성은 중국 동북지방에서 20여 년을 산 조
선족 출신이라 어쩔 수 없다. 큰아들은 한국 트로트 가요들을 좋아한
다고 들었다"는 말도 했다.

1931년 9·18만주사변이 발발하기 직전
중국 동북 최대의 도시 선양의 거리 풍경이다.

가수 마오아민이 부른 「커왕」의 주제가

중국 평론가들은 「커왕」을 계기로 중국 드라마가 변신의 계기를 마련했다고 한다. 하지만 중국인이라면 몰라도 한국인의 정서와는 거리가 먼 내용이다. 인내를 발휘해서 보다보면 왜 김일성이 이 연속극을 좋아했는지 짐작이 간다. 가수 마오아민(毛阿敏)이 부른 주제가 때문이 아니었을까.

"유유한 세월, 하고픈 말이 많았지만 항상 곤혹스러웠다. 진실과 환상, 취하고 버릴 것을 가리기 힘들었다. 오랜 세월 슬픔과 즐거움이 교차했다. 이미 지나간 일인 줄 알면서도 여전히 집착을 버리지 못한다. 정말 왜 그러는지 나도 잘 모르겠다. 속으로는 항상 진실되고 성실한 삶을 갈망했지만 내가 뭘 잘했고 못했는지 말해줄 사람이 없다. 남쪽에서 오고 북쪽에서 간 사람들에게 그간의 은원(恩怨)을 망각하고 진정 어린 한마디를 나눌 수 없는지 묻고 싶다. 집집마다 등불 밑에 앉아 나눌 얘기는 많지 않아도 함께 부를 노래는 얼마든지 있다."

완전한 의미 전달은 불가능하지만 꾸역꾸역 옮기면 대충 이런 내용이다. 그 속을 알 수는 없지만, 주유가 제갈량과 같은 시대에 태어난 것을 원망하고, 장제스가 마오쩌둥이라는 적수를 만난 것을 한탄했던 것처럼, 김일성은 만주시절 적대관계였던 냉철한 현실주의자 박정희에게 완전히 판정패했다는 생각이 들었음 직도 하다.

1929년 가을 동북의 지배자 장쉐량(오른쪽).
당시 29세에 불과했지만 전 중국의 2인자였다.

김일성의 위원중학 스승 상웨의 회고

만약 일본이 만주를 침략하지 않았더라면 김일성의 운명이 어떻게 변했을지 모른다. 중국인민대학 교수를 지낸 역사학자 상웨(尚鉞, 1982년 작고)는 『회고록』에서 김일성을 조선족이라고 표현했다. 1917년 다섯 살 때 온 가족이 만주로 이주한 김일성은 1926년 지린성 위원(毓文)중학에 입학했다. 3학년 때 교사로 부임한 상웨를 처음 만났다. 베이징대학 영국문학과를 졸업하고, 문호 루쉰의 추종자였던 상웨의 숙소에는 구하기 힘든 책들이 많았다. 김일성은 중국 신문화운동의 세례를 듬뿍 받은 젊은 교사의 집을 뻔질나게 드나들었다. 상웨도 자기보다 열 살 어린 조선 소년을 편애했다.

"김성주라는 조선족 학생이 있었다. 독서욕이 남달랐다. 조설근(曹雪芹, 1715~63)의 소설 「홍루몽」과 압록강변에서 벌어진 조선 남녀의 애정을 그린 작가 장꽝츠(蔣光慈)의 「압록강상」(鴨綠江上)을 내게서 빌려갔다. 러시아 문호 고골(Nikolai Vasilevich Gogol)의 『작품집』이나 천두슈의 『선집』『신청년』 등 닥치는 대로 보려고 했다. 이미 남에게 빌려줘서 없는 책은 일부러 구입해서 빌려줬다. 나는 책을 빌려준 대가로 독후감을 요구했다. 나이에 비해 표현력도 뛰어났다."

상웨의 위원(毓文)중학 근무기간은 짧았다. 지린성 교육청의 문제 학생 제적에 반발하다 학교에서 쫓겨났다. 그해 가을 김일성은 반일 선전활동을 하다 체포됐다. 당시 동북의 지배자는 청년 장군 장쉐량이었다. 1936년 겨울, 그는 일본과의 전쟁을 주장하며 최고통치자 장제스를 감금까지 했지만, 김일성이 갇힌 곳은 워낙 촌구석이고 자신의 군대인 동북군도 친일계파가 많았다. 게다가 열일곱짜리 조선 소년의 투옥 같은 건 얘깃거리도 못 될 때였다. 훗날 상웨는 제자 80여 명과 함께 『중국통사강의』를 편찬해 학계에서 각광을 받았다. 소문을 들은 김일성은 인편에 자신의 위원중학시절에 관한 글을 써 달라고 요청했다. 상웨도 거절하지 않았다. 50년대 중국의 반우파운동시절 우파로 몰려 상웨도 곤욕을 치렀지만 김일성은 도움을 못 줬다. 대신 1989년 상웨의 딸들을 평양으로 초청했다. 2년 전 중국인민대학에서 출간한 『상웨 선생』이란 책에도 소년시절의 스승을 회상하는 김일성의 글이 한 편 실려 있다.

1931년 9월 18일, 일본관동군이 동북을 침략했다. 장제스의 지시를 받은 장쉐량은 저항을 포기했다. 수하의 동북군을 만리장성 안으로 철수시켰다. 일본군은 4개월 만에 일본 국토의 3.5배인 만주를 점령했다.

9·18사변 이후 동북의 조선인들은 공황 상태에 빠졌다. 9·18사변 이전만 하더라도 동북의 조선인들은 일본을 대단하게 보지 않았다. 작은 섬나라가 깝죽대기는 해도 대국을 침략하리라곤 상상도 못 했다. 일본이 거대한 동북마저 먹어치우자 식민지 조국의 해방은 물 건너갔다고 생각하는 분위기가 만연했다. 향락주의에 빠지기 시작했다. 허탈감이 크다보니 그럴 수밖에 없었다.

조선총독부는 "만주야말로 지상낙원이다. 가기만 하면 도처에 돈과 먹을 것이 널려 있다"며 동북 이민을 재촉했다. 동북 이민 바람이 한

항일의용군에 의해 폭파된 열차를 수습하는 일본관동군. 1930년대 초.
항일유격대가 압록강 건너 조선 땅에 들어와 유격전을 펼칠 때에는
'조선인민혁명군'이라는 명칭을 사용했다.

반도를 덮쳤다. 수많은 동포들이 압록강과 두만강을 건넜다. 1945년 8월 일본이 투항했을 때 동북의 조선인들은 216만 명을 웃돌았다. 그중 100만 이상이 9·18사변 이후 5년간 동북으로 이주했다고 보면 된다.

중국공산당 조직에 가입한 조선인들

1921년 여름, 상하이에서 중국공산당이 창당대회를 열었다. 25년 봄 코민테른의 지도를 받은 조선공산당도 모습을 드러냈다. 조선공산당은 일본의 눈길을 피해 활동 무대를 동북지역으로 옮겼다. 1927년 4월 장제스의 정변으로 국·공합작이 깨지자 지하로 잠복한 중국공산당(중공)은 동북으로 눈길을 돌렸다. 같은 해 10월, 동북에 만주성 임시위원회를 발족시켰다. 조선족 밀집 지역인 옌벤의 초기 공산주의자들은 중공 조직에 가입했다. 조선인들은 민첩했다. 만주성 임시위원회 성립 4개월 만에 옌벤 지역 최초의 당 지부를 룽징(龍井)에 선보였다.

1930년 1월, 일국일당주의를 표방하던 중공과 코민테른은 하얼빈에 대표를 파견했다. 중공의 만주성 위원회를 소집해 만주의 조선공산당 대표들과 연석회의를 열었다. 회의에서 만주의 조선공산주의자들이 개인 자격으로 중공에 가입하기로 합의했다. 중공은 동북에 기반이 약했다. 당원이 수백 명에 불과했다. 9·18사변이 발발하자 조선공산당원들의 중공 입당이 줄을 이었다. 순식간에 수천 명으로 불어났다. 김일성도 중국공산당에 입당했다. 중국혁명가들과의 복잡하고 끈끈한 관계가 시작됐다.

감옥에서 풀려나 옌벤 안투(安圖)의 어머니 곁에 가 있던 김일성은 1932년 4월 25일, 중국 친구 장웨이화(張蔚華)의 아버지가 사준 총 40자루를 들고 항일유격대를 만들었다. 그래서 그런지 북한군 창건 기념일도 4월 25일이다. 중공 초대 서기 천두슈가 실각하고 형식적이나마 당권을 장악한 취추바이(瞿秋白)가 파르티잔을 유격대라고 번역한 지 4년 뒤였다. 5월 5일 일본군과 첫 번째 전투를 치렀다.

김일성이 만든 안투항일유격대는 중국 항일부대의 지부였지만 특색이 있었다. 동북에서 일본군과 싸울 때는 중국 항일부대로 활동했지만, 압록강 건너 조선 땅에 들어와 유격전을 펼칠 때는 '조선인민혁명군'이라는 명칭을 사용했다.

안중근과 이순신을 존경한 '학생 김일성'

"어릴 때부터 김일성은 옌볜 지역의 항일무장투쟁에
관한 얘기를 귀에 못이 박히도록 들었다."

조선인의 '이중국적' 방치한 일제

1644년 산하이관을 돌파한 여진의 후예들이 베이징에 정좌했다. 천지신령과 조상들에게 중국의 주인이 되었다고 신고한 후 종족의 발상지 만주를 봉쇄해버렸다. 제2대 황제 홍타이지(皇太極)가 선양에서 대만주주의(大滿洲主義)를 제창한 지 9년 만이었다.

그 후 200여 년간 청 제국은 잡것들이 들어오지 못하게 한족(漢族)들의 만주 이주를 엄금했다. 조선인들도 압록강이나 두만강을 함부로 건너지 못했다. 산삼 채취나 담비 사냥, 벌목을 위해 몰래 국경을 넘는 사람들이 있었지만 많지 않았다. 땅을 개간하고 농사를 짓는 경우도 새벽녘에 월경해서 온종일 밭일하다 해질 무렵 터덜터덜 돌아오곤 했다. 간 큰 사람들은 봄에 왔다 가을까지 눌러앉기도 했지만 극소수였다. 가족을 데리고 와서 사는 정착자는 거의 없었다. 그러다 보니 19세기 중반이 되어도 한반도와 인접한 동만주지역은 무주공산이나 다름없었다. 하기야 한반도의 여섯 배를 웃도는 광활한 동북지방의 전체 인구가 300만이 채 안 됐다.

1869년 함경북도 일대에 자연재해가 발생했다. 이재민들은 먹고

살기 위해 남부여대(男負女戴: 남자는 등에 짐을 지고, 여자는 머리에 짐을 진다)하여 강을 건너고 국경을 넘었다. 양은 질을 변화시켰다. 황무지를 개간하고 농토를 일구는 정착민이 늘어났다. 특히 룽징은 인근 지역에 비해 조선인 증가 속도가 빨랐다.

도문(圖們)강 유역 옌볜 지역에 정착한 조선인이 1만 명에 육박하자 청나라 정부는 관리에 나섰다. 지린성 정부를 내세워 조선왕조와 '길조통상장정'(吉朝通商章程)을 체결하고 도문강 북안에 '조선인 전문 개간구역'(朝鮮人專墾區)도 신설했다.

1905년 을사조약으로 조선의 외교권을 강탈한 일제는 만주에 정착한 조선인들을 일본 제국의 신민(帝國臣民)이라며 이들을 보호한다는 이유로 옌볜에 간도파출소를 설치했다. 당시 청나라는 외국인의 토지소유권을 인정하지 않았지만 옌볜 지역의 조선인들은 소유권이 있었다. 중국인과 구별을 두지 않다보니 중국국민으로 인정한 거나 마찬가지였다. 호칭도 '한국민족·한국인·중국한인·중국조선인·조선민족·조선인·고려인' 등 다양했다.

일제는 조선에서 이민 온 사람들이 중국 국적을 취득하건 말건 내버려뒀다. 중국 국적을 취득하는 조선인이 늘어났다. 하다보니 만주의 조선인들은 이중국적자가 돼버렸다. 일제는 이것을 미끼로 툭하면 청나라와 충돌했다.

고양된 민족의식을 가진 옌볜의 조선인들

1911년 중국에 신해혁명이 발발했다. 민국 정부는 일본이 조선인들의 이중국적을 방관하는 이유를 간파했다. 중국으로 귀화하겠다

조선족 반일무장투쟁의 거점이었던 옌볜 지역의 중심지 옌지의 시장 풍경.
1920년대 말부터 1930년대 초에 촬영한 사진으로 추정된다.

는 조선인들에게 조건을 제시했다.

"조선에 가서 국적을 삭제하고 와라. 조선 국적이 말소됐다는「증명서」를 제출하면 중국 국적을 취득할 수 있다."

조선총독부가 이런「증명서」를 내줄 리가 없었다. 상황을 파악한 민국정부는 귀화만 희망하면 무조건 받아들였다. 1915년 10월 8일, 일제는 조선총독 명의로 "중국 국적을 취득한 조선이민자는 제국 국적을 말소하지 않았다. 여전히 제국신민이다"라는 훈령을 발표했다.

옌볜 지역의 조선인들은 교육열과 민족의식이 강했다. 특히 시인 윤동주의 외삼촌 김약연이 세운 명동(明東)학교는 모범적인 반일 계몽교육 장소였다. 김약연은 학생들에게 철두철미하게 반일교육을 했다. 거의 매일 학생들에게 작문 숙제를 내주고, 입학시험도 작문에 가장 많은 비중을 뒀다. 자신만의 평가 방법이 있었다. 작문에 '반일'(反日) 두 자가 없으면 아무리 내용이 좋아도 합격시키지 않았다. 무슨 말인지 알 수 없는 두서없는 문장이라도 일본 욕만 나열하면 후한 점수를 줬다.

1920년 가을 일본토벌대가 학교에 들이닥쳤다. 학생들을 운동장에 몰아놓고 교사(校舍)에 불을 질렀다. 김약연은 너희들 멋대로 하라며 저항하지 않았다. 학생들과 함께 꼿꼿이 서서 건물이 완전히 불타 무너질 때까지 미동도 하지 않았다. 1년 후 다시 교사를 짓고 교육을 계속했다.

1919년 3·1만세운동이 폭발했을 때도 옌볜 지역의 조선인들은 가만히 있지 않았다. 3월 13일, 명동학교 학생들을 선봉으로 수만 명이 "조선독립 만세"를 외치며 룽징의 간도일본총영사관(전 간도파

출소)으로 향했다. 이날의 반일시위는 경찰과 일제에 매수된 현지 군벌의 진압으로 19명의 희생자를 냈다.

3월 17일 희생자들의 장례식이 열렸다. 참석자들은 식칼·곡괭이·엽총·낫·몽둥이 등 닥치는 대로 들고나와 어디 한번 덤벼보라는 듯이 시신들을 메고 장지까지 시위했다.

"총칼로 강탈당한 나라는 총칼로 되찾아야 한다"

이런 상황에서 비폭력 시위는 독립에 별다른 효용이 없다는 생각이 퍼졌다. 게다가 조국을 떠나는 조선인들은 점점 늘어났다. 지리적으로 가까운 옌벤 지역에 몰려들었다. 군사학교를 개설하고 무장조직을 갖추기 시작했다. 총칼로 강탈당한 나라는 총칼로 되찾는 수밖에 없었다. 독립은 외교다 뭐다 이런 거 백날 해봤자 될 일이 아니었다. 돈만 생기면 총을 구입했다.

1920년 1월 4일, '철혈광복단' 소속 조선청년 여섯 명이 룽징 인근 동량리(東亮里) 부근에 매복했다. 일본은행 차량을 습격해 운송에 동원된 일본군인들을 사살하고 철도 건설 자금 15만 원을 탈취하는 데 성공했다. 탈취한 돈으로 무기를 구입하는 과정에서 한 명의 배신자가 나오는 바람에 막을 내렸지만, 이 사건은 옌벤 지구의 반일운동이 무장투쟁으로 전환되는 이정표였다.

망국을 인정하지 않았던 애국지사들은 출혈의 대가도 바라지 않았다. 그 대표 인물 중 한 명이 평생 독립을 쟁취하기 위해 비장한 역사를 몸으로 쓴, 봉오동전투와 청산리대첩의 영웅 홍범도였다. 장백산(長白山) 일대에서 활동하다 소련으로 건너간 홍범도는 1920년 초

김일성과 절친했던 저우언라이도 13세 때인
1910년 봄부터 3년간 랴오닝성 톄링(鐵嶺)과
선양에서 학창시절을 보냈다.
1962년 6월 옌지의 조선족 농가를 방문해
한 할머니와 이야기를 나누고 있는 저우언라이.

부대원들을 이끌고 옌벤 지구로 돌아왔다. 홍범도는 조선족 사회의 지지를 한몸에 받았다. 6월 7일, 일본군 1개 사단 병력이 홍범도의 대한독립군 근거지 봉오동을 공격했다. 봉오동은 지형이 삿갓을 뒤집어놓은 것과 흡사했다. 홍범도는 일본군을 움푹 파인 곳으로 유인해 대승을 거뒀다.

봉오동전투는 조선인 반일 무장세력이 중국 경내에서 일본정규군에게 첫 번째 승리를 거둔 전투였다. 옌벤 지역의 무장세력이 오합지졸이 아닌 것을 깨달은 일본은 출병 방법을 놓고 고심했다. 옌벤 지역은 누가 뭐래도 중국 영토였다. 조선족 무장단체를 제거하기 위해 출병하려면 명분이 필요했다.

말이 좋아 명분이지 명분과 핑계는 동의어나 마찬가지다. 들통이 날 땐 나더라도 그럴듯하게 만들면 되는 게 명분이다. 훈춘 사건을 만들어냈다. 봉오동 전투 4개월 후인 10월 2일 오전 9시, 일본군과 잘 통하던 마적 400여 명이 훈춘의 일본영사관을 공격했다. 영사관은 텅 비어 있었다. 마적들은 일곱 시간 동안 중국인 70여 명과 조선인 일곱 명, 일본인 몇 명을 죽이고 영사관을 불 질렀다. 이 정도면 일본이 끼어들 명분이 충분했다. 그날 밤 함경북도 나남에 있던 조선군(조선 주둔 일본군)이 두만강을 건넜다. 옌벤 지역에 대토벌을 감행했다.

청산리 백운평의 승리

조선인 무장단체도 반격에 나섰다. 홍범도가 지휘하는 반일연합부대와 김좌진이 지휘하는 북로군정서(北路軍政署)는 청산리와 백운

평에서 일본군 1,000명 가까이를 몰살했다. 옌볜 지역의 조선족들도 정보 수집과 탄약 운반, 부상병 호송에 힘을 보탰다. 일본군의 전승 신화가 완전히 깨졌다.

3·1운동 2년 전인 1917년, 다섯 살 때 중국 땅을 밟은 김일성은 어린 시절을 랴오닝성에서 보냈다. 아버지를 따라 린장(臨江)·바다오거우(八道溝)·푸순(撫順) 등을 떠돌며 소학교를 다녔다. 잠시 고향에 돌아와 독실한 기독교 신자 집안인 외가 쪽에서 세운 창덕(彰德)학교를 다닌 것 외에는 일본이 패망할 때까지 거의 모든 기간을 중국에서 보냈다. 소련생활은 그렇게 길지 않았다.

어릴 때부터 김일성은 옌볜 지역의 항일무장투쟁에 관한 얘기를 귀에 못이 박히도록 들었다. 1925년 다시 중국에 돌아온 김일성은 지린시 송화(松花)강변에 있는 위원중학시절에도 무장투쟁에 업적을 남긴 인물들에 관심이 많았다. 당시 작문 교사의 기록이 남아 있다.

"1학년 을(乙)반 김성주와 하얼빈 역두에서 이토 히로부미를 사살한 안중근에 관한 얘기를 나눴다. 내가 일본의 제국주의에 반대하지만 안중근 식의 공포주의를 채용하는 것도 타당치 않다고 하자 그는 뭔가 깨달은 듯이 제국주의의 침략은 대재벌의 주구 한두 명을 처단한다고 해결될 문제가 아니다, 군중을 교육시켜서 각오를 제고시킨 후 군중을 조직해야 한다고 말했다. 그러나 작문 시간에 제출한 문장에서는 민족영웅 이순신과 모험주의 영웅 안중근을 찬양했다."

마오쩌둥, 자신의 젊은 시절 닮은 김일성에 주목

"일본군들은 국경을 초월한 남녀 혁명가의 시신에 총알을 난사했다.
장시성 동남부 루이진에서 장제스의 토벌에 시달리던
홍군이 장정을 시작하기 6개월 전이었다."

외국기자 능숙하게 다룬 마오쩌둥

1938년 봄, 중국의 국·공합작으로 일본과의 전쟁이 본격화되자 전시수도 충칭과 중국공산당의 홍색 근거지 옌안이 뉴스의 초점으로 등장했다. 서방세계의 언론들은 경쟁이라도 하듯이 기자들을 중국으로 파견했다. 충칭도 충칭이지만 마오쩌둥과 인터뷰를 하겠다며 옌안을 방문하는 외신기자들이 줄을 이었다. 이런 기회를 마오쩌둥이 놓칠 리 없었다. 당 선전부에 합동 기자회견을 준비하라고 일렀다.

마오쩌둥은 "조사를 제대로 하지 않은 사람은 발언권도 없어야 한다"는 명언을 남긴 사람다웠다. 신임 중앙당교 교장 리웨이한(李維漢)에게 1931년 9·18사변 이후 동북에서 일본군과 무장투쟁을 벌여온 항일유격대와 동북항일연군에 관한 자료를 수집해보라고 지시했다.

이 사람 저 사람 통해 말로만 들은 것 외에는 변변한 자료가 있을 리 없었다. 실망한 마오쩌둥은 몇 년 전까지 프랑스 파리에서『구국

시보』(救國時報)를 발행했던 우위장(吳玉章)이 동북에 가서 현지 조사를 마치고 동북항일연군의 활약을 상세히 보도한 적이 있다는 말을 듣자 우위장의 거처를 찾아갔다. 후일 최고인민법원장과 부총리, 당 부주석 등을 역임한 둥비우, 마오쩌둥의 스승이었던 쉬터리(徐特立), 신중국 사법제도의 틀을 짠 셰줴짜이(謝覺哉), 전인대 부위원장 린보취(林伯渠)와 함께 옌안의 다섯 원로(延安五老)로 추앙받던 우위장은 마오쩌둥을 앉혀놓고 동북에서 직접 보고 들은 것을 근 1주일간 설명했다.

토굴로 돌아온 마오쩌둥은 우위장이 챙겨준 동북 관련 자료들을 꼼꼼히 살폈다. 동북에 자기와 비슷한 사람들이 많은 것을 보고 깜짝 놀랐다. 귀에 익숙한 이름도 있었지만 처음 들어보는 조선인들도 많았다. 특히 양징위(楊靖宇)와 함께 자주 거론되는 김일성에게 관심이 갔다. 하는 짓이 자신의 젊은 시절과 그렇게 비슷할 수가 없었다. 1927년 9월, 서른네 살 때 고향에서 폭동을 일으킨 마오쩌둥은 100여 명을 끌고 산속에 들어가 근거지를 건립한 적이 있었다.

「항일유격전쟁의 전략문제」(抗日遊擊戰爭的戰略問題) 집필에 들어간 마오쩌둥은 1938년 5월 말, 『해방』(解放) 제41호에 글이 실리자 기자들을 만났다.

기자들 앞에 나선 마오쩌둥은 거침이 없었다. 특히 미국 기자들을 잘 다뤘다. 1948년 동북서점에서 출간한 『마오쩌둥선집』 424쪽에 마오쩌둥의 인터뷰 내용이 실려 있다.

"산속에 근거지를 건립하는 것이 유리하다는 것은 누구나 다 아

선양에 있던 동북서점. 전쟁 중이었지만 서점을 찾는 사람들이 많았다.
임시로 써붙인 간판이 눈에 띈다.

1969년 10월 1일 신중국 선포 20주년을 축하하기 위해
북한 당정 대표단을 인솔하고 베이징을 방문한
최용건(최고인민회의 상무위원회 위원장·맨 왼쪽)과 천안문 성루의
접견실에서 환담하는 마오쩌둥.
황푸군관학교 교관을 지낸 최용건은 북만주지역
동북항일연군의 지도자였다.

는 사실이다. 현재 장백산과 태행산(太行山) 등에 근거지가 건립됐고 다른 지역에도 항일근거지가 건립 중이다. 이 근거지들은 장기간에 걸쳐 진행될 유격전쟁을 지지하는 항일전쟁의 보루가 될 것이다."

"중국공산당과 동북 3성 항일유격대는 긴밀한 관계"

미국 기자가 "방금 장백산을 얘기했다. 동북 3성 항일유격대가 중공의 지휘를 받느냐"고 물었다. 마오쩌둥은 주저하지 않았다. 마치 기다리기라도 한 사람 같았다.

"우리는 동북의 항일의용군과 긴밀한 관계를 유지해왔다. 예를 들면 의용군 영수 양징위·자오상즈(趙尙志)와 조선인 이홍광(李紅光)·황푸군관학교 교관 출신 최용건을 비롯해 열거하기 힘들 정도로 많은 지휘관들이 우리 당원이다. 그들의 단호한 항일정신과 말로 표현하기 힘든 고난을 이기며 이룬 전적은 누구도 부인 못한다. 다들 그렇지만 양징위는 소련의 클리멘트 보로실로프 원수 같은 사람이다."

이어서 조선인 혁명가들과의 연합도 간접적으로 언급했다.

"동북은 민족 간의 연합에도 성공했다. 동북은 공산당원 외에도 여러 파벌과 단체들이 섞여 있는 곳이다. 그들은 이미 항일이라는 공동의 목표로 단결했다."

마오쩌둥은 1945년 4월에 발표한 「논연합정부」(論聯合政府)에서도 비슷한 주장을 했다.

"1931년 9월 18일 선양을 점령한 일본침략자는 불과 수개월 만에 동북 3성을 점령했다. 국민당 정부가 저항을 포기하자 3성의 인민과 애국적인 군인들이 국민당의 정책을 무시하고 중국공산당의 지도와 협조하에 항일의용군과 동북항일연군을 조직해 용감한 유격전쟁을 전개했다. 이들의 유격전쟁은 날이 갈수록 규모가 커졌다. 도중에 수많은 어려움과 좌절을 겪었지만 적에게 소멸되지 않았다."

지금도 그렇지만 당시에도 미국 언론의 효과는 엄청났다. "중국공산당과 동북 3성 항일유격대가 긴밀한 관계"라는 소식이 처음 보도되자 세계가 진동했다. 양징위가 우위장에게 보낸 편지도 공개했다.

"그간 『구국시보』는 동북의용군에 관한 소식을 많이 보도했다. 내용이 모두 사실이다. 우리는 당파를 가르지 않고 신앙을 묻지 않는다. 항일을 하겠다면 누구도 거절한 적이 없다."

지금은 중국 천지에 모르는 사람이 없지만, 이때부터 양징위라는 낯선 이름이 전 세계 언론의 주목을 받기 시작했다.

양징위는 김일성과 적지 않은 일화를 남겼다. 안후이·지린·랴오닝에 동상과 많은 흔적을 남긴 퉁창잉(童長英)이 김일성에게 양징위

1937년부터 1938년은 동북항일연군의 전성기였다.
1937년 8월 20일, 항일을 촉구하는 동북항일연군
제1로군 총사령관 양징위 명의의 포고문.
당시 김일성의 유격대도 제1로군 소속이었다.

1940년 2월 23일 양징위는 지린성 멍장현에서
일본군과 교전 중 전사했다.
일본군이 중국 민족영웅 양징위의 시신을 옮기는 장면을
그린 후대 화가 후티린(胡悌麟)과 자디페이(賈滌非)의
합작 유화. 1984년 중국 전국미술전람회에서
은상을 받은 작품이다.

를 처음 소개했다는 것이 정설이다. 퉁창잉은 지난 천 년간, 대과(大科) 급제자를 줄줄이 배출한 안후이의 전형적인 수재였다. 그것도 "천하의 문장은 퉁청에 있다"(天下之文其在於桐城乎)며 기개를 뽐내던 퉁청 출신이었다. 나이는 김일성보다 다섯 살 위였다.

눈밭에서 동사한 조선여인 최금숙과 혁명가 퉁창잉

일찍 아버지를 잃고 홀어머니 밑에서 자란 퉁창잉은 어릴 때부터 교사가 꿈이었다. 어머니는 "밥은 굶어도 자식 교육은 시켜야 된다"는 남편의 유언에 충실했다. 1년 열두 달 남의 집에 가서 일하며 모은 돈으로 아들을 사숙에 보냈다. 퉁창잉은 6개월 만에 사숙을 때려치우고 소학교 문턱을 밟았다. 열네 살 때 사범학교에 들어갔지만 성의회 의원들의 뇌물수수사건을 계기로 학생운동에 뛰어들었다.

체포령이 내려지자 상하이로 나와 중국공산당에 입당했다. 중공창당 3년 뒤였다. 다시 고향에 돌아가 학생시위와 수업거부를 주도했다. 파업과 시위 선동으로 날을 지새웠지만 손에서 책을 놓지 않았다. 관비유학생에 무난히 합격해 일본유학을 떠났다. 열일곱 살 때였다. 들어가기 힘들기로 소문난 도쿄제일고등학교와 도쿄제국대학도 퉁창잉에겐 문턱이 낮았다.

1928년 가을, 학업을 그만두고 귀국한 퉁창잉은 상하이에서 반제대동맹(反帝大同盟)을 결성해 조직력을 과시한 뒤, 다롄으로 향했다. 다롄에는 일본인에게 고용된 중국인 노동자들이 많았다. 일본인 광산주의 횡포에 맞서 파업 중이던 푸순탄광 광부들을 통해 양징위라는 이름을 처음 들었다.

퉁창잉은 도시보다 더 험한 곳으로 가고 싶었다. 1932년 중공 동만(東滿)특위 서기 자격으로 동만주에 와서 김일성과 함께 항일무장투쟁에 발을 담갔다. 일부러 김일성이 있는 곳을 택했는지, 아니면 우연이었는지는 확실치 않다. 소규모였지만 60여 차례 일본군을 습격하고 무기와 탄약을 탈취했다.

1932년 11월, 김일성이 이끌던 안투유격대는 인근 지역에서 활동하던 왕칭(汪淸)항일유격대, 닝안(寧安)항일유격대와 합병해 왕칭지구 항일유격대를 확대 개편했다. 동만지구 특위 서기 퉁창잉은 김일성을 정치위원에 추대했다. 퉁창잉은 양징위와 접촉이 빈번했다. 만날 때마다 김일성 얘기로 시간 가는 줄 몰랐다.

1933년 겨울부터 시작된 일본군의 토벌은 이듬해 봄까지 계속됐다. 1934년 3월 21일, 일본군이 퉁창잉의 근거지를 포위했다. 포위망을 빠져나온 퉁창잉은 질병이 완치되지 않은 조선 여인 최금숙(崔今淑)이 눈에 들어오자 "우리가 적들과 싸우는 동안 빨리 이곳을 떠나라"고 당부했다. 아무리 말해도 듣지 않자 최금숙을 등에 업었다. 보름달이 밝았지만 눈이 겹겹이 쌓인 산중이라 제대로 걸을 수가 없었다. 실탄이 떨어지고 체력이 쇠진해 눈밭에 쓰러진 채 최금숙과 함께 동사했다.

일본군들은 국경을 초월한 남녀 혁명가의 시신에 총알을 난사했다. 장시성 동남부 루이진(瑞金)에서 장제스의 토벌에 시달리던 홍군이 장정을 시작하기 6개월 전이었다.

서로 '일본첩자' 의심하면서 일어난 '민생단 사건'

"조선인민혁명군의 항일투쟁은 조선뿐만이 아니라
중국인민의 항일투쟁사에 영원히 기록될 것이다."

동북시절 김일성의 활동을 모르면 1945년 이후의 북한을 모른다

항일무장투쟁은 김일성의 유일한 정치적 자산이었다. 중국도 김일성을 동북항일연군의 적자(嫡子)로 인정했다. 동북시절 김일성의 활동을 제대로 알지 못하면 1945년 이후 북한 땅에서 벌어진, 아직도 진행 중인 황당한 일들을 이해하기 힘들다.

1962년 4월, 동북항일연군 2로군 지휘관이었던 저우바오중(周保中)은 북한의 조선인민군 창설 30주년을 앞두고 소련 88여단에서 함께했던 김일성을 회상했다.

"김일성은 훌륭한 군사간부였다. 고려인 동지 중에서 가장 우수했다. 그는 남만주 지역과 압록강 동쪽, 조선 북부지역에서 중요한 활동을 했다. 남만의 제1로군 간부 중 현재까지 남아 있는 지휘관은 김일성이 유일하다. 양징위와 웨이정민(魏拯民) 동지가 희생당한 후 남만유격대를 계속 지휘할 사람은 김일성밖에 없었다. 당시이 일은 남만주 전체의 문제였다."

2개월 뒤 저우바오중은 베이징의원에서 세상을 떠났다.

그로부터 10년 뒤, 북한의 조선인민군 창설 40주년을 앞두고는 마오쩌둥과 저우언라이가 직접 김일성에게 「축하전문」을 보냈다.

"40년 전 귀하가 직접 창건한 조선인민혁명군은 전체 조선 인민과 민족의 희망인 혁명무장 역량이었다. 조선인민혁명군의 항일투쟁은 조선뿐만이 아니라 중국 인민의 항일투쟁사에 영원히 기록될, 국제주의에 입각한 고귀한 지원이었다."

김일성의 활약을 중국공산당 지도부에 처음으로 알린 사람은 중공 만주성위원회 지린성 동부지역 순시원이었던 양쑹(楊松)이었다. 양쑹은 중앙에 「보고서」를 보낼 때마다 김일성의 활약을 빼놓는 법이 없었다. 양쑹은 김일성의 이름을 『중공당보』에 처음 등장시킨 사람이기도 했다. 동북을 떠나 코민테른 블라디보스토크 지부에서 우핑(吳平)이라는 가명으로 태평양지역 노동조합 중국부 주임을 역임한 뒤 중공의 항일 근거지 옌안에 돌아온 양쑹은 중앙선전부 부부장과 비서장을 겸하며 당 선전기관을 장악했다. 1941년 5월, 중공 기관지 『해방일보』 초대 총편집에 취임하자 동북항일연군에 관한 소식들을 간간이 내보냈다. 2년 뒤인 1943년 3월 1일에는 24년 전 한반도를 만세 소리로 뒤덮었던 3·1운동을 소개하기 위해 동북항일연군 제4군 군장이었던 리옌루(李延祿)에게 원고를 청탁했다.

1930년대 앳된 소년 같은 동북항일연군 북만지역 지휘관들이
한자리에 모인 모습이다. 70여 년간 묻혀 있다 발굴된 사진이다.
당시 항일연군 지휘관들은 20대 청년들이었다.
앞줄 한가운데 키 작은 사람이 북만지역 항일연군의
상징적 인물이었던 자오상즈다.

만주벌판에서 쓰러져간 조선의 청년들

중공 정권 수립 뒤 헤이룽장성(黑龍江省) 부성장과 전인대 상무위원을 지낸 리옌루는 명문장가였다. 82세 때 동북항일연군 시절을 회상하는 회고록『지나간 시절들』(過去的年代)을 남의 손 빌리지 않고 집필할 정도였다.

조상 대대로 산둥 지방에 살았지만, 지린성 옌지에서 태어난 리옌루는 어린 시절부터 조선인 친구들이 많았다. 자신보다 열세 살이나 어린 자오상즈를 항일연군 제3군장에 추대하고 제4군을 창설하다시피했다. 그는 동북을 떠난 뒤 모스크바·파리·베네치아를 거쳐 상하이에 '동북의용군 연락사무소'를 차리고 각계에 동북 출병과 동북항일연군 지원, 항일지사들의 동북 집결을 주장해 장제스를 곤혹스럽게 한 동북의 얼굴 격이었다. 문인 톈한(田漢)이 현재 중국 국가인 「의용군 행진곡」 가사를 쓸 생각을 한 것도 순전히 좌익 작가 샤옌(夏衍)을 통해 리옌루를 만난 다음부터였다.

양쑹의 청탁을 받은 리옌루는 '조선독립군운동'이라는 글을『해방일보』에 기고했다. 동북항일연군 출신인 리옌루는 "무력에 의해 식민지로 전락한 민족의 투쟁은 누가 뭐래도 무장투쟁이어야 한다. 외교나 민중계몽, 이런 건 중요하지 않다"고 역설했다.

그는 엄동설한에 동북의 원시림에서 일본 군국주의와 너 죽고 나 죽자고 싸우면서 풀뿌리와 나무껍질의 맛이 뭔지를 아는 사람들, '설백혈홍'(雪白血紅), 곧 눈이 얼마나 희고 피가 얼마나 붉은지를 아는 조선청년들의 무장투쟁을 소개했다. 거의가 조국과 중국의 항일투쟁을 위해 만주벌판에서 쓰러져간 식민지 청년들의 이야기였다.

314

설원을 질주하는 동북민주연군 기병대.
1947년 겨울, 만주 송화강 부근.

그들은 1930년대 말에서 1940년대 초에 이미 다 죽었고 살아 있는 사람은 김일성이 유일했다.

리옌루는 김일성을 "조선의 군사정치에서 견고하고 강력한 인물 중 한 사람"이라고 묘사했다. 특히 '민생단'(民生團) 사건에서 보여준 김일성의 능력을 높이 평가했다. 중공 최고 지도부에서나 알던 김일성이라는 이름이 중공 당원이라면 누구나 보던 『당보』에 처음 실리는 순간이었다. 민생단 사건과 인연이 있었던 양쑹이 당시 김일성의 활약을 잘 아는 리옌루에게 따로 암시를 줬는지는 알 길이 없지만 동북에 관한 한 리옌루의 글은 권위가 있었다.

국민당의 공세에 시달리던 장시(江西) 소비에트(1931~34년 중국 남동부 장시성에서 마오쩌둥이 주도해 세운 공화국으로, 오늘날 '중화인민공화국'의 토대가 됨) 시절, 생각만 해도 진절머리가 나는 'AB단 사건'과 흡사한 일이 1930년대 초 동만주지역에서 벌어진 것을 중공 일반간부들은 리옌루의 글을 통해 알게 됐다. 그들의 머릿속엔 민생단 사건을 수습한 김일성의 이름이 각인될 수밖에 없었다.

평생 제일 잘한 일은 민생단 자료 불살라버린 것

1930년 여름, 장시 소비에트 지역에 국민당의 특무조직인 AB단이 침투했다는 소식이 퍼지기 시작했다. 소비에트 정권은 "붉은 깃발 속에 스며든 첩자들을 숙청해야 한다"며 색출에 나섰다. 공포 분위기가 소비에트의 하늘을 뒤덮었다. 서로 죽고 죽이고, 수습이 불가능했다. 지주와 부농 1,000여 명은 물론이고 소비에트 공작 인원의 4분의 1이 AB단으로 몰려 처참하게 목숨을 잃었다. 원인도 모르고 죽은 사람이 대부분이었다.

1932년 2월 동북의 조선인 밀집지역인 옌지·왕칭(汪淸)·훈춘(琿
春)·허룽(和龍) 일대에는 20여 개의 항일유격 근거지가 있었다. 2만
을 웃돌던 근거지 군민 중 1,200명이 공산당원이었고 1,300여 명이
공청당원이었다. 일제는 한반도와 강 하나를 끼고 있는 이 지역을 애
물단지 취급했다. 6,000명에서 많게는 1만 명까지 동원해 토벌작전
에 나섰다. 동시에 경찰기구를 확충하고 무장자위단을 만들어 옌볜
지구의 식민통치를 강화했다. 항일유격 근거지 주위에 집단부락을
만들어 근거지를 봉쇄해버렸다.

머리 잘 돌아가는 조선의 친일 정객 몇 명이 일본 이민당국을 설득
해 동만지역의 항일무장세력에 대항할 민생단을 결성했다. 민족자
치를 기치로 조·중 민족의 단결을 파괴하고 중·조 항일세력의 연합
을 분열시키는 것이 목적이었다. 민생단의 출현에 긴장한 중공 동만
특위는 두 민족의 단결과 투쟁을 호소하는 것 외에는 별 뾰족한 수가
없었다.

민생단은 오래가지 않았다. 일본은 1932년 괴뢰정부 만주국이 모
습을 드러내자 만주국이 내세운 5족협화(五族協和: 만주국을 구성한
만주족·한족·몽고족·일본인·조선인의 민족적 화합)에 장애가 된
다며 6개월 만에 단체를 해산시켰다.

민생단은 해산됐지만, 중공 동만특위 수뇌부들의 머릿속에 민생단
의 음영은 지워지지 않았다. 해산 얼마 후 성이 송(宋)이라고만 알려
진 중공 옌지현 비서 한 사람이 일본헌병대에 잡혀갔다. 1주일 뒤 석
방되자 현 위원회에서 심사가 벌어졌다. 일단 잡혀간 사람이 별 탈

혁명가 웨이정민.
동북항일연군 제2군 정치위원을 지냈으며
1941년 전사했다. 민생단 연루자들을 석방하고
관련 서류를 불사른 김일성의 해결책을 적극 지지했다.
김일성은 조선에 큰 도움을 줬다고 그를 회고했다.

없이 풀려나면 의심을 받게 마련이었다. 심사를 받는 동안 일본헌병대 통역 두 명도 걸려들었다. 심문을 하자 송가는 일본헌병대의 밀정이라고 실토했다.

송가에게 몽둥이찜질을 하자 자신이 민생단이라고 자백하며 20여 명의 이름을 줄줄이 댔다. 20여 명을 끌어다가 심문했다. 민생단원수가 눈덩이처럼 불어났다. 중공 동만특위 간행물 『민주조선』 한글판에는 이런 내용이 실렸다.

"민생단 주구들이 우리 당과 청년단에 침투했다. 부녀자와 아동들도 예외가 아니다. 틈만 있으면 민생단이 다 파고들었다. 적색구역과 백색구역, 적색 유격대 할 것 없이 민생단원투성이다. 토비와 농민들 중에도 민생단원이 있다."

3년간 반민생단 투쟁의 광풍이 동만지역을 엄습했다. 살벌하기가이루 말할 수 없었다. 잡혀가서 민생단이라는 말을 처음 들어본 사람도 많았다. 집회에서 기침 한번 했다가 민생단원에게 암호 보낸다고총살당하는가 하면, 어제의 사형집행자가 오늘은 민생단원으로 둔갑돼 형장으로 끌려갔다.

1933년 코민테른이 파견한 양쑹은 저우바오중을 통해 반민생단투쟁 소식을 듣고 경악했다. 하얼빈시 서기 웨이정민을 동만 지역에급파했다. 옌지에 도착한 웨이정민은 회의를 소집했다. 참가자 26명중 반 이상이 조선족이었다. 동북 인민혁명군 산하부대 정치위원 회의도 열었다. 김일성 등 열한 명이 참석했다. 임의로 체포, 구금, 살인을 불허하기로 합의했다.

당시 중국 쪽 사료를 보면, 이 과정에서 김일성의 활약이 특히 도드라졌다고 기록되어 있다. 김일성은 민생단 사건에 마침표를 찍었다. 마안산(馬鞍山)에 감금되어 죽을 날만 기다리던 민생단 혐의자 100여 명을 석방해서 항일연군에 편입시키고, 그들에게 누명을 씌운 민생단 자료를 불살라버렸다. 웨이정민도 동의했다.

김일성은 억울하게 희생된 사람의 자녀들을 목욕시켰다. 그의 품 안에 넣고 다니던, 엄마가 삯바느질해서 모아뒀다가 죽기 전에 준 돈으로 옷을 만들어 입혔다. 여기저기서 '어버이 수령' 소리가 들리기 시작했다. 김일성도 "평생 제일 잘한 일이 위원중학 들어간 것과 민생단 자료 불살라버린 것"이라는 말을 자주 했다고 한다.

중공, 동북지역 국민당 제압하려 김일성을 만나다

"동북에 남아 있던 항일연군의 지휘관들은 중국인이나
조선인 할 것 없이 일본군의 토벌에 의해 거의 전사했다."

"누가 뭐래도 장제스는 영웅이다"

1989년 여름, 중국은 신중국 선포 40주년을 앞두고 영화 「개국대전」(開國大典)을 선보였다. 당시 중국을 대표하던 명연기자들의 연기도 일품이었지만, 기록물을 보는 것처럼 사실에 충실하고 재미도 있는 영화였다. 특히 장제스의 업적을 폄하하지 않은 점이 인상 깊었다. "누가 뭐래도 장제스는 영웅이다. 비장미가 넘친다"며 몇 번을 봐도 지루하지 않다는 사람이 많았다.

2009년 가을에도 60주년을 기념하는 영화를 만들었다. 제목은 「건국대업」(建國大業). 그간 경제 성장과 국제사회에서 상승된 지위를 그대로 과시하는 영화였다. 온갖 걸 다 드러내려 하다보니 등장인물도 많고 내용도 복잡했다. 20년 전에 봤던 「개국대전」에 비해 빠져도 한참 빠지는 영화였지만 한반도에 관한 마오쩌둥의 짧은 대사 한마디가 나오는 장면이 눈길을 끌었다.

영화 속 이 장면은 동북 3성과 화북에서 국민당군에게 승리를 거둔 중공이 양자강 도하를 준비하고 있을 때 등장한다. 도하를 반대하는 스탈린의 전문을 읽은 마오쩌둥이 주먹으로 탁자를 내리치며 벌컥 소리를 질러댔다.

"스탈린은 중국이 조선인 줄 아느냐. 양자강이 38선이냐!"

기록을 중시하는 민족이지만, 그 어느 문헌에도 마오쩌둥이 이런 말을 했다는 기록은 없다. 그러나 이 말은 시사하는 바가 컸다. 장제스를 버리기 싫어하던 스탈린의 의중을 꿰뚫어본 마오쩌둥이 미국과 소련이 양자강을 경계로 중국을 한반도처럼 양분하려 한다고 확신했다는 의미였다.

실제로 스탈린은 중국의 지도자들 중에서 장제스를 가장 높이 평가했다. 일본이 패망하자마자 장제스의 국민정부와 중·소우호조약을 체결할 정도였다. 마오쩌둥에 대해서는 "어떤 사람인지 정체가 불분명하다. 마르크스주의자인지, 아니면 중화민족주의자인지, 농민폭동 지도자인지 알 길이 없다"며 헷갈려했다. 중국인들이 국부로 떠받드는 쑨원에 대해서도 후원금이나 걷으러 다니던 사람이라며 치지도 않았다.

"중국인민해방군에 소속된 조선인 사단을 달라!"

1945년 8월 15일 일본이 패망하자 미·소 두 열강은 한반도를 분할했다. 1949년 4월, 북한 노동당 중앙위원과 인민군 정치부 주임을 겸했던 김일(박덕삼)이 조선노동당 대표 자격으로 베이징을 방문했다. 마오쩌둥이 당 중앙기관과 인민해방군 총부를 이끌고 베이징에 입성한 지 한 달도 채 안 됐을 때다. 1931년 21세 때 옌벤 반제동맹에 참가한 이래 동북항일연군의 중요 보직을 거치며 15년간 일본과 무장투쟁을 벌여온 김일을 마오쩌둥은 환대했다.

1954년 9월, 베이징을 방문한 북한 대표단의 김일성(오른쪽 두 번째),
최용건(오른쪽 세 번째) 일행이 회담장에서 부총리 천원(왼쪽부터),
마오쩌둥, 류사오치, 리푸춘과 환담하고 있다.
맨 오른쪽은 당시 베이징 주재 북한대사 이주연.
1945년 가을, 동북에 온 천원은 국민당과의 일전을 앞두고
북한을 후방기지로 삼기 위해 평양의 김일성을 찾아가 승낙을 받았다.
이때 시작된 두 사람의 우의는 죽는 날까지 계속됐다.

마오쩌둥과 마주한 김일은 조선노동당 명의로 작성한 서신을 내밀었다. 꿀리는 기색이 전혀 없었다. 중국 인민해방군에 소속된 조선인 사단을 조선 정부에 전속시켜달라고 요청했다. 마오쩌둥도 머뭇거리지 않았다. 즉석에서 허락하며 부연설명까지 했다. 그 기록이 남아 있다.

"우리 인민해방군에는 조선인으로 구성된 3개 사단이 있다. 현재 2개 사단은 동북의 선양과 창춘에 주둔 중이다. 나머지 1개 사단은 아직도 남쪽에서 국민당군과 교전 중이다. 동북에 있는 2개 사단은 요구하는 시점에 맞춰 장비와 함께 조선으로 보내겠다. 다른 사단은 전투가 끝나야 남쪽에서 불러올릴 수 있다. 시간은 오래 걸리지 않는다. 아무리 길어도 1개월 뒤면 가능하다. 남쪽에 있는 사단은 정규군이 아니기 때문에 보충훈련이 필요하다. 그것도 우리가 시키겠다."

마오쩌둥이 북한의 요구를 거절하지 못한 데는 충분한 이유가 있었다. 다른 거라면 적당히 떼어먹을 수도 있었지만, 피(血)에는 공짜가 없었다. 이야기는 거슬러 올라간다.

1935년, 여기저기 흩어져 있던 동북의 항일세력들은 연합을 모색하다 '동북항일민주연군'을 출범시켰다. 도끼와 곡괭이를 비롯해 각양각색의 무기로 무장한 20여만의 대오 중에는 만주 벌판과 밀림 속에서 일본군과 싸우다 선혈을 뿌린 조선 출신 지휘관이 유난히 많았다. 경기도 용인에서 태어나 지린성 반석(磐石)까지 와서 항일유격대를 만들고 지휘했던 동북항일연군 1군 참모장 이홍광을 비롯해 경남 합천 출신 박한종(朴翰宗)과 경북 안동 출신 유만희(柳萬熙), 경북 선산 출신 허형식(許亨植) 등 기라성 같은 인물 외에도 황옥청(黃玉淸)·마덕산(馬德山)·서해광(徐光海)·장흥덕(張興德)·오옥광(吳玉光) 등 일일이 셀 수조차 없을 정도였다. 출신 지역도 경기도·경상도·함경도·평안도 등 한반도 전역을 망라했다.

1939년 10월 7만 5,000명을 투입한 일본군의 대규모 소탕작전이 시작되자 5군 지휘관 저우바오중과 6군의 리자오린(李兆麟)은 장기투쟁을 견지하기 위해 소련 경내로 철수할 준비를 했다. 이 와중에도 김일성의 제2방면군은 안투·옌지·둔화(敦化) 일대에서 일본군과 유격전을 펼쳤다. 특히 1940년 3월 25일 허룽(和龍) 전투에서는 토벌대 200여 명을 몰살시키고 기관총 6정과 소총 100여 개를 노획해 재무장에 성공했다.

해가 바뀐 뒤에도 제2방면군은 일본군에 대한 공격을 늦추지 않았다. 허점만 보이면 산에서 내려와 부락과 기차역을 습격해 일본인 장교 두 명을 사살하는 등 전과를 올렸다. 일본관동군은 만주군 중에서 조선 출신들로만 구성된 특설대를 편성해 제2방면군만 전담하게 했지만 전과는 신통치 않았다. 11월이 되자 전세가 악화됐다. 김일성은 16명의 유격대원을 이끌고 훈춘과 왕칭을 거쳐 중·소 국경을 넘었다. 29세 때였다.

최용건과 김책, 그리고 김일성

김일성은 타고난 정치가였다. 소련 경내에서 열린 동북항일연군회의에 남만지역 대표로 참석하기 직전, 북만지역에서 활동하다 건너온 김책과 최석천(崔石泉)을 설득해 조선인들의 단결과 통일을 실현시켰다. 회의에 참석해서는 "동북항일연군의 독립과 자주원칙을 견지하자"는 저우바오중의 주장을 지지했다.

평북 용천에서 김일성보다 12년 먼저 태어난 최용건은 중국인이나 다름없었다. 남강(南岡) 이승훈(李昇薰)이 평북 정주에 세운 오산학교를 마치고, 중국 윈난(雲南)성 쿤밍(昆明)에 있는 윈난 강무당(講武堂)과 광둥성 광저우의 황푸군관학교를 졸업한 뒤, 제1차 국·공합작의 산물인 북벌전쟁에 참전했고, 저우언라이와 주더, 허룽 등이 난창(南昌)에서 일으킨 무장폭동에도 참가한 군사전문가였다. 베트남의 보응우옌잡, 중국의 주더와 함께 윈난 강무당이 배출한 세 명의 군사가 가운데 한 사람이라고 흔히들 말한다.

김책도 마찬가지였다. 1930년 11월, 27세 때 하얼빈의 일본영사관을 습격해 7년형을 선고받아 명성을 떨친 이래, 중공 지하조직의 도움으로 풀려나자 항일투쟁에 뛰어든 전형적인 무장투쟁의 신봉자였다. 나이는 김일성보다 여덟 살 위였다.

김책과 최용건은 동북시절 같은 항일연군이긴 했지만 워낙 멀리 떨어진 곳에 있다보니 김일성을 만날 기회는 없었다. 소련에서 김일성을 만나자 문중의 종손처럼 애지중지했던 것 같다고 말하는 분이 있다. 탁견이라는 생각이 든다.

소련에 둥지를 튼 동북항일연군은 코민테른의 동의를 거쳐 국제여단(88여단)을 창설했다. 여단장은 저우바오중, 부여단장과 정치위원은 리자오린이었다. 국제여단에도 동북항일연군 출신 조선인이 많았다. 최용건은 여단 참모장과 중공의 동북지구당 서기를 겸했다.

국제여단의 조선인들은 행운아였다. 동북에 남아 있던 항일연군의 지휘관들은 중국인이나 조선인 할 것 없이 일본군의 토벌에 의해 거의 전사했다. 1955년 중국이 계급장을 수여할 때 받은 이는 소장 두 명이 고작일 정도였다. 동북의 항일투쟁 기간이 내륙보다 길었고, 동북과 소련의 밀접한 관계를 우려한 탓도 있었지만 생존자가 워낙 드물었기 때문이다. 김일성이 중국에 남아 있었다면, 중장 정도는 충분했다는 기록을 어디선가 본 적이 있다.

1945년 8월, 소련이 일본에 선전포고했다. 국제여단의 조선 출신 간부들은 두 갈래로 나뉘어 소련을 떠났다. 일부는 소련 적군을 따라 한반도의 38선 이북으로 향했다. 강신태(姜信泰) · 박락권(朴洛權) · 최광(崔光) 등은 동북의 조선인 밀집지역에서 조직을 재편하고, 중공의 팔로군과 함께 동북과 중국 전역을 국민당 통치에서 해방시키겠다며 동북으로 들어갔다.

승전국이 된 중국에는 그간 잠복해 있던 내전의 전운이 감돌았다. 전시 수도 충칭에서 장제스와 마오쩌둥이 담판을 벌였다. 10월 10일 정치협상회의를 열어 국내문제를 해결하기로 한 합의서에 서명했지만 두 사람 모두에게 「합의서」 따위는 종잇조각에 불과했다. 장제스는 국민당 정예부대를 동북으로 진주시킨 뒤였고, 마오쩌둥도 한발 앞서 팔로군과 신사군을 동북으로 몰래 들여보낸 다음이었다.

1945년 9월 말, 장제스와 회담하던 마오쩌둥이 중공 중앙위원 천원을 충칭으로 불러 지시했다.

"동북으로 가라. 근거지를 만들어라."

천신만고 끝에 평양을 경유해 동북에 도착한 천원은 국민당군의
기세에 놀랐다. 소련도 천원과 팔로군을 냉대했다. 다시 평양으로 향
한 천원은 김일성을 찾았다.

밝은 달도 미녀의 미소를 따를 수 없다 5

"밝은 달은 예전과 같고, 멀리 보이는 산도 여전하건만,
혼자 돌아오는 발걸음은 무겁기만 하다.
이 처량함을 어떻게 풀어야 할지!
한밤에 소나무를 스치는 바람은
창밖의 적막을 깨지만, 내 마음속에 어른거리는
너의 그림자를 흩어버리지는 못한다."

■ 후스가 차오페이성에게 보낸 편지

갓 태어난 딸에게 유서 남기고 처형당한 자오윈샤오

"형장으로 가기 전 딸에게 마지막 젖을 물렸다. 집행관들도 중국의 현실을 개탄해 울었다."

"남의 눈에 띄지 말고 구름 속에 꼭꼭 숨어 살아라"

지금은 어떤지 모르겠지만, 1990년대 초까지만 하더라도, 천빙샹 (陳炳祥)이 부인 자오윈샤오(趙雲霄)에게 보낸 「유서」와 자오윈샤오 가 딸에게 남긴 처음이자 마지막 편지를 보며 눈시울 붉히는 중국인 들이 많았다.

천빙샹은 1903년 도자기와 화포(火炮)의 고향인 후난성 이링(醴 陵)에서 태어났다. 이링은 부자들이 많고 교육열이 남다른 지역이었 다. 천빙샹은 중학시절 쭤첸(左權: 황푸군관학교를 마치고 모스크바 중산대학과 소련 군사학원을 졸업한 중국의 대표적인 군사가. 팔로 군 야전사령관 시절 일본군과의 전투에서 전사. 신중국 수립 후 국장 으로 장례를 치렀다. 이링에 가면 그의 이름을 딴 거리가 있다. 사망 한 지역도 쭤첸시로 바꿨다)과 함께 독서모임을 만들고 잡지도 발간 했다. 1925년 겨울, 모스크바 유학도 같은 날 떠났다.

천빙샹이 세 살 때 허베이성(河北省) 푸핑(阜平)의 부유한 독서인 집안에 딸아이가 태어났다. 할아버지는 구름을 좋아했다. 남 눈에 띄 지 말고 구름 속에 꼭꼭 숨어 살라며 손녀 이름을 윈샤오(雲霄)라고 지어줬다.

원샤오의 엄마는 개명한 여자였다. 시아버지에겐 불평 한마디 못하고 남편만 들볶았다.

"운(雲)도 구름이고 소(霄)도 구름, 애를 하늘나라로 보낼 건가요?"

남편은 귀찮은 걸 싫어했다.

"우리가 더 오래 사니 나중에 다시 지어주면 돼요."

혁명과 사랑으로 뜨거웠던 젊은 날

원샤오는 어릴 때부터 좋은 교육을 받았다. 우리의 초등학교 비슷한 걸 마치고 군사도시 바오딩(保定)의 사범학교에 들어갔다. 1924년, 소련의 개입으로 남방의 혁명정당인 국민당과 공산당이 연합에 성공했다. 국·공합작으로 북벌이 시작되자 북방의 학교들도 혁명의 열기에 휩싸였다. 바오딩은 북벌군의 타도 대상인 북양군벌의 발상지나 다름없었다. 북양군벌정부는 학생들 단속을 더욱 엄하게 했다.

원샤오가 다니던 사범학교에는 사회주의에 심취한 젊은 교사들이 많았다. 감수성이 남달랐던 원샤오는 선생들이 권하는 『신청년』과 『향도』(向導) 같은 잡지를 읽으며 사회주의에 빠져들었다. 고약한 교장을 축출하는 운동에 앞장섰고, 사회주의청년단에 「입단 신청서」를 냈다. 1925년 여름, 원샤오는 공산당에 입당했다. 당 조직은 원샤오의 능력을 인정해 모스크바로 유학을 보냈다.

모스크바 중산대학은 공산당과 국민당이 파견한 중국 열혈청년들의 집결지였다. 천빙샹은 먼저 와 있던 덩샤오핑, 장징궈, 미모의 타이완 출신 혁명가 셰쉐훙 등과 자주 어울렸다. 쥐첸은 자금성에서 청 제국의 마지막 황제 푸이(溥儀)를 내쫓은 펑위샹의 금지옥엽 펑푸닝 (馮弗能)과 붙어 다니느라 함께 할 겨를이 없었다.

펑푸닝이 장징궈와 친해지자 쥐첸은 실의에 빠졌다. 자오원샤오가 쥐첸을 위로하기 위해 만든 자리에 천빙샹도 함께 나타났다.

전생에 무슨 인연이 있었던지, 천빙샹과 자오샤오원은 만나는 날 부터 가까워졌다. 모스크바 강변을 산책하고 없는 돈에 볼쇼이도 가 곤 했다. 바실리 성당에 가서 남들 몰래 결혼식도 올렸다. 당시 모스 크바에 가 있던 중국 청년들 사이엔 흔한 일이었다.

1927년 4월, 북벌 중인 장제스가 정변을 일으켰다. "다른 거라면 몰라도 정당이 연합해서 성공한 예가 없다"며 공산당원 소탕에 나서 자 모스크바의 중국인 유학생들도 국·공 두 파로 갈라섰다. 위기에 봉착한 공산당은 모스크바에 있던 열성당원들을 귀국시켰다. 잠시 프랑스에 가 있던 천빙샹과 자오샤오원도 보따리를 쌌다.

중국으로 돌아온 두 사람은 사지(死地)만 골라서 다녔다. 유격대 를 조직하고 농민들과 함께 무장투쟁을 벌였다.

1928년 9월 중순, 임신 중이던 자오원샤오는 창사의 악록서원(岳 麓書院) 뒤 산간마을에서 체포됐다. 10월 초, 천빙샹도 창더(常德)에 서 동료의 배신으로 자오원샤오와 같은 처지가 됐다. 창샤 육군감옥 에 수감된 자오원샤오와 천빙샹은 폭동죄로 사형을 선고받았다.

10월 14일 천빙샹의 형이 집행됐다. 자오원샤오는 임신 중이었다. 법원은 집행 날짜를 해산 6주일 후까지 유예시켰다.

"너와 함께했던 삶을 자축할 뿐"

천빙샹은 형 집행 4일 전인 10월 10일, 자오원샤오에게 "애처 윈샤오"(愛妻雲霄)로 시작되는 「유서」를 남겼다.

"마지막 편지를 쓴다. 며칠 후면 나는 세상과 작별한다. 뱃속에 있는 생명을 생각해서 너무 비통해하거나 상심하지 말기 바란다. 아들이건 딸이건, 내 부모들이 그 애를 키워주기로 했다. 내가 입던 옷가지 외에는 태어날 아이에게 기념으로 남길 게 없다. 아버지에게 머지않아 내 뒤를 따라올 너와 합장시켜달라고 부탁했다.

예전에 우리는 죽어서 귀신이 된다는 말을 믿지 않았다. 지금은 그 말을 믿고 싶다. 소련시절을 회상하면 꿈만 같다. 서로를 격려하고 휴가철만 되면 스키와 수영을 즐기며 그림자처럼 떨어져 있은 적이 없었다. 아플 때마다 뜬눈으로 밤을 지새우며 내 곁을 떠나지 않았고, 귀국 후에는 집 앞을 그냥 지나치며 나와 함께 남쪽으로 내려왔다. 어제 아버지에게 살아 있는 모습을 마지막으로 보여드렸다. 구할 방법이 없다는 말을 하기에 멀쩡한 기왓장이 되느니 부서진 옥이 되겠다며 작별인사를 나눴다……. 며칠 후 차디찬 나의 모습에 슬퍼할 생각을 하니 죄송함을 이기기 힘들다.

자꾸 눈물이 나온다. 대장부에게 실패와 성공은 다반사다. 나는 성공하지 못했지만, 악한 짓은 한 적이 없다. 너와 함께했던 삶을 자축할 뿐, 유감이 있을 리 없다."

혁명과 사랑으로 젊은 날을 물들였던
천빙샹과 자오원샤오는 형장의 이슬로 사라졌다.
자오원샤오는 마지막으로 딸에게 젖을 물렸다.
그림의 양옆은 자오원샤오의 「유서」.
쑨쯔시(孫滋溪)의 그림.

이듬해 3월 26일 자오원샤오도 형장으로 끌려갔다. 이틀 전 딸에게 「유서」를 남겼다.

"네 이름은 치밍(啓明)이다. 네가 내 안에 들어선 지 4개월이 됐을 때 나는 감옥으로 왔다. 너는 민국 18년, 1929년 정월 초이튿날 태어났다. 엄마는 네가 태어난 지 1개월 하고 십며칠 후에 너와 영원히 이별한다.

네 아버지는 1928년 10월 14일, 음력 9월 초나흗날에 세상을 떠났다. 엄마는 1929년 3월 26일, 음력 2월 6일에 너와 작별한다. 내가 네게 남길 수 있는 것은 손에 낀 반지밖에 없다. 항상 간직해주기 바란다. 남길 사진 한 장 없으니 가슴이 찢어지는 듯하다. 나는 더 이상 너를 부양하지 못한다. 부디 건강하게 자라서 엄마 아빠가 어떻게 죽었는지 알 수 있기를 희망한다.

네 외할아버지와 외할머니는 허베이성 푸핑현 사람이다. 그곳에 가면 만날 수 있다. 엄마 성은 자오(趙)다. 이것도 잊지 마라. 지금 나는 피와 눈물로 이 글을 쓴다. 더 이상 할 말이 없다.

1929년 3월 24일 창사 육군감옥."

한 교도관이 「유서」를 보물처럼 보관하다

형장으로 가기 전 자오원샤오는 치밍에게 마지막 젖을 물렸다. 집행관들도 훌쩍거리며 중국의 현실을 통탄했다. 간수 한 명이 훗날 교과서에 실릴 날이 올지 모른다며 자오원샤오의 「유서」를 보물처럼 보관했다.

할아버지 품에 안겨 감옥 문을 나선 치밍은 부모의 희망대로 성장하지 못했다. 워낙 체력이 약해서 네 살 때 요절했다. 지금도 베이징 서쪽 군사박물관 진열대에 가면 예쁘게 쓴 두 통의 「유서」가 나란히 놓여 있다.

『신민보』를 키워낸 여장부

"신문이건 뭐건 경영은 한 사람이 해야 한다.
여러 사람이 경영에 참여하다보면 서로 책임만 미루게 된다."

시장경제 제창한 우징롄의 어머니 회고

1978년, 시장경제의 제창자 우징롄(吳敬璉)은 시장경제의 정점은 증권시장이라며 증권교역소 설립을 주장했다. 나라 전체를 도박장으로 만들 셈이냐며 반박하는 사람이 많았다. 우징롄은 "맞다. 도박장처럼 규율이 엄격한 곳도 없다. 지금 중국인들은 규율을 배워야 한다"고 되받았다. 이때 주식을 산 사람들은 모두 거부(巨富)가 되었다.

정작 우징롄은 1원어치의 주식도 사지 않았다. 사회주의 계획경제 체제하에서 성장한 사람이 무슨 증권시장 타령이냐며 다들 의아해했을 때, 우징롄의 집안 내력을 아는 사람들은 그러지 않았다. 그 어머니에 그 아들, 어머니 덩지싱(鄧季惺)이 그의 스승이라며 재미있어했다.

1998년, 중국 경제학계의 태두 자리를 굳힌 우징롄은 어머니 덩지싱을 회상했다.

"어머니는 평생 부녀해방, 민족의 부강, 민주와 법치 세 가지만 추구했다."

지금도 그렇지만, 우징롄이 한마디하면 신문의 1면을 장식할 때였다. 아무도 이의를 제기하지 않았다.

덩지싱은 중국 신문사(新聞史)에 한 획을 그은 언론계의 거두였다. 1948년 7월, 국민당에 의해 무기한 정간 처분을 받을 때까지 난징·충칭·청두(成都)·상하이·베이징 등 5개 도시에서 8종의 신문을 발행한 『신민보』(新民報) 그룹의 설립자 가운데 한 사람이자 현대적인 신문 경영인이었다.

남편 몰래 딸 학교 보낸 어머니

덩지싱은 쓰촨의 내로라하는 집안에서 태어났다. 할아버지와 아버지는 대기업인이고 큰아버지는 혁명가였다. 할아버지 덩후이지(鄧徽績)는 석탄광산으로 치부(致富)했다. 규모가 커지자 충칭에 고래등 같은 집을 짓고 일본에 성냥공장도 차렸다.

1891년, 청나라 정부가 충칭항을 개방했다. 서구 문물이 물밀 듯이 밀려들었다. 쓰촨은 순식간에 자본주의 시장으로 변했다. 덩후이지는 일본에서 운영하던 성냥공장을 충칭으로 이전시켰다. '썬창타이'(森昌泰) 성냥공장이 문을 열었다. 노동자 1,200명을 고용했다. 전국 성냥공장 노동자의 35퍼센트였다. 너나 할 것 없이 썬창타이를 쓰촨 최고의 민족기업이라고 불렀다.

3년 만에 노동자가 1만 명으로 늘어났다. 썬창타이의 성냥은 질이 좋고 불꽃이 예뻤다. 시장에 내놓기가 무섭게 팔려나갔다. 1907년엔 주주들을 공모해 석탄회사도 만들었다. 쓰촨 갑부 반열에 이름을 올린 덩후이지는 방직과 제지업에도 진출했다. 청두의 중국은행장 자리도 덤으로 굴러들어왔다.

덩후이지의 장남 샤오커(孝可)는 사업에는 전혀 관심이 없었다. 중국의 앞날이 걱정이라며 전국을 떠돌아다니는 게 일이었다. 집안에 도움은커녕 거덜 낼 일만 골라서 하고 다녔다. 청말 입헌파의 핵심인물로 활동하며 가업 계승은 꿈도 안 꿨다.

덩후이지가 죽자 차남 샤오란(孝然)이 가업을 물려받았다. 샤오란의 부인 우완(吳婉)은 베이징여자사범학교를 마친 개명여성이었다. 충칭에 여학교를 세울 정도로 교육열도 굉장했지만 남편과 금실이 워낙 좋다보니 하고 싶은 일을 못 했다. 허구한 날 "여자는 남자를 잘 만나야 한다. 아홉 명의 자녀를 연달아 낳는 바람에 사회활동을 하지 못했다"며 눈만 뜨면 남편을 원망했다.

우완의 유일한 낙은 신문읽기였다.

"신문만 보면 집 안에 틀어박혀 있어도 어디서 무슨 일이 일어났는지 다 알 수 있다. 세상에 이렇게 신기한 물건이 없다."

그녀는 아침부터 잠자리에 들 때까지 신문을 손에서 놓지 않았다. 보던 신문을 얼굴에 덮은 채 잠드는 날이 더 많았다. 강인한 성격에 이성적이고 결단력도 남달랐다. 남편보다 낫다는 소리를 많이 들었다.

1907년, 덩지싱은 덩샤오란과 우완의 장녀로 태어났다. 덩샤오란은 완고한 기업인이었다. 자녀들에게 외부교육을 허락하지 않았다. 덩지싱도 14세까지 사숙을 다녔다.

덩지싱이 학교 갈 나이가 되자 우완은 속이 탔다. 남편이 출장 갈 날만 기다렸다. 기회가 오자 딸 지싱을 충칭여자사범학교에 입학시켰다.

"시댁 식구들 보니 남자는 못생기고 무식해도 상관없다. 건강하고 타고난 머리만 좋으면 뭐든지 할 수 있다. 여자는 남자와 다르다. 아무리 예뻐도 머리에 든 게 없으면 결국은 평생 무시당하고, 사람 대접 못 받는다. 사숙에서 엉터리 같은 선생한테 배웠다간 신세 망친다."

충칭여자사범학교는 쓰촨의 명문이었다. 훗날 중국 역사에 이름을 남긴 교사들이 많았다. 덩지싱은 중국 해운업의 개척자 루쥐푸(盧作孚), 한때 중공 총서기를 역임하는 장원톈(張聞天) 등에게 배웠다. 신문화운동의 세례를 받은 교사들에게 '민주와 과학'이라는 말을 귀에 못이 박히도록 들었다. 여자들도 사회를 개조할 능력이 있다는 말을 듣고 깜짝 놀랐다. 집에 와서 어머니에게 물어보니 "선생들 말이 맞다"며 당장 학교 못 가게 할지 모르니 아버지한테는 절대 말하지 말라고 신신당부했다. 어머니와 한창 싸울 나이였지만 덩지싱은 어머니 말이 맞다고 생각했다.

"죽은 사람은 다시 돌아오지 않는다"

신사조의 영향을 받은 청년들에게 상하이나 난징은 꿈의 도시였다. 덩지싱도 친구와 함께 난징의 고등학교에 진학했다. 그 후 상하이의 중궈공학에 다니던 중 푸단대학 신문학과에 재학 중인 우주쓰(吳竹似)라는 동갑내기를 만났다. 사서오경을 줄줄 외울 정도로 고전에 능통했지만 전통문화와 유학(儒學)이 중국을 망쳤다며 비분강개하는 신청년이었다.

덩지싱이 먼저 결혼을 타진했다. 우주쓰도 "너는 추위를 견디는 난(蘭)처럼 살아라, 나는 대나무(竹)처럼 굽히지 않겠다"며 덩지싱의

1932년 여름 첫 남편 사망 1주기에 자녀들과 함께
중산(中山)공원에 간 덩지싱(맨 왼쪽).
맨 오른쪽이 경제개혁의 기수라 불리는
우징롄의 두 살 때 모습. 우징롄은 훗날 시장경제를
주창하는 선봉이 돼 '우시장'(吳市場)이란 별명을 얻었다.
항상 권력과 거리를 둔 경제학자라는 평가를 받는다.

청을 받아들였다. 부모들에게는 알릴 필요도 없었다. 당시에는 흔한 일이었다.

우주쓰는 장래 희망이 신문기자였다. 당시 중국의 언론계는 푸단 대학 출신들이 휘어잡고 있었다. 우주쓰도 졸업과 동시에 충칭의 국영신문사에 취직했다. 주필이 천밍더(陳銘德)였다. 천밍더도 학생시절 신문화운동의 세례를 받은 자유주의자였다. 국민당 선전부의 여론조작 지시와 편집방식에 불만이 많았다. 사직원을 내자 우주쓰도 행동을 함께했다. 두 사람은 정부의 간섭을 받지 않고 당파를 초월한 신문을 내기 위해 쓰촨 군벌을 찾아갔다. 지원을 청하자 군벌은 선뜻 응낙했다. 1929년 9월 9일, 『신민보』는 난징에서 창간호를 발행했다. 제호를 쑨원이 썼다고 믿는 중국인이 많지만 총편집 우주쓰가 쑨원의 서체를 흉내내 썼다는 것이 정설이다. 창간사 「작육신민」(作育新民)은 사장 천밍더가 직접 썼다.

덩지싱과 우주쓰의 결혼생활은 길지 않았다. 창간 얼마 후 우주쓰가 폐결핵 판정을 받았다. 덩지싱은 남편의 치료를 위해 의료시설이 좋은 베이징으로 거처를 옮겼다. 매일 병원을 출입하며 차오양(朝陽)대학 법학과에 진학했다. "중국인들은 인치(人治)를 당연시 여긴다. 법치(法治)가 얼마나 중요한지를 모른다"고 일기에 적었다.

천밍더는 사람이 좋았다. 시도 때도 없이 베이징에 올라와 우주쓰의 자녀와 덩지싱을 챙겼다. 1931년 7월, 우주쓰는 1남 2녀를 남기고 세상을 떠났다. 장례식 날 덩지싱은 문상객들을 놀라게 했다. 상여를 따라 한 걸음 옮길 적마다 무릎 꿇고 절을 해야 효자 소리를 들을 때였다. 덩지싱은 말도 안 되는 구습(舊習)이라며 거부했다.

"죽은 사람은 다시 돌아오지 않는다. 애들은 계속 살아야 한다. 막내 징렌은 겨우 한 살이다. 병이라도 나면 어쩔 거냐."

천밍더는 덩지싱의 이성과 용기에 감동했다.

우주쓰 사망 1개월 후 천밍더가 이혼했다. 언론계에 뒷말이 무성했다.

"무슨 곡절이 있다. 천밍더는 이전부터 덩지싱을 좋아했다. 쓸데없이 베이징 출입을 자주했다. 우주쓰 병문안보다는 덩지싱을 만나러 왔던 게 분명하다."

예나 지금이나 이런 소문은 사실인 경우가 많다. 덩지싱과 천밍더는 자유의 몸이었다. 함께 밥 먹고 산책해도 거리낄 것이 없었다. 1년 6개월 뒤 덩지싱과 천밍더는 구미 유학생회관에서 결혼식을 올렸다. 하객들에게 신랑·신부가 서명한 「합의서」를 나눠줬다.

"결혼 후 남편의 성을 신부의 이름 앞에 붙이지 않는다. 세 명의 자녀는 원래의 성을 계속 사용한다. 개별 재산제를 실시한다. 생활비는 공동 부담한다."

대학을 마친 덩지싱은 변호사 자격을 땄다. 남편 천밍더가 사장인 『신민보』 사옥 꼭대기에 법률사무소를 차리고 신문 경영에 본격적으로 뛰어들었다. 부녀 전문 주간지를 창간해 '법률문답' 난을 직접 편집했다. 중국 최초였다.

당시 중국의 신문들은 특정 당파의 기관지가 대부분이었다. 순수한 민간 매체가 아니다보니 경영에는 무관심할 수밖에 없었다. 덩지싱은 광고회사를 설립하고 언론사 최초로 주주를 공모해 주식을 배분했다. 재정 상태가 눈에 띄게 좋아졌다. 『신민보』가 대도시에 동일

덩지싱의 어머니는 외부교육을 허락하지 않는 시대의
가풍에 맞섰다. 평소 "여자는 아무리 예뻐도 머리에 든 게 없으면
사람 대접 못 받는다. 사숙에서 엉터리 같은 선생한테 배웠다간
신세 망친다"며 교육의 중요성을 강조했다.
1930년, 난징여자법정강습소 시절의 덩지싱(앞줄 오른쪽 세 번째).

한 제호의 신문사를 설립해 서로 다른 조·석간을 발행한 것은 "이윤을 창출하지 못하면 초당파 신문을 견지할 수 없다"는 덩지싱의 언론관 때문이었다.

"경영은 한 사람이 해야 한다"

1937년, 항일전쟁이 발발했다. 전쟁은 모든 질서를 파괴시켰다. 덩지싱은 난징 교외에 헐값으로 나온 땅을 구입했다. 한 푼이 아쉬울 때 땅은 사서 뭐하냐는 남편을 설득했다.

"전쟁은 오래가지 않는다. 평화시대가 오면 사옥을 짓겠다."

『신민보』는 전시수도 충칭으로 본사를 옮겼다. 수도 난징이 일본군에게 함락되기 직전 불철주야, 운반 가능한 장비를 배에 싣고 난징을 빠져 나왔다. 덩지싱은 난징 탈출 49일 만에 충칭에서 『신민보』를 발행했다. 충칭의 중공 연락사무실 책임자 저우언라이는 『신민보』의 애독자였다. 언론사상 기적을 연출했다며 덩지싱에게 '전민단결 지구투쟁 항전필승 건국필승'(全民團結 地久鬪爭 抗戰必勝 建國必勝) 열여섯 자의 「제사」(題詞)를 보내 격려했다. 돈 많은 신문사들이 합병을 제안했지만 덩지싱은 완곡히 거절했다.

"신문이건 뭐건 경영은 한 사람이 해야 한다. 여러 사람이 경영에 참여하다보면 서로 책임만 미루게 된다."

전국에 흩어져 있던 작가와 언론인들이 전화(戰禍)를 피해 충칭으로 몰려들었다. 덩지싱은 당대 최고의 인기작가라고 해도 좋을 장헌수이와 우쭈광(吳祖光)을 영입했다. 장헌수이의 연재소설 『팔십일몽』(八十一夢)은 옌안에 있던 마오쩌둥의 애독물이었다. 틈만 나면 생활비서 장칭과 함께 보고 또 봤다. 팔로군 부사령관 펑더화이의 처제 푸시슈(浦熙修)의 명사 인터뷰는 다른 신문들이 흉내내기도 힘들었다. 쉬베이훙(徐悲鴻), 황먀오쯔, 위유런, 천인커(陳寅恪) 등 대가들의 글이 연일『신민보』를 장식했다.

전쟁시절이다보니 신문은 정부와 마찰이 잦을 수밖에 없었다. 일이 생길 때마다 덩지싱은 남편 천밍더와 처리방법이 달랐다. 천밍더는 인간관계를 동원하기 일쑤였다. 영향력 있는 사람들을 찾아다니며 머리를 조아렸다. 덩지싱은 정반대였다. 제도를 물고 늘어져 문제를 해결했다.

중도를 견지하던『신민보』는 시간이 갈수록 왼쪽으로 조금씩 기울어지기 시작했다. 국민당 정부의 부패와 백성들의 질고(疾苦)를 보도하는 날이 많았다. 독자들의 환영을 받을 수밖에 없었다.

1945년 9월, 일본항복 1개월 후 난징으로 돌아온 덩지싱은 '난징판' 복간을 서둘렀다. 상하이와 베이징판도 준비했다. 당시 베이징과 난징은 기차로 하루 종일 가도 못 가는 거리였다. 덩지싱은 집보다 야간열차에서 밤을 지새는 날이 더 많았다.

1947년 국민정부는 입법위원 선거를 실시했다. '출판법 제정과 언론의 자유'를 갈망하던 덩지싱은 무소속 후보로 출마해 입법원에 진입했다. 600여 명의 입법위원 가운데 무소속은 극소수였다. 1948년 국민당 공군이 카이펑(開封)을 폭격했다. 인민해방군의 카이펑 점령 직후였다. 덩지싱은 무고한 국민들이 사망했다며 국방부장과 언쟁을 벌였다. 국민당 소속 위원들은 기밀누설이라며 덩지싱을 고발했다. 국민정부는 "유언비어를 남발하고 민심을 선동했다"는 이유로 전국에 산재했던『신민보』에 압박을 가했다. 난징판 폐간에 이어 상하이판을 정간 조치하고, 청두의 사무실을 봉쇄했다. 기자들은 행방불명되거나 정보기관에 끌려갔다.

반우파운동시절에 고초를 당하고

1990년 여름, 서예전을 위해 서울을 방문한 황먀오쯔와 위펑(郁風) 부부에게 덩지싱에 관한 이야기를 들은 적이 있다.

"당시 나는 중앙은행 주임비서였다. 은행장실에 자주 출입하던 정보기관 사람이 덩지싱을 볼 날도 며칠 안 남았다는 말을 했다. 가불한 돈으로 홍콩행 비행기표를 샀다. 밤늦게 덩지싱을 찾아갔다. 다음 날 덩지싱이 없어졌다는 말을 듣고 안심했다. 국민당 정부는 타이완으로 간 후에도 덩지싱에 대한 체포령을 거두지 않았다."

1949년 4월 중순, 홍콩의 중공 비밀조직이 덩지싱을 배편으로 베이징까지 안내했다. 막내 우징롄과 함께 베이징에 도착한 덩지싱은 저우언라이를 찾아갔다. 단도직입적으로 물었다.
"개인이 신문을 낼 수 있느냐."
가능하다는 대답을 들었지만 약속은 지켜지지 않았다.
평생 언론의 자유와 법치를 주장하던 덩지싱은 반우파운동시절 남편과 함께 고초를 겪었다. 반우파운동이 일단락되자 덩지싱에게 '정치협상회의 구내식당 고문'이라는 일자리가 주어졌다.
1995년 덩지싱은 88세로 세상을 떠났다. 죽는 날까지 신문 스크

랩을 거르는 날이 없었다. 덩지성의 막내아들 우징롄은 한때 별명이 '우시장'(吳市場)이었다. 몇 년 전부터 '우법치'(吳法治)라는 새로운 별명이 생겼다. 사람들이 어머니를 빼박았다고 하면 "맞다"며 그렇게 좋아한다.

후스의 여인들

"밝고 아름다운 달도 구름에 가려지고, 결국은 폭풍에 먹혀버렸다."

죽는 날까지 계속된 연애편지

후스는 젊은 시절부터 술을 즐겼다. 하층연예인들과 어울리기를 좋아했고 화류계 출입도 잦았다. 하룻밤에 몇 집을 옮겨 다녀도 지치지 않을 정도로 체력도 받쳐줬다. 인기도 좋았던지, 방문 걸어 닫고 자는 기녀를 억지로 깨워 술자리에 끄집어내도 귀찮다며 불평하는 여인들이 거의 없을 정도였다.

1980년대 말부터 내로라하는 연구가들이 후스의 문학작품이나 사상에 관한 연구 못지않게 감정세계를 집요하게 파고들었다. 수많은 여인들과 무슨 상상을 해도 무리가 아닌 내용의 연애편지를 수없이 주고받은 사실을 밝혀냈다. 제자, 친구부인, 스승의 딸 등 부류가 다양하고 한결같이 유명인물이다보니 몇 날 며칠 밤을 새며 들어도 지루하지 않은 내용들이었다.

후스는 1904년 장둥슈와 정혼한 후 상하이에 나와 대학을 마치고 미국유학을 떠났다. 1917년 겨울, 얼굴 한번 본 적 없는 장둥슈와 정식으로 결혼식을 올리기까지 13년이라는 공백이 있었다. 그사이에 온갖 사연이 없었을 리가 없었다.

첫 번째 여인은 중국인들이 "웨이렌쓰"(韋蓮司)라고 부르는 이디스 클리퍼드 윌리엄스(Edith Clifford Williams), 후스가 다니던 코넬(Connel)대학 지질학과 교수의 막내딸이었다.

『후스일기』(胡適日記) 1914년 6월 18일자에 "웨이렌쓰"의 이름이 처음 등장한다.

"다른 부잣집 딸들과 다른 점이 많다. 복장이나 외모에 신경 쓰지 않고 사색과 독서를 즐긴다. 메트로폴리탄 미술관에 같이 갔다. 중국 그림 앞에서 오랜 시간을 보냈다. 함께 산책도 했다. 달빛이 유난히 아름다웠다."

만나는 횟수가 늘어날수록 웨이렌쓰는 잘생긴 동양청년에게 매력을 느꼈지만 "눈치가 없다"며 짜증 부릴 때가 많았다. 1915년 1월 맨해튼에 있는 웨이렌쓰의 집에서 며칠 같이 지낸 후부터는 "소심하고 겁 많은 사람"이라며 신경질을 있는 대로 부렸다.

웨이렌쓰의 아버지는 철저한 백인우월주의자였다. 딸이 동양인과 만나는 것을 싫어했다. 후스의 어머니도 마찬가지였다. 아들이 컬럼비아대학에서 박사과정을 마치자 "중국에 오면 보라고 네가 그렇게 갖고 싶어하던 『고금도서집성』(古今圖書集成)을 한 질 구입했다"는 편지를 보냈다. 고가의 책을 사놨으니 쓸데없는 짓 말고 빨리 돌아오라는 귀국 명령이었다. 후스는 웨이렌쓰에게 편지를 한 통 보내고 미국을 떠났다.

1927년, 후스가 다시 미국을 방문했을 때 웨이렌쓰는 여전히 미혼이었다. 체류기 동안 후스는 호텔이나 친지의 집에 머물 필요가 없었다. 헤어질 때 이름이 새겨진 반지를 선물 받았다. 귀국 도중 일본에서 웨이렌쓰에게 보낸 편지가 남아 있다.

"숲속의 여관에서 함께 바라본 달은 우리의 미래를 상징한다. 밝고 아름다운 달도 구름에 가려지고 결국은 폭풍에 먹혀버렸다."

두 사람은 후스가 세상을 떠나는 날까지 연애편지를 주고받았다.

웨이렌쓰는 1971년 2월 서인도제도의 한 섬에서 85세로 세상을 떠났다. 죽음을 앞두고 후스와 주고받은 편지를 타이완에 있는 장둥슈에게 보냈다. 후스가 세상을 떠난 지 11년 후였다.

역시 장둥슈는 통이 컸다. 연구 자료로 삼으라며 한 통도 빼지 않고 후스기념관에 기증했다. 지금도 타이베이의 중앙연구원 후스기념관에 가면 후스와 웨이렌쓰의 반세기에 걸친 애증을 생생히 느낄 수 있다.

"친구의 부인과는 곤란하다"

미국 유학시절 후스가 웨이렌쓰에게 넋을 잃고 있을 때 후스를 좋아하는 중국 여학생이 있었다. 후일 본명보다 '쒀페이'(莎菲)라는 필명으로 더 알려진 천헝저(陳衡哲)였다. 천헝저는 루쉰보다 1년 먼저 백화소설을 발표한, 신문학운동이 배출한 최초의 여류작가였다.

천헝저는 유학생회보에 실린 후스의 시 한 편을 보고 밤잠을 설치는 날이 많았다. 남자친구 런수융(任叔永: 귀국 후 쓰촨대학 초대 총장을 역임했다)을 따라가 후스를 한번 본 다음부터 평소 알고 지내던 남학생들을 멀리했다. 후스는 양다리를 걸쳤다. 웨이롄쓰와 천헝저를 번갈아가며 만났다.

귀국한 후스가 장둥슈와 결혼했다는 소식을 들은 천헝저는 한때 죽을 생각까지 했다. 시카고대학에서 석사과정을 마치자 후스가 있는 베이징대학을 노크했다.

1920년, 베이징대학 개교 이래 최초의 여교수로 부임한 천헝저는 후스의 주변을 맴돌았다. 정(情)이 발동하다보니 예의나 염치는 뒤로 밀릴 수밖에 없었다. 런수융과 결혼한 후에도 독신주의를 고집하며 구애를 멈추지 않았다. 말 같지 않은 소리 좀 그만 하라고 해도 "나는 네가 좋다"며 듣지 않았다. 후스에게 "친구의 부인과는 곤란하다"는 말을 듣고서야 중심을 잡았다.

후스는 천헝저에게서 많은 영향을 받았다. 후스에게 시계혁명(詩界革明)과 문학개량(文學改良)을 제창토록 한 사람이 천헝저였다. 후스는 천헝저와의 인연을 함부로 하지 않았다. 딸이 태어나자 천헝저의 필명을 딴 쑤페이(素斐)라는 이름을 지어주며 천헝저를 기념했다.

천헝저는 여러 기록을 남겼다. 관비 미국유학생·서양사연구가·백화소설가·신문학 작가·교수, 모두 여성으로는 중국 최초였다.

1939년 가을, 주미대사 후스는 본국에서 장둥슈가 보낸 편지를 읽으며 진땀을 흘렸다.

"내 성격을 잘 알 테니까 긴말 않겠다. 쉬(徐) 뭔가 하는 여자애와 당장 관계를 정리하라."

경고성 편지였다. 장둥슈가 글자를 배우기 시작한 것은 순전히 후스에게 오는 편지들 내용이 궁금해서였다. 목표가 분명하다보니 진도도 빨랐다. 가끔 "술(酒)을 멀리하라"는 말을 "서쪽(西)을 멀리하라"는 등 실수가 많았지만 후스는 무슨 말일지 금방 알았다.

장둥슈의 편지에 쉬씨 성 여자의 이름이 등장하자 후스도 끙끙거리며 답장을 썼다.

"나도 할 말이 있다. 최근 2년간 하도 이상한 편지를 보내기에 그러지 말라며 한 통 보낸 것 외에는 아무 기억이 없다. 안심하기 바란다. 다시는 쓸데없는 행동으로 오해받는 일이 없도록 노력하겠다."

새빨간 거짓말이었지만 장둥슈는 증거를 중요시했다. 편지 외에는 확실한 물증이 없자 "남편이 워낙 잘생기고 똑똑하다보니 별것들이 다 꼬인다"며 더 이상 추궁하지 않았다.

쉬팡, 후스의 무덤가에 꽃을 놓다

후스가 장둥슈에게 둘러댄 지 63년 후, 후스 관련 자료를 정리하던 사람들이 쉬팡(徐芳)과 후스가 주고받은 편지들을 찾아냈다. 쉬팡은 학생시절 후스가 개설한 중국철학사 수강생이었다. 베이징대학 최고의 미녀라는 소리를 들을 정도로 자태가 고왔다고 한다.

후스와 쉬팡은 1936년 초부터 서신 왕래를 시작했다. 쉬팡이 "예쁜 선생"(美先生)이라 시작되는 편지를 보내면 후스도 답장 끝머리에 "나는 너의 어린애"(你的孩子)라며 주책을 떨었다. 두 사람은 1936년 1월 말부터 2월 하순까지 상하이에서 시간을 함께 보낸 적도 있었다. 베이핑으로 돌아온 쉬팡이 후스에게 보낸 편지가 남아 있다.

"상하이에서 함께 쾌락을 찾아 헤맸다. 하루하루가 꿈만 같았다."

후스도 답장을 보냈다.

"네가 까서 입에 넣어주던 귤 맛을 잊을 수가 없다. 귤만 보면 네 생각이 난다."

쉬팡은 선박과 성냥공장으로 부를 축적한 우시(無錫)의 과학자 집안 딸이었다. 고대 시인들의 시를 볼 때마다 훌쩍거릴 정도로 어린 시절부터 감성이 풍부했다. 시에 대한 애착이 남달랐던지 주옥같은 시들을 많이 남겼다.

1937년 9월, 후스가 주미대사로 부임한 후에도 서신왕래는 계속됐다. 1941년 4월 쉬팡이 미국에 오겠다고 하자 후스는 정신이 번쩍 들었던지 답장을 보내지 않았다. 3년 후 쉬팡이 육군참모학교 교장 쉬페이건(徐培根)과 결혼하자 안도의 한숨을 내쉬었다. 훗날 육군 2급 상장(중장과 대장 사이)까지 오른 쉬페이건은 독일 참모대학을 졸업한 군사학의 대가였다.

후스는 쉬팡이 결혼한 후에는 마음 놓고 만남을 즐겼다. 쉬페이건은 신분이 군인이다보니 전선에 나가 있는 날이 많았다. 쉬팡은 후스가 세상을 떠나는 날까지 주변을 맴돌았다. 1958년 타이완으로 돌아온 후스가 중앙연구원 원장에 취임하자 남편을 졸라 집을 중앙연구원 인근으로 이사했다. 1주일에 몇 번은 후스와 초라한 식당에 앉아 점심을 함께 했다. 후스가 세상을 떠난 후에도 틈만 나면 후스의 무덤을 찾았다. 장둥슈는 남편의 무덤에 갈 때마다 꽃이 있으면 쉬팡이 떠올랐던지 발길로 걷어차버렸다고 한다.

시후西湖의 아름다움을 간직한 여인 차오페이성

여자가 끊긴 적 없기는 주미대사 시절에도 마찬가지였다. 실용주의를 제창한 철학자 존 듀이의 여비서, 심장병으로 70여 일간 입원했을 때 돌봐준 미모의 간호사와도 염문을 뿌렸다.

남들이 전혀 모르던 일이 몇십 년 후에 밝혀져 사람들을 놀라게 하는 것처럼, 세상 사람이 다 아는 일도 세월과 함께 묻혀버리는 경우가 허다하다. 중국 최초의 여류농학자 차오페이성(趙佩聲)과 후스의 관계도 그랬다.

1990년 봄, 상하이의 한 학자가 후스의 미공개 서간과 일기를 찾아내면서 잊혔던 일들이 소상히 밝혀졌다. 차오페이성은 후스와 먼 친척이었다. 1917년 말, 후스의 결혼식 날 언니의 부탁으로 들러리를 서면서 후스를 처음 만났다. 열다섯 살 때였다. 언니는 후스의 셋째 형수였다.

결혼식을 마친 후스는 베이징으로 돌아갔다. 베이징대학 연구실에서 형수에게 편지를 보냈다. "동생이 누구를 닮아서 그렇게 예쁘냐"며 나이와 이름, 성격 등을 꼬치꼬치 캐물었다.

차오페이성은 태어나기도 전에 부모들이 혼사를 결정한 후관잉 (胡冠英)과 결혼식을 올렸다. 형수를 통해 소식을 들은 후스는 직접 지은 시(詩) 한 편을 차오페이성에게 전해달라며 형수에게 보냈다. 시를 읽어본 형수는 동생을 괜히 결혼식 들러리 세웠다며 후회했다.

차오페이성은 결혼 3년이 지나도 시부모에게 손자를 안겨주지 못 했다. 시어머니는 후관잉에게 첩을 얻어줬다. 굴욕을 느낀 차오페이 성은 이혼을 요구했다. 말리는 사람이 아무도 없었다. 혼자 항저우 (杭州)에 나와 원래 다니던 사범학교에서 학업을 계속했다.

중국 현대문학사 최초의 시인단체 호반시사(湖畔詩社)의 조직자 로 이름을 남긴 왕징즈(汪靜之)는 차오페이성의 이혼소식을 듣자 항 저우에 있는 학교로 전학했다. 두 사람은 주말마다 호숫가를 거닐었 다. 차오페이성이 세상 떠난 약혼자의 고모이다보니 갖다 붙이면 핑 곗거리는 충분했다. 당시에 후스의 명성을 모르는 중국인은 없었다. 왕징즈가 베이징에 있는 후스의 근황을 얘기할 때마다 차오페이성 은 얼굴을 붉혔다.

인연이 있는 사람은 언제고 만나게 마련이다. 결혼 6년 후인 1923년 4월, 후스는 심장병 치료를 위해 1년간 베이징대학에 병가(病暇)를 냈다. 장둥슈는 공기 좋은 항저우와 상하이를 오가며 요양하고 싶다 는 후스의 청을 별 생각 없이 수락했다.

"나는 애들 데리고 베이징에 있을 테니 혼자 가라. 상하이에 친 구들이 많다고 들었다. 술집 몰려다니지 말고 여자 조심해라. 가끔 베이징에 올 때 먹을 거 사오는 거 잊지 마라."

왼쪽에서 네 번째 후스, 가운데 앉아 있는 사람 천헝저,
오른쪽에서 두 번째 서 있는 여자 차오페이셩. 1923년, 항저우.

후스는 베이징을 떠나면서 왕징즈에게 편지를 보냈다.

"내려가는 길에 곧 발간될 네 시집의 「서문」을 쓰겠다. 차오페이셩과 함께 시후(西湖)를 산책하자."

왕징즈와 함께 차오페이셩을 만난 후스는 횡설수설 말이 많았다. 시 한 편과 주소가 적힌 쪽지를 차오페이셩에게 건네고 상하이로 떠났다. 시후의 아름다움을 한 여인에게 빗댄 시였다. 총명한 차오페이셩은 무슨 뜻인지 금방 눈치 챘다.

"밝은 가을 달도 미녀의 미소를 따를 수는 없는 법"

상하이에 도착한 후스는 차오페이셩의 편지를 기다렸다. 우편배달부가 왔다가 그냥 갈까봐 걱정이 됐던지 밖에도 거의 나가지 않았다. 5월 25일, 자신의 사진까지 동봉한 차오페이셩의 편지를 받자 그 자리에서 답장을 보냈다. 그날 밤 일기 끝자락에 혹시 분실할지 몰라서 시후에서 함께 찍은 사진들을 풀로 붙여버렸다. 그래도 뭔가 아쉬웠던지 "목 언저리와 옆모습이 특히 아름답다. 비스듬하게 고개를 약간 숙인 모습은 글로 표현하기가 불가능하다. 눈은 말할 것도 없다"고 첨가했다. 6월 2일과 5일에도 차오페이셩의 편지를 받은 후스는 항저우행을 결심했다. 날이 밝기가 무섭게 답장을 보냈다.

항저우에 도착한 후스는 차오페이셩과 함께 차의 명산지 룽징 일대를 산책했다. 모파상의 소설 『여자의 일생』을 이야기하며 계단을 내려오다 차오페이셩이 다리를 삐끗했다. 후스는 부축한 손을 놓으려 하지 않았다.

후스는 명말청초(明末淸初), 양자강을 도하한 만주의 8기병들에 끝까지 저항하다 순국한 장창수(張蒼水)의 무덤이 내려다보이는 산속에 집을 한 채 빌렸다. 차오페이셩도 짐을 싸 들고 산으로 올라왔다. 마침 학교도 방학 중이었다.

후스는 친한 친구들에게 차오페이셩과의 사이를 숨기지 않았다. 8월 8일 서정시인 쉬즈모(徐志摩)가 후스에게 보낸 편지가 남아 있다.

"깊은 산골짜기에서 청풍명월과 함께 신선 같은 생활을 한다고 들었다. 밝은 가을 달도 미녀의 미소를 따를 수는 없는 법. 나는 네가 부러워서 밤잠을 설친다. 본 적은 없지만 나 대신 자오 여사에게 안부 전해주기 바란다."

쉬즈모는 궁금한 것을 못 참는 성격이었다. 왕징웨이(汪精衛)와 마쥔우(馬君武), 천헝저 등 당대의 명물들을 몰고 항저우로 들이닥쳤다. 전당(錢塘)강 구경에 나섰다. 쉬즈모는 개개인 표정을 일기에 남겼다.

"천헝저는 웃고, 후스는 뭐가 그렇게 좋은지 흡족해했다. 차오페이셩은 넋이 나간 사람처럼 강만 바라다봤다."

베이징으로 돌아온 후스는 장둥슈에게 이혼애기를 꺼냈다가 곤욕을 치렀다. 다시는 글이건 말이건 헤어질 리(離) 자는 머리에서 지워버리겠다며 싹싹 빌고 나서야 겨우 용서를 받았다. 반성하겠다며 아들을 데리고 베이징 인근 산속에 가 틀어박혔다. 아들이 잠든 틈을 타 차오페이셩에게 시를 한 편 보냈다.

"밝은 달은 예전과 같고, 멀리 보이는 산도 여전하건만, 혼자 돌아오는 발걸음은 무겁기만 하다. 이 처량함을 어떻게 풀어야 할지! 한밤에 소나무를 스치는 바람은 창밖의 적막을 깨지만, 내 마음속에 어른거리는 너의 그림자를 흩어버리지는 못한다."

"돌아올 테니 기다려라" 한마디, 영원한 이별

후스는 차오페이셩을 난징에 있는 둥난대학(東南大學)으로 전학시켰다. 중양대학(中央大學)의 전신인 둥난대학은 베이징대학과 함께 전국에 두 개밖에 없던 종합대학이었다. 흔히들 "베이징대학이 문·사·철 위주였다면 둥난대학은 과학교육에 치중했다"고들 말하지만 둥난대학 문·사·철 교수들의 수준은 베이징대학 교수들에 비해 손색이 없었다.

차오페이셩은 어릴 때부터 집안에서 고전교육을 받았지만, 후스가 처음에 농학(農學)을 전공했다는 말을 듣자 "좋아하는 사람이 중도에 그만둔 것을 계속하겠다"며 농학과를 선택했다. 졸업 무렵, 장제스를 만나러 난징에 왔던 후스 일행과 함께 지밍사(鷄鳴寺)라는 절에서 불공을 올렸다. 난징을 떠나는 후스가 매정한 말을 남겼다.

"나를 머리에서 지워버려라. 새로운 사람을 찾아라."

차오페이셩은 고개를 흔들었다.

차오페이셩은 타고난 재녀였다. 영문으로 쓴 졸업 논문이 미국 학술지에 실렸다. 후스는 미국유학을 권했다. 모교 코넬대학에 추천장을 써줬다.

후스가 부인의 눈을 피해가며 여자 다루는 기술은 당대에 따라갈 사람이 없었다. 차오페이성이 미국에 도착하자 웨이렌쓰에게 잘 돌봐주라는 편지를 보냈다. 두 여인은 같은 남자를 좋아하는 줄은 꿈에도 생각 못 한 채 가까이 지냈다.

학위 과정을 마치고 귀국한 차오페이성은 안후이대학 농학과에서 교수생활을 시작했다. 푸단대학에서 후학들을 양성하던 중 중일전쟁이 발발했다. 쓰촨대학으로 자리를 옮긴 차오페이성은 친구의 소개로 그럴듯한 사람을 만나 결혼을 약속했다.

차오페이성은 중국최초의 여자 농학교수로 학문적 성취는 이뤘지만, 남녀관계는 제대로 되는 일이 하나도 없었다. 결혼하기로 한 사람의 친척이 상하이에 나왔다가 우연히 장둥슈를 만나 차오페이성에 관해 물었다. 장둥슈는 그간 밀렸던 화풀이를 다했다. "지금도 생각만 하면 복창이 터진다"며 후스와의 관계를 미주알고주알 다 털어놨다.

남자 쪽에서 파혼통보를 받은 차오페이성은 대학에 사직원을 냈다. 아미산(峨眉山)에 들어가 삭발하고 승복을 입었다. 오빠가 달려와 사정을 하는 바람에 다시 교단으로 돌아왔다. 주미대사로 있던 후스도 차오페이성의 친구 우젠슝(吳健雄: 위안스카이의 손자며느리. 량전닝, 리정다오 등 노벨상 수상자들을 키워낸 세계적인 핵물리학자)을 통해 소식을 들었다. 『일기』에 비통함을 토로했다.

1946년 주미대사 직을 마치고 돌아온 후스는 베이징대학 총장에 취임한 후에도 차오페이성에 대한 미련을 버리지 못했다. 2년 후 상하이에 가서 차오페이셩을 수소문했다. 병원에 입원 중인 것을 알자 만사를 제치고 찾아갔다. 국민당의 패망이 짙어갈 때였다. 차오페이셩은 "그간 너무 오랫동안 외국을 떠돌았다. 다시는 이 땅을 떠나지 말라"고 신신당부했다. 미국행을 작정한 후스는 아무 말도 못 하고 훌쩍거리기만 했다. "돌아올 테니 기다려라(等我)" 한마디만 남기고 병실을 나섰다. 영원한 이별이었다.

대륙에 남은 차오페이셩은 동북으로 갔다. 1969년, 선양농과대학에서 퇴직한 후에 고향으로 돌아왔다. 전등도 없는 단칸방에 서가와 책상 한 개 놓고 죽는 날까지 소박한 생활로 일관했다. 1972년, 평생 썼던 일기와 시, 후스와 주고받았던 편지들을 들고 왕징즈를 찾아갔다.

"내 삶이 이 안에 있다. 너는 봐도 된다. 내가 죽으면 모두 불살라 버려라."

이듬해 1월 18일, 차오페이셩은 상하이에서 71세로 세상을 떠났다. 임종 직전에 옛 제자였던 의사에게 유언을 남겼다.

"내가 죽으면 고향 입구 길가에 유골을 묻고 내 이름 새긴 비석을 세워라. 후스가 고향에 가려면 꼭 거쳐야 하는 길이다."

의사는 듣기만 했다. 후스가 10년 전 타이베이의 중앙연구원에서 세상을 떠났다는 말이 차마 나오지 않았다.

후스와 차오페이셩이 태어난 안후이성 지시현(績溪縣) 왕첸(旺川) 마을 입구에 가면 차오페이셩의 묘비가 서 있다. 후스의 옛집을 찾는 방문객 중에는 후스의 업적을 찬양하다가도 차오페이셩의 묘비 앞에만 서면 후스의 욕을 한바탕 늘어놓으며 너털웃음을 터뜨리는 사람들이 많다.

루쉰 삼형제의 불화

"우리는 모두가 가련한 인간들, 지금 겪는 것들이 진정한 인생이다."

남이 사준 사탕 먹으며 책만 보다

1909년, 일본유학에서 돌아온 루쉰(魯迅: 본명은 저우수런周樹人)은 항저우(杭州)·사오싱(紹興)·난징에서 3년, 베이징(北京)에서 14년, 샤먼(廈門)·광저우에서 1년, 상하이에서 9년 등 모두 27년간 사회활동을 했다. 교사와 교육부 직원을 거쳐 교수도 했지만 고정된 직업이 있었다 없었다 하다보니 경제상황을 궁금해하는 이들이 간혹 있다. 제대로 된 수입이 있었을 것 같지 않다는 얘기다. 처음 3년은 경제적으로 어려웠다. 옷을 못 사 입을 정도는 아니었지만, 단오절에서 중양절까지 겉옷을 한 번도 갈아입지 못했다. 담배 물고 사탕 우물거리며 밤늦게까지 책 보는 습관이 있었지만 사탕은 남이 사다 주는 것만 먹었다. 담배도 싸구려만 피웠다. 이유는 책 때문이었다. 도서 구입비가 지나치게 많았다. 교사 월급 30은원(銀元)이 박봉은 아니었다. 1은원은 당시 한 가구 한 달 부식비로 충분했다.

24년간 가계부 쓴 대문호 루쉰

루쉰은 1912년 5월 5일, 베이징 교육부에 근무하던 시절부터 1936

년 10월 19일, 상하이에서 세상을 뜨기 전날까지, 24년간 매일 일기를 썼다. 루쉰의 일기는 두 가지 특징이 있다. 말이 일기지 수입에 관한 기록이 수천 군데일 정도로 상세하고, 매년 구입한 책과 가격을 연말에 따로 정리했다. 가계부를 겸한 책 구입 장부 격이었다. 고정봉급 외에 원고료와 강연료가 루쉰의 주 수입원이었다. 베이징 시절 교육부는 봉급을 많이 줬다. 월 300은원을 받았다. 8개 대학에 출강한 적도 있었지만 강의료는 많지 않았다. 1922년부터는 인세도 들어왔다. 참고로 베이징대 도서관에서 사서로 근무하던 마오쩌둥은 매달 8은원을 받았다. 상하이 시절은 고정 수입이 없었지만 경제적으론 아주 풍족했다. 인세와 편집비가 현재 인민폐로 환산해 54만 위안에 달한 해도 있었다. 매달 아무리 적어도 2만 위안 정도는 웃돌았다.

24년간 총수입이 12만 은원을 넘었던 루쉰이 가장 중요시한 것은 책이었다. 베이징 시절 2,000은원짜리 집을 사면서 도서 구입으로는 4,000은원을 썼다. 총서와 전집류를 포함해 1만 7,000여 종의 책과 탁본, 고대 판화 등을 모두 자력으로 구입했다.

루쉰이 교육부를 사직하고 외로운 전사(戰士)로 나설 때 차이위안페이(蔡元培)가 계속해 300은원을 지급하려 했지만 거절했다. 루쉰은 자유로운 사고와 독립된 인격 형성에 장애요소가 무엇인지 가장 잘 아는 사람이었다. 무슨 일을 할 때 남에게 손을 벌리거나 후원금을 요구한 적이 단 한 번도 없었다. 그래서 루쉰이다.

루쉰은 1902년에는 국비 유학생으로 선발되어 일본으로 갔으며
1904년에 센다이 의학전문학교에 입학했다.
강의 도중에 중국인 처형 장면을 보여주는 영화가 상영되자,
이에 분노하여 자퇴, 중국으로 돌아와 교사 생활을 했다.
1912년 중화민국 난징 임시정부의 교육부 장관 차이위안페이가
루쉰을 찾아 이때부터 교육부에서 일하게 되었다.
앞줄 왼쪽부터 아그네스 스메들리, 차이위안페이, 루쉰.
뒷줄 왼쪽부터 버나드 쇼, 쑹칭링.

사이좋은 한 지붕 삼형제

1919년, 베이징의 북양정부 교육부에 근무하던 루쉰은 팔도만(八道灣)에 전형적인 사합원(四合院) 한 채를 구입했다. 고향에 있는 가족들도 불렀다.

루쉰은 중간 채에 살고 어머니 루루이(魯瑞)는 큰며느리 주안(朱安)과 바깥채에 살았다. 바로 밑의 동생 저우쬐런(周作人)과 일본인 부인은 막내 젠런(建人) 부부와 함께 뒤채에 살았다. 쬐런과 젠런의 부인은 형제의 일본유학시절 하숙집 주인 딸들이었다.

중국 신문학의 거성인 루쉰과 저우쬐런 형제는 한집에서 별 탈 없이 잘 지냈다. 막내 젠런은 직업이 없었지만 형들이 벌어오는 돈으로 경제적인 어려움은 없었다. 돈이 생기면 같이 쓰고, 먹을 게 생기면 나눠 먹었다. 하루 세 끼는 물론이고 밤참도 따로 먹는 법이 없었다. 어머니는 몰락한거나 진배없던 집안이 다시 일어선 것 같다며 좋아했다. 직접 골라준 큰며느리 주안을 장남 루쉰이 남처럼 대하는 것 외에는 걱정거리가 없었다.

살림은 저우쬐런의 부인 신쯔(信子)가 도맡아 했다. 제수 두 명이 모두 일본여인, 그것도 자매들이다보니 삼형제의 생활방식도 일본식으로 변했다. 루쉰은 목욕하기 좋아하는 제수들을 위해 일본식 목욕탕도 집안에 만들었다. 당시 베이징에는 목욕탕 있는 집이 거의 없었다.

루쉰의 집은 항상 사람들로 북적거렸다. 일본유학을 마친 문화인이나 교육계 인사, 제자들이었다. 베이징대학 총장 차이위안페이는 거의 단골이었고, 미국 유학에서 돌아온 후스도 틈만 나면 팔도만을 찾았다. 1922년 2월, 지나는 길에 루쉰과 차 한 잔 마시러 들렀던 후스는 그날 밤 일기에 형제에 대한 정확한 평가를 남겼다.

"루쉰은 집에 없었다. 저우쭤런과 오래 얘기를 나눴다. 일본식 점심도 얻어먹었다. 빨리 돌아오라는 집사람 말이 생각나 나갈 채비를 하던 차에 루쉰이 돌아왔다. 루쉰과 이런저런 이야기 나누느라 시간 가는 줄 몰랐다. 이 형제는 보면 볼수록 정이 간다. 천재란 이런 사람들이 아닐까. 루쉰은 감상력과 창조력을 겸비했다. 저우쭤런은 형과 다른 점이 많다. 감상력은 뛰어나지만 창조력은 형만 못하다."

세 살 터울인 루쉰과 저우쭤런은 우애가 남달랐다. 세상을 보는 관점은 각각이었지만 공원도 같이 산책하고 왕푸징(王府井)의 둥안(東安) 시장과 외국인 거주지역인 둥자오민샹(東交民巷)의 일본서점에도 늘 함께 다녔다.

막내 젠런은 자신이 형들에 비해 뭔가 부족하다는 생각이 강했다. 큰형은 당당한 교육부 직원이었고, 작은형은 베이징대학 교수였다. 형들의 도움으로 베이징대학에 사회학과 철학 강의를 들으러 다녔지만 정식 학생은 아니었다. 직업도 없었다. 용돈이라도 벌기 위해 번역에 매달렸다. 출판사에 보내는 족족 원고가 되돌아왔다. 젠런은 베이징을 떠나기로 작정했다. 원인은 부인 팡쯔(芳子)였다.

저우쭤런은 일본정부 아래서 국무위원 겸 교육부장을 지냈으며,
야스쿠니 신사에 참배한 최초의 중국인이다.
이러한 친일 행각으로 인해 자객이 쏜 총탄에
목숨을 잃을 뻔한 사건이 일어났다. 문혁 시절, 홍위병에게
가택수사를 당하는 날의 저우쭤런.

부인을 남겨두고 길 떠나는 막내 젠런

팡쯔와 젠런은 원래 금실이 좋았다. 첫애가 요절한 다음부터 팡쯔가 이상해지기 시작했다. 감정의 기복이 심하고 쓸데없는 물건 사기를 좋아했다. 한 보따리 사 들고 와서는 구석에 처박아놓고 열어보지도 않았다. 그러다보니 남자 두 명이 벌어다 주는 돈을 멋대로 관리하는 언니 신쯔를 항상 부러워했다. 남편 젠런에게 툭하면 무능하다고 욕을 해댔다. 유창하지도 않은 중국어로 퍼부어대다보니 듣기에 더 흉했다. 어찌나 심했던지 정신병이라고 얘기하는 사람이 있을 정도였다. 루쉰 집안과 잘 아는 사람이 기록에 남겼다.

"일본유학시절에 본 일본인과 중국에 와 있는 일본인들은 달라도 너무나 달랐다. 순하고 근검절약하는 일본사람들이 중국에만 오면 오만해지는 이유가 뭔지를 모르겠다. 루쉰의 제수인 중국여인들은 그중에서도 정도가 심했다. 한번은 이런 일이 있었다. 저우쭤런과 젠런 가족이 야외로 놀러 나갔다. 젠런도 당연히 가는 줄 알고 따라 나서자, 팡쯔가 '너도 갈 거냐? 돈은 있느냐?'라며 면박을 줬다. 젠런은 어릴 때부터 잔병이 많았다. 어머니의 사랑이 극진했고 형들도 막내를 잘 돌봤다. 엄했던 조부도 젠런에게만은 관대했다. 팡쯔의 모욕에 곤혹스러워한 적이 한두 번이 아니다. 다들 젠런을 안쓰러워했다."

젠런은 팔도만을 떠나기로 작정했다. 형들에게 도움을 청했다. 저우쭤런의 부탁을 받은 후스가 상하이에 일자리를 알아봤다. 후스가 저우쭤런에게 보낸 편지가 『후스서신집』에 실려 있다.

"상무인서관(商務印書館)에서 젠런을 채용하겠다는 연락이 왔다. 한 달에 60원을 준다고 했다. 박봉이긴 하지만 본인이 원한다면 당장 상하이로 가도 된다."

젠런은 무조건 가겠다며 짐을 꾸렸다. 팡쯔는 "가려면 너 혼자 가라"며 팔도만을 떠나지 않았다.

루쉰과 저우쭤런은 막내를 위한 송별연을 베풀었다. 삼형제는 저녁을 마칠 때까지 한마디도 나누지 않았다. 형들은 동생이 떠나려는 이유를 알았지만 어쩔 도리가 없었다. 상하이에 내려온 젠런은 박봉과 병고에 시달렸다. 베이징에 있는 팡쯔에게 아이들 데리고 상하이로 오라는 편지를 보냈지만 팡쯔는 편안한 팔도만 생활을 포기하려하지 않았다. 남편의 요구를 앙칼지게 거절했다.

젠런도 팡쯔에게 정이 떨어졌다. 착하디 착한 사범학교 학생과 새로운 가정을 꾸렸다. 주변에서 고생길이 열렸다며 여학생을 염려했다. 훗날 저장성 성장과 전인대 부위원장의 부인이 될 줄은 아무도 몰랐다.

루쉰 형제의 절교 미스터리

젠런은 팔도만의 가족들과는 완전히 단절했지만 형들과는 연락이 빈번했다. 베이징에서 함께 생활했던 시절을 기념이라도 하듯이 세명 공동으로 책을 한 권 냈다.

젠런이 떠나자 팔도만의 분위기가 전 같지 않았다. 웃음소리가 끊어지고, 눈치를 챘는지 내방객들도 줄어들었다.

1923년 7월 19일, 생각지도 않았던 사건이 발생했다. 오전 외출에서 돌아와 쉬고 있던 루쉰에게 안색이 새파래진 저우쭤런이 달려와 편지 한 통을 건네주고 획 돌아서 가버렸다. 루쉰의 7월 14일 일기에 "방에서 반찬 한 개만 놓고 혼자 밥을 먹었다"는 구절이 있는 것을 보면 이상한 징조는 며칠 전부터 있었다.

저우쭤런이 루쉰에게 건넨 편지 내용은 간단했다.

"루쉰 선생, 나는 어제야 모든 것을 알았다. 그러나 이미 지난일들을 다시 들춰내 말하고 싶진 않다……. 나는 기독교도가 아니지만 당신을 책하고 싶지는 않다. 우리는 모두 가련한 인간들이기 때문이다. 내가 이전에 꾸었던 장밋빛 꿈은 환상이었다. 지금 겪는 것들이 진정한 인생이다……. 부디 자중해라. 나도 새로운 생활을 시작하겠다. 이후로는 제발 내 방 근처에 오는 일이 없기를 바란다."

형이 아닌 '루쉰 선생'이라는 호칭을 썼고 자중(自重)하라는 말로 끝을 맺었다. 이쯤 되면 절교 선언이나 마찬가지였다. 루쉰은 무슨 일인지 얘기라도 해보자며 달려갔지만 거절당했다.

온 밤을 뜬눈으로 새운 루쉰은 짚이는 바가 있었던지, 날이 밝기가 무섭게 사방으로 집을 보러 다녔다. 가족들과 어울리지 못하고 밥도 시장에서 사온 반찬 한 개만 놓고 서재에서 혼자 먹었다. 책과 비품들은 그대로 둔 채 친구에게 800원을 빌려 마련한 집으로 몸만 빠져

나왔다. 어머니는 큰아들과 살겠다며 며느리 주안을 데리고 루쉰을 따라 나섰다. 루쉰은 이 기회에 주안과 완전히 헤어지려 했다. "고향으로 돌아가라"고 했다. 주안은 듣지 않았다.

저우쭤런은 "사람을 보내 물건을 가져가도록 하라"는 편지를 보냈다. 루쉰은 사람을 시키지 않았다. 10개월 후 직접 갔다. 더 큰 일이 벌어졌다.

루쉰이 집 안에 들어서는 것을 본 순간, 방 안에서 번개같이 튀어나온 저우쭤런 부부가 루쉰을 향해 귀에 담기 힘든 욕설을 퍼부어댔다. 동그란 얼굴에 눈은 작고 통통한 체형의 일본인 제수는 전화통에 대고 친구들에게 "빨리 오라"며 고래고래 소리를 질러댔고 저우쭤런은 사자 모양의 청동 향로를 루쉰의 머리를 향해 집어던졌다. 다행히 옆에 있던 사람이 저우쭤런의 팔을 잡는 바람에 루쉰은 겨우 목숨을 건졌다.

루쉰도 도저히 못 참겠는지 도자기로 된 베개를 있는 힘을 다해 저우쭤런에게 집어던졌다. 사람들이 몰려들어 둘을 가까스로 떼어놓은 후에야 루쉰은 물건들을 수습해 떠났다.

루쉰과 저우쭤런의 불화는 호사가들의 호기심을 자극했다. 온갖 설이 난무할 수밖에 없었다. 제수 신쯔가 목욕할 때 몰래 훔쳐보다 들켰다는 설이 가장 그럴듯하지만 확인할 방법은 없다. 밤마다 동생 부부의 침실을 기웃거리고 창 밑에 귀를 대고 있었다는 소문도 한동안 떠돌았다.

1923년 4월 베이징에서 국내외 문인들과 자리를 함께한
저우쭤런(앞줄 맨 왼쪽)과 루쉰(앞줄 왼쪽 두 번째).

칼로 도려낸 루쉰의 일기장

불화 12년 후 루쉰은 상하이에서 세상을 떠났다. 저우쭤런은 새벽에 형이 죽었다는 막내 동생 젠런의 전보를 받았지만 평소처럼 학교에 나갔다. 수업이 시작되자 "형님이 세상을 떠났다. 오늘은 휴강하겠다"는 말을 남기고 집으로 돌아왔다. 장례식에도 참석하지 않았다.

훗날 저우젠런은 「루쉰과 저우쭤런」(魯迅與周作人)이라는 글에서 형들의 불화가 형수 신쯔 때문이라고 단정했다.

"고향에 있을 때는 엄마가 집안 살림을 다했다. 베이징으로 이사 온 다음부터는 저우쭤런의 처 신쯔가 살림을 도맡았다. 신쯔는 게으르고 낭비가 심했다. 돈도 물 쓰듯이 했다. 인력거꾼과 청소 세탁하는 사람, 요리사, 시장 보는 일꾼 등 남녀 고용인을 여섯 명이나 두고 손 하나 까딱 안 했다. 베이징에서 관직에 있었던 할아버지도 집안에 이렇게 많은 사람을 고용한 적이 없었다. 만두도 먹다 남은 건 전부 쓰레기통에 버렸다. 밖에 나갈 때는 자동차를 불렀고, 몸이 조금만 아파도 독일인 의사나 일본인 의사를 집으로 오게 했다. 루쉰은 항상 돈에 쪼들렸다. 병원비 마련하기 위해 돈을 빌리러 다닌 적도 많았다. 나를 붙잡고 하소연 한 적이 한두 번이 아니었다."

저우쭤런은 죽는 날까지 형과의 불화에 관한 말을 거의 하지 않았다.

중일전쟁이 발발했을 때도 저우쭤런은 베이징을 떠나지 않았다.

일본군 점령지역에서 베이징대 문학원장과 교과서 편수위원 등을 지냈다. 일본인 중에는 저우쭤런의 글을 좋아하는 사람이 많았다.

일본이 항복한 뒤 저우쭤런은 한간(漢奸: 매국노)재판에 회부됐다. 14년형을 선고받았지만 중화인민공화국 수립 후 보석으로 풀려났다. 1967년 세상을 떠날 때까지 인민문학출판사에 근무하며 희랍신화와 일본문학작품 등을 번역했다.

루쉰과 저우쭤런은 평생 일기를 썼다. 훗날, 저우쭤런은 형과의 불화가 있었던 날들의 일기는 칼로 도려냈다. 루쉰도 간략한 사실만 적어놓았을 뿐, 정황을 짐작할 수 있는 기록은 남기지 않았다.

형제가 불구대천의 원수가 된 이유는 알 길이 없지만, 루쉰이 걸출한 산문가이며 버거운 동생을 뒀던 것만은 확실하다.

일본의 호의를 거절하지 못한 저우쭤런의 말년

1937년 7월, 일본군이 톈진을 점령했다. 베이징은 풍전등화였다. 각 대학의 교직원과 학생들은 남하하기 시작했다. 친형인 루쉰과 함께 중국 문화와 문학에 거대한 영향을 미친 저우쭤런은 베이징을 떠나지 않았다. 집안에서 번역이나 하겠다는 것이 잔류 이유였지만 일본인부인이 베이징에 있겠다고 고집을 피운 게 더 큰 이유였다. 저우쭤런은 일상용품을 잔뜩 구입해 쌓아놓고 두문불출했다.

일본군은 저우쭤런에게 온갖 호의를 베풀었다. 저우쭤런은 부인의 재촉도 재촉이지만 미안해서 견딜 수가 없었다. 문화좌담회에 참석하면서부터 친일 행각이 시작됐다. 얼마 후 자객이 쏜 총탄에 목숨을 잃을 뻔한 사건이 발생했다. 저우쭤런은 거리가 먼 탓에 출퇴근길이 위험할 수 있다는 일본인들의 권고를 받아들였다. 옌징대학 교수직을 사임하고 베이징대학 문학원 원장으로 자리를 옮겼다.

1941년 난징에서 일본의 괴뢰정부를 수립한 왕징웨이는 저우쮀런을 국무위원 겸 교육부장에 임명했다. 이쯤 되면 일본군의 어용도구로 전락했다고 봐도 좋았다.

생활이 바뀌기 시작했다. 우선 집부터 뜯어고쳤다. 집 안에 일본식 다다미방을 만들고 가구도 일본제품으로 바꿔버렸다. 일본인 내방객이 줄을 이었고 중국어보다 일본어를 사용할 기회가 더 많아졌다. 복장도 일본옷이 더 잘 어울렸다. 게다가 부인도 일본여자였고 함께 사는 제수도 일본여자였다. 몸에 조금만 이상이 있어도 일본인 의사를 찾아갔다. 야스쿠니 신사에 참배한 최초의 중국인이었고 일본군 소장 군복을 입고 학생군을 사열했다.

항일전쟁에 승리한 국민당 정부는 1945년 9월부터 본격적인 친일파 숙청(肅奸)작업을 시작했다. 군사위원회 조사통계국(軍統) 국장 다이리가 화베이(華北) 지역의 한간(漢奸)들을 체포하기 위해 베이징에 와 있다는 소문이 은밀히 퍼지기 시작했다.

10월 6일 오전 저우쮀런에게 초청장 한 장이 배달됐다. 당일 오후 5시, 화베이(華北)정무위원회 위원장이 베푸는 만찬에 참석해달라는 정중한 내용이었다. 저우쮀런은 제시간에 정해진 장소에 갔다. 초청받은 사람들 모두 어안이 벙벙했다. 한결같이 한간으로 지목받는 사람들로 연회장이 채워졌기 때문이다.

연회가 시작되고 술이 몇 순배 돌 무렵 얼굴이 말(馬)처럼 생긴 사람이 건배를 제의하며 "한간죄(漢奸罪)로 모두 체포한다"고 선언했

새벽에 형 루쉰이 죽었다는 소식을 듣고도 평소처럼
학교에 나갔던 둘째동생 저우쭤런.
수업이 시작되자, "형님이 세상을 떠났다.
오늘은 휴강을 하겠다"는 말을 남기고 돌아왔다.
장례식에는 참석하지 않았다.
한간재판에 회부되어 출두 중인 저우쭤런(왼쪽에서 세 번째).

다. 저녁 얻어먹으러 왔다가 일망타진된 화베이 일대의 한간들은 통째로 감옥으로 직행했다. 한간 중에서도 거물로 분류된 저우쯔런은 6개월간 조사를 받고 난징으로 이송됐다.

"우리 능력으론 도저히 불가능한 고전 번역을 의뢰해라"

한간재판에 회부되자 의절했던 친구 14명이 법원에 선처를 요구하는 「청원서」를 제출했다. "나를 구하려 한다니 그 은덕이 산(山)과도 같다"며 민망해했다.

저우쯔런은 일본과 통모한 혐의가 인정돼 제1심에서 징역 14년에 10년간 공민권 박탈을 선고받았다. 눈에 드러나게 큰 죄를 짓지 않았고, 직책이 주로 문화와 관련된 것들이었다는 이유로 대법원에서 4년을 감형받았지만 가족들의 생계유지를 위한 생활비를 제외한 모든 재산은 몰수당했다.

복역은 오래 하지 않았다. 상하이에서 복역하던 중 국·공전쟁에서 패색이 짙어진 국민정부가 무기징역 이하를 선고받은 형사범들을 석방하는 바람에 2년 만에 자유를 되찾았다.

중공 정권 수립 후 저우쯔런의 처지는 암울했다. 마오쩌둥에 의해 대한간으로 거론된 적이 있다보니 어쩔 도리가 없었다. 싸구려 술 한 병 사들고 집에서 멀리 떨어진 공터에 넋 잃은 사람처럼 앉아 있다 돌아오곤 했다.

인민문학출판사는 "저우쯔런이 건재할 때 우리 능력으론 도저히 불가능한 고전 번역을 의뢰해라. 최고의 원고료를 지급해라. 지금은 출판이 불가능해도 언젠가는 출판할 수 있는 날이 온다"며 저우쯔런의 재능을 활용했다. 덕분에 한동안 안정된 생활을 누릴 수 있었지만 잠시였다.

고생은 했지만, 1966년 문혁 발생 초기에 세상을 떠나는 바람에 험한 꼴은 면할 수 있었다.

석탄 더미 속에서 기사회생한 『루쉰전집』

루쉰은 생전에 『전집』을 준비한 적이 있었다. 손수 목록을 작성하고 분류까지 했지만 출간을 못 보고 세상을 떠났다. 국민당 정권은 출판에 대한 규제가 엄격했다. 특히 개인의 전집은 허가를 받아야 했다. 정부는 『루쉰전집』의 출판에 대해 가타부타 답변을 해주지 않았다.

루쉰의 장례식이 끝나자 쉬광핑(許廣平)은 남편의 육필 원고를 들고 이사했다. 가택 수색에 대비해 원고를 부엌의 석탄 더미 속에 숨겨 놓고 『전집』 출판을 위해 동분서주했다. 성부와의 소통을 위해 남편이 생전에 담을 쌓고 살았던 후스에게 편지를 썼다. 후스는 '루쉰 기념위원회' 위원직을 수락하고 팔을 걷어붙였다.

중일전쟁이 발발하자 원고의 안전을 걱정하는 사람들이 늘어났다. 쉬광핑과 제자들은 더욱 『전집』 출판을 서둘렀다. 살기 싫은 세상을 억지로 살며, 울화통 터질 때마다 어찌나 써댔던지 그간 단행본으로 나온 것 외에 유고만 해도 양이 엄청났다.

인쇄비 마련을 위해 문화계의 내로라하는 사람들이 모여 앉아 머리를 짜냈다. 미국 다울링(Dowling)사의 최고급 용지를 사용하고 차이위안페이가 제자(題字)를 한 정장기념본을 예약받기로 했다. 정가

루쉰 사후, 부인 쉬광핑은『전집』출간을 위해
원고를 석탄 더미에 숨겨두고 동분서주했다.
4개월 만에 출간된『루쉰전집』은 그야말로 '명품'이었다.
루쉰 50세 생일기념사진.

는 200위안, 예약자에 한해서는 100위안이었다. 당시 시중에 나돌던 송(宋)대 판본과 비슷한 가격이었다. 홍콩에 있던 쑨원의 아들이 열 질을 예약했고 팔로군(八路軍) 쪽에서도 예약권을 여러 장 구입했다.

후일 신중국의 초대 최고인민법원장에 취임하게 되는 선쥔루(沈鈞儒)는 예약권을 팔아주기 위해 다과회를 열었다. 국민당 인사들을 대량 초청했다. 이재에 소질이 있다고 알려진 사람이 돈 있는 국민당 추종자들을 몰고 나타나 열 질을 구입했다. "투자가치가 있다"는 소문이 금세 퍼졌다. 경비문제가 해결되자 쉬광핑은 편집에 날밤을 새웠다. 루쉰의 제자들은 인쇄소에서 살다시피했다. 4개월 만에 인쇄와 제본이 완성됐다. 1938년 8월 1일, 루쉰 사망 22개월 후였다.

마오쩌둥, 전쟁터에서도 『루쉰전집』 애지중지

전집은 모두 20권이었다. 보급판과 함께 정장본도 냈다. 일련번호를 붙인 정장기념본은 200질을 만들었다. 남목(楠木)으로 상자를 만들어 문을 열면 위·아래층으로 나뉜 아주 품위 있는 가구 형태였다.

정장기념본은 나오자마자 문물 취급을 받았다. 1960년대에 중국에 와서 살다시피했던 캄보디아의 시아누크는 1938년판 『루쉰전집』 정장기념본을 구하고 싶어했다. 소문을 들은 저우언라이가 선물을 하려고 했지만 구할 수가 없었다. 소장자들에게 눈치를 줘도 내놓겠다는 사람이 없었다. 쉬광핑이 한 질을 보내주는 바람에 저우는 시아누크에게 체면이 섰다. 쉬광핑은 세 질을 소장하고 있었다.

마오쩌둥도 한 질을 갖고 있었다. 출처는 불분명했지만 일련번호

58번이 찍힌 진본이었다. 틈날 때마다 꺼내 보며 애지중지했다. 전쟁 시절 여러 곳을 전전할 때도 『루쉰전집』 정장기념본만은 꼭 챙겼다. 중난하이 입주 후에도 여전했다.

한번은 전집을 뒤적거리다가 주변 사람들에게 "참 보관에 애먹은 책이다. 여기저기 옮겨 다니다보면 노상에서 적과 교전하는 경우가 있었다. 전사들이 등에 나눠 지고 행군하고 전쟁하고 그랬다. 아직까지 멀쩡한 게 기적이다. 나를 위해 등에 지고 다닌 전사들에게 감사해야 한다"며 『루쉰전집』을 쓰다듬었다.

중국의 중학생 교과서에 루쉰의 글 대신 량스치우(梁實秋)의 산문을 넣은 지도 몇 년이 지났다. 량스치우도 후스처럼 루쉰과 생전에 각을 세웠던 사람이었지만, 그의 딸에 따르면 죽는 날까지 『루쉰전집』과 『셰익스피어전집』을 손에서 놓지 않았다고 한다. 루쉰의 글이야말로 중국인들의 영혼이며 개개인의 살아 있는 역사였기 때문이다. "중국의 사회와 역사, 특히 중국인을 이해하려면 『루쉰전집』을 읽어야 한다"는 말을 한 사람도 량스치우였다. 한글 완역판이 나올 날도 머지않았다.

승산 없는 싸움은 하지 않는다 6

역사의 주인공들은 특징이 있다.
꼼꼼함이라는 기본기 외에
바르고^正, 사악하고^邪, 밝고^明, 어두운 면^暗을
자유자재로 구사했다.
머리구조가 복잡하고,
몇 마디로 정의 내리기가
불가능한 사람들이 대부분이다.

섭정왕 짜이펑과 대전략가 위안스카이

"의사와 약 몇 첩이 인간의 운명을 바꿀 수 없다."

"다시는 부인네들이 국정에 끼어들지 못하게 해라"

청(淸)나라는 섭정왕에서 시작해 섭정왕으로 막을 내렸다고 흔히들 말한다. 호사가들의 말이지만 틀린 말도 아니다.

1616년, 만주를 통일한 건주여진(建州女眞)의 지배자 누르하치가 후금(後金)을 건립했다. 20년 후, 누르하치의 8남 홍타이지(皇太極)이 황제를 칭하며 대청 제국(大淸帝國)을 선언했다.

1643년, 홍타이지이 급서하자 권력투쟁이 벌어졌다. 가장 강력한 황제 후보였던 누르하치의 14남 도르곤(多爾袞)이 홍타이지의 아들인 다섯 살배기 푸린(福臨: 순치제)을 황제에 추대했다. 아버지 누르하치의 유언에 의해 아름다웠던 생모를 순장했던 도르곤의 대정치가다운 돌발행동에 다른 후보자들은 무릎을 꿇었다.

섭정왕을 자처한 도르곤은 군대를 몰고 산하이관을 넘었다. 명(明)나라를 멸망시킨 이자성(李自成)의 농민군을 베이징에서 내쫓고 천하에 군림했다. 1650년, 38세로 세상을 떠나는 날까지 황제나 다를 바 없었다.

도르곤 사망 258년 후, 두 번째이자 마지막 섭정왕이 역사의 무대에 등장했다. 1908년 가을, 제국의 실권자 자희(慈禧: 서태후)와 황제 광서제(光緖帝)는 마지막 숨을 몰아쉬고 있었다. 11월 13일, 서태후는 광서제의 동생인 제2대 순친왕(醇親王) 짜이펑과 푸이 부자를 섭정왕과 후임 황제에 각각 임명했다. 다음 날 광서제가 세상을 떠났다.

또 하루가 지났다. 15일 오후, 늦은 점심을 마친 서태후가 갑자기 혼절했다. 몇 시간 동안 휴식을 취한 후에야 마지막 정신이 돌아왔다. 만면에 근심이 가득한 권신들에게 이틀 전에 했던 말을 재삼 반복했다.

"내 병세가 심상치 않다. 더 이상 일어날 기력이 없다. 국정의 모든 권한을 순친왕 짜이펑에게 이양한다. 중요한 일이 발생하면 새 태후와 의논은 하되 결정은 순친왕이 해라."

죽음 앞에서는 모두가 평등했다. 48년간 정국을 주도하던 서태후도 황천길을 떠났다. 독살설을 필두로 온갖 소문이 난무했다. 서태후가 마지막으로 남겼다는 말이 제일 오래갔다.

"다시는 부인네들이 국정에 끼어들지 못하게 해라. 환관들의 농간에 놀아나기 쉽고, 황실의 가법에도 위배된다."

나머지는 금세 수그러들었다. 평소 좀 모자란다는 소리 듣던 남자일수록 입을 놀리다가 모가지가 떨어져 나갔다. 궁궐과 감옥처럼 담장이 높은 곳도 없다. 5성급 감옥이나 진배없는 궁궐 속에서 벌어진 일이다보니 확인할 방법도 없었다.

독일 황제에게 허리 굽히기를 거부한 짜이펑

전 세계가 하루아침에 노(老)제국의 새로운 통치자로 등장한 25세

388

의 청년을 주목했다. 하고많은 황족들 중에서 짜이펑을 지목한 서태후의 의중을 가늠하느라 바삐 움직였다. 세 살짜리 황제는 덤이었다.

짜이펑은 황족들 중에서 두드러진 편이 아니었다. 어렸을 때부터 내성적이고 침착했다. 부끄러움도 잘 탔다. 남들이 보기에는 그랬지만, 서태후만은 예외였다. 아무런 표정이 없는 짜이펑을 볼 때마다 시동생이며 매부였던 이솬(奕譞)의 젊은 시절 모습이 어른거렸다. 부전자전은 어쩔 수 없다며 웃기 일쑤였다. 주변에서 나약한 게 흠이라고 하면 모르는 소리 그만 하라며 화를 냈다. 그럴 만한 이유가 있었다.

1850년 함풍제(咸豊帝)가 즉위했다. 함풍제는 동생 이솬을 순군왕(醇郡王)에 봉했다. 직함은 번듯해 보이지만 별것도 아니었다. 나이도 열 살에 불과했다. 함풍제 재위기간 이솬은 두각을 나타내지 못했다. 어느 구석에 있는지 잘 보이지도 않았다.

1861년 함풍제가 재위 11년 만에 세상을 떠났다. 아들이라곤 여섯 살밖에 안 된 서태후 소생이 유일했다. 임종 직전 여덟 명의 권신들에게 240여 년 전 누르하치와 비슷한 유언을 남겼다.

"어린 황제에 젊은 황태후, 나라를 절단 낼지 모른다. 수렴청정을 실시하되 도저히 안 되겠다는 생각이 들면 태후를 죽여버려라."

서태후는 시동생 공친왕(恭親王)과 정변을 일으켜 권신들을 제거했다. 평소 조용하던 21세의 이솬이 전광석화처럼, 눈 하나 깜짝 않고 공친왕의 대열에 합류하리라고는 생각도 못 했다.

실권을 장악한 서태후는 야심 많고 활달한 공친왕보다 이솬을 더 좋아했다. 이솬을 순친왕에 봉하고 친정 여동생과 결혼시켰다. 친왕과 군왕은 천지 차이였다.

아들 동치제가 세상을 떠나자 서태후는 이쫜의 장남을 황제(광서
제)에 앉혔다. 이쫜이 죽자 짜이펑이 순친왕을 계승했다. 서태후는
짜이펑도 총애했다.

20세기 벽두, 의화단(義和團) 사건이 발생했다. 교회가 화염에 휩
싸이고 선교사와 외국인들이 맞아 죽었다. 독일공사가 피살되고 8개
국 연합군이 베이징을 점령했다. 서태후는 변복 차림으로 황제와 함
께 시안으로 도망쳤다.

독일 측에서 「사죄사」를 보내라고 압박했다. 서태후는 짜이펑을
파견했다. 황제의 친동생이다보니 자격에 손색이 없었다.

독일에 체류하는 동안 짜이펑은 "독일 황제가 정좌하면 세 번 허
리 굽혀 절하라"는 독일 측의 요구를 거절했다. 평소 겸손하고 조용
했던 사람답지 않게 "바다에 빠져 죽을지언정, 독일 황제 앞에 무릎
을 꿇을 수 없다"며 2주일간을 버텼다. 서태후의 선택이 틀리지 않았
다는 것을 입증했다.

'세 살 황제' 푸이, 보좌에 앉아 "빨리 집에 가자"

1908년 12월 2일 오전 9시쯤, 자금성(紫禁城) 태화전(太和殿)에서
황제 즉위식이 열렸다. 25세 생일을 갓 지난 섭정왕 짜이펑이 세상
구경한 지 3년이 채 안 된 장남 푸이를 보좌(寶座)에 앉혔다.

그해 겨울은 유난히 춥고 길었다. 날씨는 황제라고 봐주지 않았다.
푸이는 얼음덩어리나 다름없는 의자에 앉자마자 몸을 뒤척였다. 마
당에 엎드린 신하들이 쭈그렸다 일어서기를 반복하며 괴상한 소리

3세 생일 얼마 후 황제 자리에 오른 형 광서제가 37세 때
세상을 등진 것을 본 제2대 순친왕 짜이펑은 세 살의 장남 푸이가
황제가 되는 것을 탐탁해하지 않았다.
광서제의 생모 류자씨(劉佳氏·가운데)도 극구 반대했다.
왼쪽은 짜이펑의 생부인 제1대 순친왕 이촨의 측실.
오른쪽은 서모(庶母)라 불리던 이씨(李氏).
조선 출신이라는 설이 있지만 확실치 않다.

를 외쳐대자 공포에 질린 표정을 지었다. 급기야 "아빠, 빨리 집에 가자"며 울음보를 터뜨렸다. 짜이펑은 연신 황제의 머리를 쓰다듬으며 얼러댔다.

"곧 끝나니까 울지 마라. 곧 끝난다."

별것도 아닌 일이 길흉화복(吉凶禍福)의 징조로 둔갑하곤 한다. 며칠 지나자 베이징 성내에 괴소문이 떠돌아 다녔다.

"즉위식 날 황제가 집에 가자고 보채댔다. 섭정왕은 곧 끝난다며 황제를 달랬다고 한다. 불길한 징조다. 청나라도 끝날 날이 얼마 남지 않았다."

섭정왕은 실질적인 최고 통치권자였다. 아무리 말 같지 않은 소리라도 한마디했다 하면 황제의 지상명령이나 다를 바 없었다. 어느 구석에 있는지 보이지도 않던 짜이펑이 섭정왕 자리에 오르자 여기저기서 불평이 터져 나왔다.

"무능하고 우유부단하다. 점잖은 것 빼고는 할 줄 아는 게 아무것도 없다. 길어야 2년이다."

짜이펑도 도처에 위기가 잠복해 있다는 것을 모르지 않았다. 서태후의 친정 동생인 어머니의 말이 떠올랐다.

"사람은 모두 그게 그거다. 권위는 만들면 생긴다. 우리 언니도 어렸을 땐 평범했다."

짜이펑, 아들을 위해 책을 버리고 칼을 잡다

짜이펑은 위험인물 제거에 나섰다. 푸웨이(溥偉)를 제일 먼저 손봤다. 푸웨이는 아버지 이쾅과 함께 서태후를 권좌에 앉힌 공친왕의 손자였다. 친조카였지만 나이는 짜이펑보다 세 살 많았다.

서태후는 공친왕을 경계했지만 푸웨이는 총애했다. 1900년, 짜이펑의 친형인 광서제 폐위문제를 놓고 고민할 때 푸웨이를 염두에 뒀을 정도다.

서태후의 은총을 등에 업은 푸웨이는 거칠 게 없었다. 어릴 때 제수받은 내정행주(內廷行走) 신분으로 황제와 태후의 개인 공간인 내정(內廷)을 아무 때나 들락거렸다. 광서제의 병세가 위중하자 용포(龍袍)가 눈앞에 어른거렸던지 궁중에서 밤을 새웠다. 온갖 정보를 수집하며 태후의 낙점을 기다렸다. 짜이펑의 성격도 누구보다 잘 알았다.

푸웨이는 서태후가 짜이펑의 아들 푸이를 황제 계승자로 지명했을 때도 실망하지 않았다. 짜이펑은 사람 됨됨이가 소박하고, 권력욕도 전혀 없었다. 평소 "좋은 책과 하늘에 반짝이는 별을 보면 부러울 게 아무것도 없다. 아무 일 없이 뱃속 편하면 그게 바로 신선"이라는 말을 자주 했다. 푸웨이는 짜이펑 부자가 의지할 사람은 자신밖에 없다고 확신했다.

푸웨이의 예상은 틀리지 않았다. 아들이 황제로 지명되자 짜이펑은 극구 사양했다. 생모는 짜이펑보다 더했다. 노발대발, 대성통곡하며 언니를 원망했다.

"33년 전, 젖먹이 아들을 황제 시킨다며 빼앗아가더니 이제는 손자마저 뺏어갈 참이냐."

짜이펑 모자의 의중을 안 서태후는 짜이펑을 불렀다.

"어쩌다보니 집안일이 나랏일이 돼버렸다. 가장 가까운 황족인 푸

섭정왕 취임 1년 전의 짜이펑.
오른쪽이 마지막 황제 푸이의 두 살 때 모습.
안겨 있는 어린아이는 차남 푸제(溥傑). 1907년 가을.

섭정왕 짜이펑에겐 아들이 두 명 있었다.
오른쪽이 장남인 마지막 황제 아이신제뤄 푸이(愛新覺羅 溥儀).
왼쪽이 차남 푸제.

웨이에게 군기처를 맡겨서 너와 황제를 보필토록 하겠다."

이 한마디에 짜이펑은 정신이 번쩍 들었다. 머리 잘 돌아가고 기력이 왕성한 푸웨이가 조정에 들어오게 내버려둘 수는 없었다. 자신의 안위는 물론이고 금쪽같은 아들을 어느 귀신이 물어갈지 몰랐다.

사람은 보통 동물이 아니다. 순식간에 바뀔 수 있는 게 사람이다. 무능한 사람이 어쩌다 권력을 장악하면 갑자기 강력한 통치자로 둔갑해 사람들을 난해하게 한다. 섭정왕에 취임한 짜이펑은 하루아침에 변신했다. 기대에 부풀어 있던 푸웨이에게 요직을 맡기지 않았다. 푸웨이는 울화가 치밀었다. 서태후의 장례가 끝나기도 전에 술을 잔뜩 마시고, 그것도 궁궐 안에서, "내 자리 내놓으라"며 행패를 부렸다.

황궁의 안전이 가장 중요했다. 믿을 건 친형제밖에 없었다. 짜이펑은 동생을 경호실장 격인 궁정문금대신(宮廷門禁大臣)에 임명해 황궁 경호를 강화시켰다. 이어서 황제 명의로 조서를 발표했다.

"앞으로 섭정왕이 짐을 대신해 국정을 주재한다. 짐 이하 모두가 섭정왕의 명령을 준수하고 복종함이 마땅하다. 황족들은 국법을 유심히 살펴라. 그간 왕공(王公)과 백관들일수록 대대로 내려오는 규범을 혼란케 함이 빈번했다. 앞으로 국법에 의해 모든 것을 다스리겠으니 유념토록 해라."

100자가 채 안 됐지만 보면 볼수록 살기등등한 내용이었다.

권력투쟁에서 밀려난 푸웨이는 칩거했다. 문밖에 얼씬도 안 하고 방문객도 만나지 않았다. 몇 달 후 한직(閑職) 중의 한직인 금연대신(禁煙大臣) 자리가 돌아오자 그제야 대문을 빼꼼히 열었다.

짜이펑은 '궁정 보위전'이 일단락됐지만 마음을 놓지 않았다. 북양신군(北洋新軍)을 사병처럼 부리는 위안스카이에게 칼을 겨눴다. 위안스카이는 푸웨이보다 계산할 게 더 많았다.

"광서제 배신한 위안스카이를 제거하라"

중국인들의 뇌리에 사실처럼 자리 잡은 전설이 있다.

"짜이펑이 형 광서제의 한을 풀어주기 위해 위안스카이 제거를 결심했다."

짜이펑이 섭정왕에 취임하자 만주귀족들은 "위안스카이를 죽여야 한다"며 부글부글 끓었다. 방법까지 제시했다.

"위안스카이는 매일 아침 조정에 나온다. 날고 기는 경호원들이 에워싸고 있지만 자금성 안에 들어오면 홀몸이 된다. 어전시위를 동원해 숨통을 끊어버리자."

짜이펑은 무능하고 합리적인 모순 덩어리였다. 위안스카이 처형에 동의하면서도 명분을 찾느라 전전긍긍했다. 그만큼 위안스카이는 녹록한 상대가 아니었다.

위안스카이는 진사(進士)를 두 명 배출한, 허난(河南)의 명문 집안 출신이었다. 어릴 때부터 독서를 게을리 하지 않았지만 시험 운도 없었다. 20세 때 향시에 낙방하자 학문으로 관직에 나가겠다는 꿈을 접었다.

대청 제국은 내리막길을 걷고 있었다. 관료사회가 난장판이었다.

공개적으로 관직을 사고 팔았다. 위안스카이도 대대로 내려오는 골동품을 처분한 돈으로 관직을 샀다. 아무 권한도 없는 허직(虛職)이었다. 있는 돈 없는 돈 싸 들고 베이징으로 향했다.

베이징은 절망의 도시였다. 시골 청년을 상대해주는 고관이 하나도 없었다. 본전이라도 찾겠다며 도박장을 드나들었지만 그것도 여의치 않았다. 위안스카이는 고향으로 돌아왔다.

일가친척이라는 사람들은 남보다 더했다. 반 거지 차림으로 돌아온 위안스카이를 반기지 않았다.

한때 우리나라도 가출소년들이 돈 떨어지면 군에 자원 입대하던 시절이 있었다. 위안스카이는 군문을 두드렸다. 22세 때였다. 누가 한 말인지는 몰라도 "멀쩡한 사내는 군인이 되지 않고, 좋은 철은 못이 되지 않는다"(好男不當兵, 好鐵不打釘)를 당연시 여길 때였다.

신군新軍 건설을 맡은 위안스카이

군인 위안스카이는 조선에 10년간 머무르며 기반을 닦았다. 군과 외교계에서 두각을 나타냈다. 1895년, 일본과의 전쟁에서 패한 청나라는 군제 개편을 단행했다. 조선 체류 시절, 군수품 조달과 훈련능력을 인정받은 위안스카이에게 신군(新軍) 건설을 위임했다.

불과 2년 만에 위안스카이는 흔히들 북양군이라 부르는 신건육군(新建陸軍)을 만천하에 선보였다. 지금으로 치면 허베이성 부성장 격인 즈리 안찰사(直隷按察使)로 승진한 후에도 신군 훈련에서 손을 떼지 않았다. 38세 때였다.

1년 후 청 왕조와 위안스카이의 운명을 가르는 사건이 발생했다.

광둥 출신 캉유웨이(康有爲)를 주축으로 한 유신세력이 황제 광서제와 손잡고 개혁을 추진했다. 위안스카이도 개혁에 동조했다. 자신을 발탁해준 리훙장(李鴻章)을 찾아가 퇴진을 요구했다. 욕만 바가지로 먹고 쫓겨나도 뜻을 바꾸지 않았다.

개혁에는 한계가 있었다. 시간이 흐를수록 서태후의 압력이 만만치 않았다. 광서제와 캉유웨이는 병력을 거느리고 있던 위안스카이에게 마지막 희망을 걸었다. 광서제는 위안스카이에게 시랑(侍郎) 벼슬을 내렸다.

캉유웨이는 서생(書生)다웠다. 위안스카이에게 무모한 내용의 편지를 보냈다.

"군대를 몰고 이화원(頤和園)을 포위해라. 서태후를 제거해야 한다."

위안스카이가 "펄펄 끓는 물과 화염 속에 뛰어드는 것도 불사하겠다"는 답장을 보내자 일은 끝난 거나 마찬가지라며 후난 청년 탄쓰퉁(譚嗣同)을 위안스카이에게 파견했다.

"승산 없는 싸움은 안 한다"

1898년 음력 8월 3일 늦은 밤, 탄쓰퉁은 위안스카이가 머물고 있는 사찰을 방문, 정변 계획을 밝혔다. 두 사람이 나눴다는 대화가 여러 문헌에 남아 있다.

"황제는 너를 신임한다. 지금 위험한 지경에 처했다. 즈리 총독을 살해해라. 병력을 몰고 베이징에 들어와 이화원을 포위해라."

위안스카이가 놀란 표정을 지으며 되물었다.

"이화원을 포위하는 목적을 알고 싶다."

탄쓰퉁은 거침이 없었다.

"늙은이를 제거하지 않으면 나라를 보존할 수 없다. 너는 포위만 하면 된다. 나머지 일은 내가 알아서 하겠다."

여기서 늙은이는 서태후를 의미했다. 실패하면 멸족(滅族)을 당하고도 남을 내용이었다.

위안스카이는 승산 없는 싸움은 안 하는 사람이었다.

"베이징과 톈진 일대에 총독의 군대가 널려 있다. 내가 동원할 수 있는 병력은 만 명이 채 안 된다. 총은 있어도 실탄이 없다."

탄쓰퉁은 냉소를 지었다.

"지금 네 목숨이 내 손 안에 있는 것처럼, 내 목숨은 네 손 안에 있다. 오늘 밤 안으로 결정해라."

위안스카이는 거절하지 않았다.

3일 후, 이화원에 있던 서태후가 자금성에 들이닥쳤다. 광서제를 연금시키고 복귀를 선언했다. 톈진에서 소식을 들은 위안스카이는 총독에게 달려가 유신파들의 이화원 포위계획을 이실직고했다.

개혁(變法)을 추진하던 광서제의 꿈은 96일 만에 물거품이 됐다. 광서제는 위안스카이 때문이라고 단정했다. 서태후에 의해 자금성의 외딴 건물에 안치된 광서제는 10년간 위안스카이를 저주하다 세상을 떠났다. 매일 허수아비에 위안스카이 이름을 붙여놓고 화살을 쏴댔다. 그러나 이 일을 계기로 위안스카이는 승승장구했다.

위안스카이, 짜이펑과는 달라도 너무 다른 사람

1901년 11월 7일, 25년간 즈리 총독과 북양대신을 겸하던 리훙장이 베이징의 허름한 사찰에서 세상을 떠났다. 북양신군의 설립자 위안스카이가 리훙장의 직을 계승했다. 광서제의 개혁이 좌절된 지 3년 만이었다. 이때 짜이펑은 독일에 있었다.

독일에 있던 짜이펑은 빌헬름 2세로부터 리훙장의 사망과 위안스카이의 근황을 들었다. 짜이펑이 듣는 둥 마는 둥 하자 빌헬름 2세가 충고했다.

"네가 군기대신이라니까 해주고 싶은 말이 있다. 신하들에게 잡아먹히지 않으려면 군대를 장악해야 한다. 10년 전에 나는 비스마르크를 내쫓았다. 군대가 나를 추종했기 때문에 가능했다. 지금 청나라는 황권이 약하다. 힘없는 자들이 평화주의자 행세를 한다. 귀국하면 군 지휘관을 황족 출신으로 교체해라. 황실을 보존할 수 있는 유일한 길이다."

짜이펑은 진땀을 흘렸다. 18세, 소년도 청년도 아닌 어중간한 나이였지만 어릴 때부터 본 게 많다보니 긴장할 만도 했다. 독일 황제의 말대로라면 위안스카이의 천하는 시간문제였다.

귀국한 짜이펑은 서태후 앞에서 입이 떨어지지 않았다. 개혁의 '개' 자도 꺼내지 못했다. "책이 제일이다. 아무 일도 없으면 신선이나 다를 바 없다"는 글귀를 벽에 걸어놓고 책에 묻혀 살았다. 해가 지면 하늘의 별을 바라보며 시간 가는 줄 몰랐다. 그렇게 아름다울 수

생전과 사후를 막론하고 "음모가, 나라를 도둑질한 도둑놈,
위대한 개혁가, 한 시대를 끝내고 새로운 시대를 연 사람" 등
저주와 찬양을 동시에 들었던 위안스카이(가운데).
그는 개혁을 시작하자마자 군대부터 틀어잡았다.

가 없었다. 어둠이 걷히면 태양을 야속해하며 잠자리에 들었다. 위안 스카이와는 딴판이었다.

역사의 주인공들은 특징이 있다. 꼼꼼함이라는 기본기 외에 바르고(正), 사악하고(邪), 밝고(明), 어두운(暗) 면을 자유자재로 구사했다. 머리구조가 복잡하고, 몇 마디로 정의 내리기가 불가능한 사람들이 대부분이다.

위안스카이도 그랬다. 생전과 사후를 막론하고 "음모가, 나라를 도둑질한 도둑놈, 위대한 개혁가, 한 시대를 끝내고 새로운 시대를 연 사람, 공화주의자, 황제를 꿈꾼 몽상가" 등 열거하기 힘들 정도의 저주와 찬양을 동시에 들었다. 짜이펑과는 달라도 너무 달랐다.

외교권과 군권을 장악한 위안스카이의 개혁

청나라의 외교권과 북방의 군권을 장악한 위안스카이는 개혁을 시작했다. 군대부터 틀어잡았다. 위안스카이가 신군 훈련을 시작하기 전까지 청나라 군대는 없는 거나 마찬가지였다. 중국 주재 러시아 외교관의 생생한 기록이 남아 있다.

"중국 군인들의 행진 대열은 가관이다. 엄숙하고 근엄한 표정들은 정말 볼만하다. 어깨에 기다란 총들을 멨지만 자세가 제각각이다. 실탄도 없는 것 같았다. 한 손에 부채를 든 이유는 이해할 방법이 없다."

위안스카이는 신군들에게 참율18조(斬律十八條)를 반포했다. "진지에서 고개를 뒤로 돌리는 자, 전쟁터에서 갑자기 아프다고 호들갑 떠는 자, 한밤중에 행군에서 낙오되는 자, 고향타령 해대며 패거리 짓는 자"는 무조건 목을 쳤다. 순식간에 군기가 잡혔다. 런던의『타임스』에 "위안스카이는 이 시대가 낳은 가장 위대한 군사개혁가다. 전통을 자랑하는 중국 군대의 결점을 짧은 시간 동안에 뜯어고쳤다. 위안스카이의 군대가 주둔한 덕에 이름 없는 작은 마을들의 명칭이 구미 각국의 지도에 표기되기 시작했다"는 기사가 실릴 정도였다.

노(老)제국의 외교권과 북방의 군대를 움켜쥔 위안스카이의 개혁은 미치지 않은 곳이 없었다. 무조건 숨겨두기만 하던 중국인들의 금전관을 바꾸기 위해 은행 건립을 추진했다. 중국 최초의 국립은행이 문을 열었다. 전당포 주인들의 불평도 간단히 처리했다. 몇 사람 목이 떨어져 나가자 끽 소리도 못 했다. 교육기관 설립도 서둘렀다. 광서제의 개혁 실패로 문을 닫았던 톈진대학당이 베이양대학당(北洋大學堂)으로 다시 문을 열었다. 천 년간 내려오던 과거제도는 폐지시켰다. 호구조사도 실시했다. 2년이 걸렸다.

거리에 가로등을 세우고 전차도 개통시켰다. 밤거리가 밝아지고 전차가 거리를 질주하다보니 생각지도 않았던 폐단이 발생했다. 전국의 유명한 도둑들이 "밤이 대낮처럼 환해서 일하기에 편하고, 낮에는 도망치기 편하다"며 톈진으로 몰려들었다. 위안스카이는 도둑만 전문으로 잡는 군대를 따로 만들었다. 경찰의 탄생이었다.

1908년 1월,『뉴욕 타임스』에 위안스카이의 사진이 크게 실렸다.

"매일 새벽 5시에 업무를 시작해 밤 9시가 돼야 휴식에 들어가는 사람. 특별한 일이 없는 한 하루도 쉬는 날이 없다. 일세를 풍미하던 경륜가들도 그 앞에만 오면 고개를 숙인다."

그해 겨울, 짜이펑의 아들 푸이가 황제에 즉위하고 짜이펑은 섭정왕이 됐다. 위안스카이는 죽은 광서제의 얼굴이 떠올랐다. 공포가 엄습했다. 이럴 때는 36계가 상책이었다. 청일전쟁이 발발했을 때도 조선 땅에서 제일 먼저 도망치는 바람에 목숨도 건지고 출세의 발판을 만든 적이 있었다.

돈과 칼로 사람들을 관리한 위안스카이

서태후는 위안스카이의 든든한 보호막이었다. 태후가 세상을 떠나자 황제나 다름없는 짜이펑과 황족들의 사정권에서 벗어날 방법이 없었다. 매일 아침 궁궐 문턱을 밟을 때마다 혈혈단신, 지옥문을 들어서는 것 같았다. 훗날 위안스카이 사후 4년간 총통을 역임한 친구 쉬스창(徐世昌)에게 당시의 심정을 말한 적이 있다.

"만나는 사람마다 나를 붙잡고 미사여구를 늘어놨다. 죽음을 앞둔 사람에게 해대는 입바른 소리로밖에 들리지 않았다. 당장 베이징을 떠나고 싶었지만 성 밖으로 한 발자국도 나서지 못했다. 워낙 의심 많은 종자들이라 무슨 오해를 받을지 몰랐다."

위안스카이를 처형해야 한다는 여론이 비등하자 어사(御史) 장춘린(江春霖)이 위안스카이 제거를 주장했다.

"골육을 모함하고, 사사롭게 패거리를 만들어 조정을 농락했다. 빨리 퇴출시키지 않으면 무슨 변을 일으킬지 예측하기 힘들다."

골육을 모함했다는 말은 캉유웨이와 함께 개혁을 추진하다 위안스카이의 배신으로 뜻을 이루지 못했던, 짜이펑의 형 광서제의 비극을 의미했다.

해외 망명 중이던 캉유웨이도 가만있지 않았다. 가는 곳마다 "위안스카이가 광서제를 독살했다"고 목청을 높였다. 짜이펑에게 상소 형식의 서한을 보냈다.

"선제(先帝)의 상(喪)은 뭔가 석연치 않다. 위안스카이는 예전에도 역적이었고 지금도 역적이다."

1898년, 무술(戊戌)년에 이화원을 포위해 서태후를 살해하려 했다는 것도 모함이라고 주장했다.

"그런 흉악한 모의를 한 적이 없다. 위안스카이가 선제를 함정에 빠뜨리기 위해 지어낸 말이다. 하루빨리 죽여 없애야 한다."

궁궐 안에 "위안스카이 처형이 임박했다"는 소문이 나돌기 시작했다. 급기야 "궁궐 안에서 맞아 죽었다"는 소식이 퍼지자 엉뚱한 상황이 벌어졌다. 위안스카이 집 앞에 친구와 부하들이 확인을 하겠다며 몰려들었다. 텐진의 북양신군 주둔지에도 자동차와 마차들이 쉴 새

없이 군문으로 빨려 들어갔다. 전운이 감돌았다.

10여 년간 위안스카이는 돈과 칼로 사람들을 관리했다. 정적들에겐 가혹했지만 만주귀족들에겐 재물을 아끼지 않았다. 이번에도 돈 싸들고 이 집 저 집 할 것 없이 부지런히 드나들었다. 싫다는 사람은 단 한 명도 없었다. 그래도 불안했다.

한쪽이 겁이 나면 다른 한쪽도 겁이 나게 마련, 안절부절못하기는 짜이펑도 마찬가지였다. 베이징을 둘러싼 신건육군(新建陸軍)은 모두 6곳에 진지를 구축하고 있었다. 그중 5곳이 위안스카이의 부대였다. 동북 3성과 즈리, 산둥의 총독이나 순무도 위안스카이의 심복들이었다.

짜이펑이 주저하자 위안스카이를 탐탁지 않게 여기던 황족 하나가 짜이펑에게 경고했다.

"위안스카이가 두려워한 사람은 서태후가 유일했다. 이제 위안스카이의 안중에는 아무도 없다. 세력이 더 커지면 제거하려 해도 제거할 방법이 없다."

어사들도 짜이펑을 압박했다.

"위안스카이가 섭정왕을 내쫓고 융유태후(隆裕太后)를 옹립해 수렴청정을 실시하려 한다."

짜이펑은 모순 덩어리

짜이펑은 그제야 위안스카이 제거를 결심했다. 융유태후는 형 광서제의 부인이었다. 권력에는 형수고 뭐고 없었다.

짜이펑은 모순 덩어리였다. 위안스카이를 죽여버리자는 의견에 동조했지만 "일국의 대신을 죽이려면 이유가 분명해야 한다"며 명분을 찾는 데 골머리를 싸맸다. 무술년의 밀고는 아무리 생각해봐도 죄가 되지 않았다. 위안스카이의 돈을 받아먹은 사람 거의가 만주귀족이다보니 부패로 옭아 넣을 수도 없었다.

매사에 우유부단하던 사람이 결단을 내리면 희극을 연출하기 십상이다. 짜이펑은 군기대신 회의를 소집했다. 당시 군기대신은 경친왕(慶親王), 장즈퉁(張之洞), 루촨린(鹿傳霖) 외에 짜이펑과 위안스카이, 모두 다섯 명이었다. 위안스카이는 당사자이다보니 참석 자격이 없었다.

경친왕은 황족 중에서 위안스카이의 뇌물을 가장 많이 받아먹은 장본인이었다. 평소 장즈퉁은 위안스카이를 "학문이 없고 술수만 뛰어나다"며 사람 취급을 하지 않았다. 사사건건 충돌도 잦았다. 짜이펑은 장즈퉁과 루촨린이 자신을 지지하리라고 의심치 않았다.

회의가 열리자 경친왕은 "위안스카이가 억울하게 죽게 생겼다"며 대성통곡했다. 당황한 짜이펑은 장즈퉁에게 눈길을 줬다. 위안스카이의 처형을 반대할 줄은 꿈에도 생각 못 했다.

"군주가 어리고, 국가는 위기에 처했다. 정국도 불안하다. 대신을 함부로 죽이는 것은 우리 손으로 만리장성을 허무는 것과 같다. 황제와 태후의 시신이 아직 식지 않았다."

황제나 태후가 세상을 떠나면 100일 동안은 사형을 집행할 수 없었다.

장즈퉁의 발언이 끝나자 경친왕이 통곡을 그쳤다. 이를 악물고 쏘는 듯이 내뱉었다.

마지막 황제 푸이(왼쪽 네 번째 아이)와 마지막 황태후인
융유태후(왼쪽 여섯 번째). 1909년 봄, 베이하이(北海).

"위안스카이의 처형을 허락할 수 없다. 신건육군이 반란이라도 일으키면 어떻게 할 거냐."

위안스카이, 궁궐 마당서 석고대죄 후 낙향

짜이펑이 집권한 베이징은 사지(死地)나 다름없었다. 회의 당일 아침, 위안스카이는 베이징을 떠날 채비를 했다. 허름한 복장에 싸구려 모자를 눌러쓰고 둘째 부인과 함께 집을 나섰다. 톈진행 3등 열차에 몸을 실었다.

3등 객실에 앉아 본거지 톈진으로 향하던 위안스카이는 인생무상을 실감했다. 배웅 나온 사람이 단 한 명도 없었다. 사방을 두리번거리며 들어서는 사람을 보자 얼굴이 환해졌다. 아직도 중국인들이 황제의 스승(帝師)감이었다고 일컫는 양두(楊度)였다.

양두는 일본유학시절 쑨원과 가까웠지만 오래가지 않았다. "건설이 폭력보다 위대하다. 때려 엎을 재주는 있을지 몰라도 건설할 능력은 없는 사람"이라며 쑨원을 멀리한 다음부터는 위안스카이에게 희망을 걸었다. 위안스카이도 한눈에 사람을 알아봤다. 휘호를 선물하며 호감을 표시한 적이 있었다.

양두를 보자 감격이 극에 달한 위안스카이는 훌쩍거렸다.

"모든 사람이 피하는 나를 배웅 나오다니. 빨리 들어가라. 무슨 모함을 당할지 모른다."

양두는 태연했다.

"천하의 위안스카이와 작별인사 나누러 나온 사람이 나 혼자라니, 세상에 이런 영광이 없다."

믿었다가 손해 보는 일은 있어도, 의심해서 탈 나는 법은 없었다. 위안스카이는 텐진까지 가지 않았다. 한 정거장 전에 내려서 텐진의 측근에게 데리러 나오라고 전화를 걸었다. 헐레벌떡 달려온 옛 부하가 베이징의 소식을 소상히 설명했다.

"섭정왕이 마음을 바꿨습니다. 관직에서 물러나게 하고 낙향시키자는 장즈퉁의 설득이 주효했다고 합니다."

위안스카이는 막혔던 숨통이 트이는 것 같았다. 장즈퉁과 짜이펑의 얼굴이 눈앞에 오락가락했다.

정신이 돌아온 위안스카이는 그 자리에서 베이징으로 돌아갈 결심을 했다. 만류하는 측근을 타일렀다.

"돌아가서 조정에 무릎 꿇고 빈 다음 다시 오마. 지체하면 무슨 변덕을 부릴지 모른다. 다음엔 텐진 역으로 나와라."

베이징으로 돌아온 위안스카이는 궁궐 마당에 석고대죄했다. 내시 한 명이 짜이펑의 「조서」를 들고 나타났다.

"위안스카이는 건강을 많이 해쳤다. 다리에 질병이 특히 심하다. 고향에 돌아가 병을 다스려라."

멀쩡한 다리 절룩거리며 궁궐 문을 나선 위안스카이는 3일 후 다시 베이징을 떠났다. 이번에는 3등 열차를 탈 필요가 없었다.

텐진행 특등 객실에서 묘한 분위기의 중국 승객을 발견한 영국인 작가가 훗날 기록을 남겼다.

"건장한 수행원들을 거느린, 작은 중년의 중국인이 앞자리에 앉았다. 소복 차림에 침통한 모습이었다. 신문을 펴 들었지만 보는 것 같지는 않았다. 뭐 하는 사람인지 얼굴에 표정이 전혀 없었다. 차창 밖에 펼쳐지는 제국의 황량한 토지와 고목의 그림자가 신비로운 승객의 얼굴을 스칠 때마다 전율을 느꼈다. 수행원들이 차와 음식을 들고 오는 바람에 주변이 소란스러워졌다. 그 틈을 타서 검표원에게 앞에 앉은 승객이 누구냐고 영어로 조용히 물었다. 제국의 군기대신 위안스카이라는 말을 듣자 온몸이 굳어지는 것 같았다. 섭정왕 짜이펑에 의해 목숨을 잃었다는 소문이 나돌던 위안스카이는 열차가 텐진에 도착하기까지 미동도 하지 않았다. 몇 년 후 짜이펑은 자신이 내친 위안스카이에 의해 자금성에서 쫓겨났다."

위안스카이는 텐진 조계의 독일호텔에 여장을 풀었다. 즈리 총독은 위안스카이의 직계였다. 총독부 뒷마당의 별채에 거처를 마련했다. 보안 유지를 위해 가족과 하인들의 외부출입을 금지시켰다. 멋모르고 밖에 나가려 했던 총독의 친척 한 명은 목이 달아났다.

은행에서 예금을 인출한 위안스카이는 부인들을 텐진으로 불러모았다. 한두 명이 아니다보니 모두 도착하기까지 여러 날이 걸렸다. 동작 느린 부인들은 욕을 바가지로 먹었다.

텐진을 떠나는 위안스카이의 짐은 단출했다. 특이한 것이라면 장정 두 명이 낑낑댈 정도로 무거운 상자 하나가 고작이었다. 그 안에 무전기가 들어 있는 줄은 아무도 몰랐다. 위안스카이는 군인과 민간인의 차이를 누구보다 잘 알았다. 당시의 중국인들 중에서 통신의 중요성을 가장 먼저 깨친 사람이었다. 무전기만 있으면 아무리 촌구석에 박혀 있어도 심복들이 장악하고 있는 신건육군을 통솔할 자신이 있었다.

고향인 허난성(河南省) 샹청(項城)에는 어렸을 때부터 위안스카이만 보면 무조건 쥐어박던 형님이 있었다. 북양대신과 즈리 총독은 물론이고 군기대신에 오른 후에도 무시하는 건 여전했다. 남들은 절절기는 동생에게 아쉬운 소리 한마디한 적 없는 무서운 형님이다보니, 근처에 갔다간 무슨 망신을 당할지 몰랐다. 위안스카이는 이웃마을 창더에 안착했다. 땅덩어리가 워낙 큰 나라이다보니 말이 좋아 이웃마을이지 형님을 부딪칠 일이 거의 없었다.

위안스카이의 낙향 소식을 들은 짜이펑은 요직 개편을 단행했다. 친동생 두 명을 해군대신과 육군대신에 임명하고, 도처에 박혀 있던 위안스카이의 수족들을 잘라버렸다.

입헌군주제 외치던 짜이펑, '황족내각'으로 개혁 찬물

청 제국은 만주귀족들이 만리장성을 넘어와 건립한 왕조였다. 말 안장에서 날을 지새우며 약탈로 먹고살던 민족이다보니 인구도 적고 문화수준도 낮았다. 인재의 결핍은 두말할 것도 없었다. 정치적 난제에 봉착할 때마다 한족(漢族) 사대부들을 적절히 이용할 줄 알았다.

중원(中原)을 차지하기까지, 한족 지식인들의 덕을 톡톡히 봤지만 경계도 소홀히 하지 않았다. 문화는 수용해도 피가 섞일까봐 노심초사했다. 만주귀족이나 황실 혈통을 보존하기 위한 노력은 상상을 초월할 정도였다. 하다못해, 만주에서 데리고 나온 개(犬)들도 자기들끼리만 어울리게 하며 유럽인들이 상전처럼 모시던 명견을 똥개 취급했다. 개국황제 홍타이지의 대만주주의(大滿洲主義)가 만주인들에게 미친 영향력은 이처럼 엄청났다.

세월이 흐르면서 한족 출신 인재들을 중용했지만 절대 믿지는 않았다. 특히 군대 근처에는 얼씬도 못하게 했다. 매달 받는 봉급도 만주인들과는 차이가 컸다. 만주족 사병이 한족 군관보다 더 많이 받았다. 자금성 구석, 한족 관원들은 얼씬도 못하는 밀실(密室)에 만주족 고관들만 수시로 보라고 적어놓은 강희제(康熙帝)의 유훈이 있었다고 한다.

"한족 관원들을 신임하지 마라. 이용만 해라."

18세기 중엽, 아편전쟁을 치르면서 청 제국의 군사력은 바닥이 났다. 이어 태평천국의 난이 발발하자 민족정책을 대폭 수정했다. 지방의 군 지휘관들을 한족으로 교체했다. 이한제한(以漢制漢), 한족 관리들에게 난의 진압을 위임하며 모병과 군비조달까지 떠넘겼다. 그러다보니 군·정의 실권이 태평천국을 평정한 한족 출신 지방세력들의 수중에 떨어졌다. 후난 출신 쩡궈판이 이들을 대표했다.

군대는 만주황실과 점점 거리가 멀어졌다. 쩡궈판 사후 리훙장이 군권을 장악했다. 청일전쟁을 계기로 황실이 군권을 회수하는 듯했지만 위안스카이를 시켜 신군을 설립하게 하는 바람에 수포로 돌아갔다.

전국에 널려 있던 8만 8,000명의 신군 중 7만여 명이 위안스카이가 훈련시킨 북양군이었다. 북양신군은 보통 군대가 아니었다. 위안스카이의 초빙을 받은 독일군 장교들에게 호된 단련을 받은 최정예였다. 북양군은 자신들을 먹여주고 입혀주고 재워준 위안스카이는 알아도, 청나라 조정은 알 바 없었다.

414

서태후에서 짜이펑으로 이어지는 만주세력은 쩡궈판과 리훙장을 계승한 위안스카이의 상대가 못 됐다. 그래도 청 제국은 여전히 만주 귀족들의 천하였다.

개혁가들은 사람들 머리만 복잡하게 만든다

개혁, 말은 좋지만 성공한 사례가 극히 드물다. 불멸의 업적을 남 겼다며 온갖 칭송을 받던 개혁가들 거의가 사람들 머리만 복잡하게 만들어놓고 세상을 떠났기 때문이다. 혁명가들도 마찬가지다. 한결 같이 희극이 가미된 비극을 연출하며 삶을 마감했다.

섭정왕 짜이펑도 위안스카이를 내쫓자 개혁을 서둘렀다. 입헌군주 제를 주장하던 사람답게 신정내각관제(新訂內閣官制)를 반포했다. 각료 열세 명 중 만주황족이 일곱 명이다보니 다들 '황족내각'(皇族 內閣)이라고 불렀다. 군·정 대권을 만주족들이 장악했다.

황족내각이 출범하자 짜이펑을 지지하던 입헌파들은 연일 불만을 쏟아냈다. 10년 전, 캉유웨이와 함께 서태후를 축출하고 입헌군주제 를 실행하려다 실패했던 량치차오가 특히 심했다.

"섭정왕은 배신자다. 입헌에 관심이 없다. 입헌을 구실로 황족집권 을 도모했다. 비극을 자초할 테니 두고 봐라."

짜이펑의 개혁은 황실의 보존을 전제로 했다. 한계가 있다보니 믿 을 건 혈육밖에 없었다. 짜이타오(載濤), 짜이쉰(載洵), 짜이쩌(載澤) 등 친동생 세 명을 육군대신과 해군대신, 탁지부(度支部) 대신에 임 명했다. 모두 20대 초반이었다.

육군대신 짜이타오는 군대와 거리가 멀었다. 경극에는 조예가 남달랐다. 노모가 병중일 때도 경극배우들과 노래하느라 정신이 없었다. 문병 온 형 짜이펑 앞에서 유명배우가 배탈 났다며 근심할 정도였다. 연병장 사열대를 무대로 개조하고 노래 잘하는 병사들을 우대했다. 3년 후 혁명이 일어나자 융유태후가 어전회의를 소집했다. 짜이타오와 진압대책을 상의했다. 짜이타오는 거짓말을 할 줄 몰랐다.

"전쟁을 해본 적이 없어서 어떻게 하는 건지 모릅니다."

해군대신 짜이쉰은 쇼핑광이었다. 외국해군 시찰을 이유로 국내에 붙어 있는 시간이 거의 없었다. 어린 조카가 퇴위하고 형이 섭정왕에서 물러나는 날까지 "뉴욕이나 런던이 베이징보다 훨씬 재미있다"며 구미 각국을 돌아다녔다. 가는 곳마다 쇼핑에 열을 올렸다. 가까이 지내던 미국 대통령 윌리엄 하워드 태프트가 귀국을 종용한 적도 있었다.

재정부장 격인 짜이쩌도 형들에 못지않았다. 국고를 주머닛돈 다루듯이 했다. 어려운 친구들에게 돈을 퍼주고 태후의 용돈도 넘치도록 줬다.

낙향한 위안스카이는 은인자중했다. 낮에는 부인들과 소일하고 해가지면 무전기 앞에 앉아 북양군의 보고를 받았다.

신해혁명의 총성, 위안스카이 운명을 가르다

권력은 위험하다. 더 큰 권력의 비호를 받아야 유지가 가능하다. 권력의 세계는 도박판과 흡사하다. 자신을 몰락시킨 자를 순식간에 권력 중독자로 만들어버린다. 위안스카이도 그랬다. 대청 제국의 권력 체제에 의해 쫓겨났지만 몇 년 후 한배를 탔고, 결국은 제국의 숨

416

해군대신 짜이쉰(載洵·맨 앞)은 미국, 특히 뉴욕을 좋아했다.
제27대 미국 대통령 윌리엄 하워드 태프트는 짜이쉰이 올 때마다 환대했다.

통을 끊어버렸다.

위안스카이 축출에 성공한 짜이펑은 후임 즈리 총독에 돤팡(端方)을 임명했다. 자신감이 생겼던지, 몇 달 후 돤팡의 직위도 박탈해버렸다. 1910년 2월 주중 영국공사였던 조르단(John Newell Jordan)이 본국 외무성에 보낸 「1909년 중국정세 보고서」가 남아 있다.

"1909년은 가장 영향력이 컸던 진보적 정치가 위안스카이의 해직으로 시작됐다. 위안스카이 다음가는 자유주의자 소리를 듣던 돤팡의 해임으로 끝을 맺었다. 즈리 총독부 소재지 톈진의 명사들은 행동으로 섭정왕 짜이펑에게 불만을 표시했다. 돤팡이 톈진을 떠나는 날 역전 마당에서 성대한 고별 의식을 열었다. 톈진의 상인들은 참석자들에게 돤팡의 사진을 나눠줬다. 다들 돤팡의 사진을 보며 위안스카이의 근황을 더 궁금해했다고들 한다. 짜이펑의 황제놀이는 오래갈 것 같지 않다."

관직에서 물러난 돤팡은 잠복해 있던 은둔심리가 발동했다. 두문불출, 골동품 수집과 서예, 고대문자 연구에 매달렸다. 남쪽에서 철도 가설을 놓고 문제가 발생했다. 짜이펑은 일찍부터 유학유술(有學有術), 학문과 술수에 능하다는 소리를 듣던 돤팡을 다시 불러냈다. 특명대신 자격으로 한동안 남쪽에 머물던 돤팡은 귀경길에 위안스카이의 칩거지 창더를 찾았다.

위안스카이는 돤팡을 극진히 대접했다. 프랑스 영화까지 한 편 돌렸다. 돤팡은 사돈을 맺자고 간청했다.

418

"허락해주시면 절세의 국보 '모공정'(毛公鼎)을 딸에게 딸려 보내 겠습니다."

현재 미국 메트로폴리탄 박물관에 있는 서주(西周: 기원전 11~8세 기)시대의 청동기 모공정은 원래 돤팡의 소장품 중 하나였다. 위안 스카이는 천하대사라면 몰라도 골동품이나 서화 따위엔 관심이 없 었다. 평소 세상에 없는 보물을 갖다 놔도 거들떠보지도 않았다. 두 사람은 막료들을 물리치고 장시간 밀담을 나눴다. 담화 내용은 영원 한 비밀로 묻혀버렸다.

위안스카이의 거처에는 방문객들이 그치지 않았다. 그중에는 청나 라 황실이 위안스카이의 동향 파악을 위해 보낸 자들도 섞여 있었다. 위안스카이는 아무나 만나지 않았다. 꼭 만나야 할 경우는 환자 행세 를 했다. 침을 질질 흘리며 제대로 걷지도 못했다.

당대 최고의 연기자 위안스카이

위안스카이는 당대 최고의 연기자였다. 상하이에서 발행되던『동 방잡지』(東方雜誌)에 위안스카이의 사진이 실렸다. 늦가을 해질 무 렵, 도롱이 입고 낚싯대 드리운 모습은 세상사를 멀리한 강태공을 연 상케 했다. 고향의 아름다운 산수에 파묻혀 고독한 영혼을 달래는 모 습은 짜이펑을 안심시키기에 족했다. '파사수조도'(坡簑垂釣圖), 누 가 달았는지 제목도 멋있었다. 잡지사 미술담당 기자가 매수당했다 고 생각한 사람은 많지 않았다.

1911년 신해년(辛亥年), 새해가 밝았다. 위안스카이는 용하다는 맹인 점쟁이를 불렀다.

"중추절이 지나면 관성(官星)이 제 발로 다가옵니다."

음력 8월 19일(양력 10월 10일) 후베이성(湖北省) 우창(武昌)에서 혁명의 총성이 밤하늘을 갈랐다. 다음 날이 위안스카이의 생일이었다. 측근들과 술자리를 즐기던 위안스카이에게 조선부인 한 명이 전보를 들고 달려왔다. 북양군이 보내온 전문을 읽은 위안스카이는 안색이 변했다.

"변란이 났다. 홍양(洪楊)의 난(1850년에 일어난 태평천국의 난)과는 비할 바가 아니다. 등한시할 수 없다."

한마디를 남기고 자리를 떴다.

청 황실은 돤팡에게 진압을 지시했다. 돤팡은 미적거렸다. 3년 전 위안스카이의 목숨을 구해준 내각총리대신 경친왕과 협리대신(協理大臣) 나퉁(那桐: 한때 명필로 이름을 날렸다. 칭화대학 경내에 있는 '청화원'淸華園 세 글자가 대표작이다)이 위안스카이의 기용을 주장했다.

"남방의 신군이 일으킨 반란이다. 현재 전국의 병력은 13만 1,800명에 불과하다. 그중 7만 5,000명 정도가 위안스카이의 명령이라면 뭐든지 다하는 북양군이다. 반란을 진압할 사람은 위안스카이밖에 없다. 위안스카이를 내세우지 않으면 대청 제국은 망한다. 기용하더라도 망하지 말라는 보장은 없지만, 잘하면 망하지 않을지도 모른다."

섭정왕 짜이펑은 질색을 했다. 융유태후는 선택의 여지가 없었다.

1910년 겨울, 『동방잡지』에 실린 위안스카이의 모습.
당대(唐代) 산문가 유종원(柳宗元)의 시,
강설(江雪)의 마지막 구절인 "孤舟蓑笠翁 獨釣寒江雪"
(외로운 배 위에 도롱이 걸치고 삿갓 쓴 노인,
눈 덮인 차가운 강에서 혼자 낚시질하네)을 연상케 한다.
'파사수조도'(坡蓑垂釣圖)라는 제목이 달린 이 사진은
짜이펑을 안심시키기에 족했다.

경친왕의 사자(使者)편에 후광총독(湖廣總督) 임명장을 받은 위안스카이는 "철부지들은 어쩔 수 없다"며 웃음보부터 터뜨렸다. 이어서 완곡하게 거절했다.

"다리가 완치되지 않았습니다. 몸을 가누기가 힘듭니다."

위안스카이, 북양군 호위 속 총리대신 직 수락

정치의 핵심은 이익의 분배다. 섭정왕 짜이펑은 황족의 이익과 황실의 보존에만 안간힘을 썼다. 황족 중에는 제국을 현대사회로 이끌 만한 정치가가 없었다. 관료들도 수준 이하였다. 리훙장이 "공무원처럼 하기 쉬운 것도 없다. 바보도 다 할 수 있다"며 국고를 충당시키기 위해 관직을 팔기 시작한 다음부터 특히 심했다.

짜이펑의 개혁에 호의를 보이던 영국의 일간지 『타임스』도 등을 돌렸다.

"젊고 경험 없는 만주귀족들은 속이 좁고 즉흥적이다. 개혁을 외치지만 권력을 이용해 이익만 도모한다. 섭정왕은 성격이 물러터지고 정치가 뭔지를 모른다."

해외에 있던 쑨원도 짜이펑의 개혁에 동조하는 자들을 조롱했다.

"청나라 정부와 개혁을 논하는 것은 어리석다. 호랑이와 호피 값을 흥정하는 것과 같다."

섭정왕 짜이펑에 의해 쫓겨난 위안스카이는 2년 8개월간 고향 인근 창더에 은거했다. 그사이 130여 명이 창더를 찾았다. 위안스카이는 자신의 존재를 표현하는 방법이 남달랐다. 찾아온 사람들을 거의 만나지 않았다. 방문객 한 사람이 기록을 남겼다.

"사방에 포대(砲臺)가 설치된 은신처를 뒤로하며 거대한 힘이 그 안에 웅크리고 있다는 느낌이 들었다."

허탕치기는 도둑놈들도 마찬가지였다. 온갖 보물이 있다고 판단한 당대의 일류 도둑들도 먼발치에서 군침만 흘리다 돌아가곤 했다.

1911년 10월 10일, 남쪽에서 혁명군이 봉기하자 수도 베이징은 아수라장으로 변했다.

"섭정왕이 한족(漢族) 도살을 지시했다."

만주인들에게 눌려 살던 한족들은 대문을 걸어 닫았다. 만주귀족들은 재물을 톈진과 상하이의 외국인 조차지(租界)로 옮기느라 정신이 없었다. 베이징에서 가까운 톈진은 이상적인 피난처였다. 일본조계의 호텔들은 부르는 게 값일 정도로 폭등했다.

위안스카이에게 총독직을 거절당한 짜이펑은 쉬스창을 창더로 보냈다. 위안스카이는 조건을 제시했다.

"국회를 개원하고 책임내각제를 실시해라.

정당 설립을 허가해라.

혁명 참가자들에게 관용을 베풀어라.

해군을 포함한 전 군의 지휘권을 내게 위임해라.

군비를 요구하는 대로 지급해라.

이중 하나라도 불응하면 고향을 떠나지 않겠다."

짜이펑은 선택의 여지가 없었다. 위안스카이는 북양군 일부를 혁명군 집결지 우한으로 이동시켰다.

10월 30일, 위안스카이는 북양군의 삼엄한 호위를 받으며 고향을 떠났다. 이틀 후, 내각총리대신에 임명한다는 「조서」(詔書)를 받았지만 일단 사양했다. 대신 북양군에게 전진을 멈추라는 「전문」을 보냈다.

짜이펑은 철저한 운명론자

혁명세력에겐 화의(和議)를 타진했다. 베이징에 도착한 위안스카이는 북양군의 성대한 사열을 받았다. 총리대신 직도 수락했다. 융유태후는 짜이펑의 섭정왕 직을 박탈했다. 태후는 세상물정에 어두웠다. 짜이펑이 위안스카이로 바뀐 것 외에는 별 의미가 없었다.

군·정을 장악한 위안스카이는 "정국이 어수선하다. 반란군 진압에 황족이 직접 나서야 한다"며 태후를 부추겼다. 군복에 온갖 훈장은 다 달고 있었지만 전쟁이라곤 해본 적이 없는 황족들은 직위를 반납했다. 금위군을 지휘하던 짜이펑의 친동생, 짜이타오의 동작이 제일 빨랐다.

위안스카이가 펑궈장(馮國璋: 북양 3걸 중 한 사람, 위안스카이 사후 총통대리를 역임했다)을 금위군 총지휘관에 임명하자 관원들이 쑤군댔다.

"위안스카이는 살아 있는 조조다. 청나라 조정도 어쩔 수 없이 기용했겠지만 잘한 짓은 아니다."

섭정왕 자리에서 물러난 짜이펑은 얼굴에 화색이 돌았다. 희희낙락하며 부인 방으로 달려갔다.

1912년 1월, 위안스카이에게 권좌를 내준 짜이펑은
1924년 가을 장남 푸이가 자금성에서 쫓겨나자 자녀들과 함께
한동안 톈진으로 이주했다. 톈진시절의 짜이펑과 자녀들.

"후련하다. 집 안에서 애들 안고 놀 생각하니 살 것 같다."

부인이 "뭐 저런 사람이 다 있냐"며 대성통곡해도 아랑곳하지 않았다. 짜이타오의 『회고록』에 재미있는 구절이 있다.

"형님은 무슨 일이건 우유부단했다. 충직하고 후덕했다고 말하는 사람이 많다. 쓸모라곤 한 군데도 없었다는 말과 같다. 규칙적이고 나대지 않는 장점도 있었다. 태평성세라면 모를까, 난세에 국정을 담당하기엔 적합하지 않았다. 무능한 사람들이 어쩌다 중책을 맡으면 야비한 행동을 스스럼없이 한다. 형님도 3년만 하고 그쳤기에 망정이지 오래했더라면 무슨 험한 평가를 받았을지 모른다."

정계를 떠난 짜이펑은 바깥세상과 담을 쌓았다. 아들 푸이가 일본 군부에 의해 만주국 황제에 취임해도 베이징을 떠나지 않았고, 중공이 정권을 장악한 후에도 현실을 담담히 받아들였다.

짜이펑은 철저한 운명론자였다. 1950년 겨울 감기에 걸리자 치료를 거부했다. 증세가 악화되자 동생과 자녀들이 아무리 병원에 가자고 해도 "의사와 약 몇 첩이 인간의 운명을 바꿀 수 없다"며 듣지 않았다. 1951년 2월, 눈을 감는 날까지 약을 입에 대지 않았다.

위안스카이도 비슷했다. 간단한 수술이면 완치될 수 있는 병이었지만 "작은 칼 한 자루가 내 운명을 바꿀 수 없다"며 버티다가 세상을 떠났다.

홍콩의 순수 중국혈통 저우서우천

"우연과 필연을 따지지 마라. 두 개가 뒤엉킨 것이 인생이다."

마오쩌둥, 90세 '홍콩노인' 저우서우천에게 손을 내밀다

1949년 5월 중순, 중국인들이 '향항대로'(香港大老: '향항'은 홍콩을 뜻한다)라고 부르는 태평신사(太平紳士: 홍콩 총독이 임명하던 명예직. 시민의 입장을 대변했다. 1997년 홍콩이 중국의 특별행정구가 된 후엔 행정장관이 임명) 저우서우천(周壽臣)은 낯선 우편물을 한 통 받았다. 발신지는 옌안 푸광(複光)로 37호. 보낸 사람 이름은 적혀 있지 않았다. 열어 보니 일면식도 없던 마오쩌둥의 사진이 들어 있었다. 오른편 상단에 "수신선생혜존"(壽臣先生惠存), 왼편 하단엔 마오의 이름과 도장이 찍혀 있었다.

마오는 생전에 수많은 글씨를 남겼지만 사진(429쪽)에서 보는 것처럼 또박또박 쓰고 말미에 낙관을 하는 법이 거의 없었다. 중국인들은 귀에 못이 박히도록 이름은 들었지만 만날 기회가 없었던 사람과 이런 방법으로 교제를 트곤 했다. 결혼을 앞둔 여인들도 붓글씨에 자신만 있으면 마오쩌둥이 저우서우천에게 보낸 것처럼 자신의 사진을 남편 될 사람에게 선물로 보냈다. 겉봉의 주소를 다시 한 번 확인한 저우서우천은 마오쩌둥이 2년 전 옌안에서 철수하기 전에 준비해

두었던 것이겠거니 했다.

신중국 선포 5개월을 앞둔 마오쩌둥이 90이 다 된 홍콩의 노인에게 먼저 손을 청했을 때는 나름대로 이유가 있었다.

어린 저우서우천, 바다의 풍랑을 견뎌내다

1867년, 체인각대학사(體仁閣大學士) 쩡궈판이 우한에 있는 강남제조국(江南製造局)을 시찰했다. 시찰에 동행한 미국 예일대학 졸업생 룽홍(容閎)이 쩡궈판에게 정부가 직접 나서서 미국에 유학생을 파견하자고 건의했다.

"서양의 문명과 학술을 본받아 동방의 문화를 개량해야 한다. 그렇게만 하면 노(老)대국을 새롭게 할 수 있다."

당대의 실력자 쩡궈판은 물론이고, 수행했던 리훙장 등도 미국에서 갓 돌아온 룽홍의 제안을 지지했다. 베이징으로 돌아온 쩡궈판은 황제를 설득했다. 젊은 황제는 태평천국의 난을 진압한 쩡궈판의 말에 귀를 기울였다. 리훙장은 쩡궈판보다 더 적극적이었다. 선발기준과 교육계획을 상세히 기술한, 역사상 전례가 없던 「부미유동유학계획안」(赴美幼童留學計劃案)을 조정에 제출했다.

"만주족과 한족을 가리지 않되, 나이는 12세에서 16세까지로 한다. 국학과 영어시험에 합격해야 한다. 미국 학교에서 서학(西學)을 익히는 게 목적이지만, 효경(孝經)·소학(小學)·사서오경(四書五經) 등 국학을 따로 교육시킨다. 매년, 춘분(春分)·하지(夏至)·추분(秋分)·동지(冬至) 날에는 황제를 섬기고 윗사람 모시는 교육

마오쩌둥은 베이징 교외 샹산(香山)에 머물던 시절
이 사진을 저우서우천에게 보냈다.
마오의 거처는 특급 보안사항이라 발신지를
옌안으로 하는 바람에 저우서우천을 잠시 헷갈리게 했다.

을 실시한다. 중도에 학업을 포기하거나 외국에 귀화하는 것을 엄금한다. 귀국 후 정부가 직장을 안배한다. 자의로 선택할 수 없다."

1871년, 청나라 조정은 대청유동출양사업국(大淸幼童出洋事業局) 설립을 비준했다. 책임자를 물색하던 리훙장은 광둥 출신 한림학사 천란빈(陳蘭彬: 6년 후 초대 주미공사 역임)을 천거했다. 유학생 파견을 제의한 룽훙에게는 실무를 맡겼다. 선발조건은 까다로웠다. 일가친척 중에 범죄자가 없고 보증인이 확실하면 의사의 정밀 신체검사를 거쳐 응시가 가능했다. 시험과목은 한문과 영어였다. 합격자에게는 1년간 중국문학과 서양문학을 가르쳤다.

유학생 선발은 관심을 끌지 못했다. 서구 문물을 일찍 접촉하고 해외진출이 빨랐던 광둥성, 그것도 메이현(梅縣) 출신 외에는 응시자가 거의 없었다. 초조해진 룽훙은 유학생을 모집하기 위해 홍콩으로 달려갔다.

홍콩의 영국인 학교 중앙서원(中央書院: 훗날의 퀸스 칼리지Queen's College)에 다니던 저우서우천도 부모의 권유로 3차 유학생 선발에 응모했다. 열두 살 때였다. 영어에 능통하고 어릴 때부터 집안에서 중국 고전 교육을 받은 탓에 예비시험은 별 문제가 없었다. 1873년 8월, 저우서우천은 상하이의 유학생 예비학교에 입학했다. 1년간 혹독한 훈련을 마친 저우서우천은 마지막 시험도 무난히 통과했다. 1874년 9월 19일, 저우서우천은 제3차 '대청유미유동'(大淸留美幼童)의 일원으로 상하이 부두를 떠났다. 마오쩌둥이 세상에 태어나기 20년 전이었다. 훗날 끈끈한 인연을 맺게 되는 위안스카이는 고향에서 과

거 준비에 여념이 없었다. 나이는 저우서우천보다 두 살 위였다.

태평양을 건너 미국에 온 중국의 유동들

1983년, 저우서우천 일행의 호송관이었던 치자오시(祁兆熙)의 『일기』가 상하이 도서관에서 발견됐다.

"음력 8월 초아흐레, 유동(幼童)들을 데리고 승선했다. 하늘이 음침했지만 비바람은 거세지 않았다. 오후가 되자 날씨가 돌변했다. 바람과 파도가 엄청났다. 배가 쉴 새 없이 요동쳤다. 현기증이 나고 먹은 것을 다 토했다. 잠자리에 들었지만 혼수상태나 마찬가지였다. 날이 밝았다. 유동들 중에는 광둥 출신들이 많았다. 평소 습관대로 차를 요구했다. 한 모금 마시자 다들 가슴을 움켜쥐고 뛰어나갔다. 유동들도 그랬고 나도 그랬다. 여기저기에서 유동들의 흐느끼는 소리가 들렸지만 달랠 기운이 없었다. 나가사키에 도착하자 유동들은 체력을 회복했다. 배 안에서 죽·계란·생선·고기 국수를 포식했다. 고베에서 중추절을 맞았다. 유동들은 관광을 원했다. 나도 땅을 밟고 싶었지만 안전 때문에 유동들의 요구를 거절했다. 사람을 시켜 과일과 차를 사오게 했다. 유동들에게 나눠주자 다들 좋아했다."

유동들의 평균연령은 12세였다. 30명 중 13세 이상은 여덟 명에 불과했다. 만 14세였던 저우서우천은 비교적 나이가 많은 편이었다. 유동들은 요코하마에서 배를 갈아타고 샌프란시스코로 향했다. 풍

1881년 컬럼비아대학 합격통지서를 받고
기념 촬영한 저우서우천. 양복을 입은 유일한 모습이다.

랑이 여전했지만 유동들은 잘 견뎌냈다. 사서(四書)와 영시(英詩)를 온종일 소리 내서 읽어도 피곤해하지 않았다.

요코하마를 떠난 지 9일째 되는 날 태풍이 몰려왔다. 배에 비상이 걸렸다. 치자오시와 호송관들은 선실 밖으로 나갈 엄두도 내지 못했다. 유동들은 달랐다. 장관(壯觀)이라며 선실과 갑판을 들락날락했다. 유동들을 바라보던 치자오시는 일기장을 펼쳤다.

"호기심에 가득 찬 유동들의 앞날이 어떻게 될지는 아무도 예측할 수 없다. 오늘처럼 그 어떤 풍파도 잘 견뎌내기를 바랄 뿐이다. 공포의 기색이 전혀 없는 것을 보면 이 아이들이 동방의 노제국에 거대한 풍파를 몰고 올지도 모른다."

먼저 와 있던 선발대는 태평양을 건너온 유동들을 미국인 가정에 분산시켜 적응훈련을 시켰다. 저우서우천도 필립스라는 중년부인의 집에 짐을 풀었다. 홍콩에서 영어교육을 받은 저우서우천은 다른 유동들에 비해 적응 속도가 빨랐다. 4개월 만에 미국학교에 입학해도 좋다는 판정을 받았다. 속성으로 초등교육을 마친 저우서우천은 앤도버(Andover)의 필립스 아카데미(Philips Academy)에 진학해 학업을 계속했다. 필립스 아카데미는 명문학교였다. 독립전쟁이 한참이던 1778년, 새뮤얼 필립스(Samuel Philips)가 새 나라의 동량들을 양성하겠다며 보스턴 인근에 세운 미국 최초의 기숙학교였다. 교사들의 질이 우수하고 시설도 훌륭했다. 교육방법도 개방적이었다. 1789년 조지 워싱턴이 방문해 "나도 아이들을 꼭 이 학교에 입학시키겠다"

고 할 정도였다. 졸업생 중에는 상원의원이 많았다. 훗날 얘기지만, 아버지 부시와 아들 부시도 필립스 아카데미를 졸업했다.

"국고만 축내고 나라에 도움될 일은 없다"

유동들은 야구·축구·복싱 등을 즐기며 미국생활에 빠져 들어갔다. 청 제국의 상징이나 다름없는 변발(辮髮)을 잘라버리고, 일요일만 되면 교회에 달려가는 유동들도 한둘 생겨났다. 당시에 변발을 제거하는 것은 대역부도(大逆不道)나 마찬가지였다. 중국에서 파견된 보수적인 감독관들의 「보고서」가 남아 있다.

"근본을 망각하고 선생을 보면 키득거린다. 재목으로 성장하긴 틀렸다. 장차 나라에 해를 끼치면 끼쳤지 유용하게 써먹기는 틀렸다. 국가가 나서서 '서양문화가 중국문화보다 우수하다'고 여기는 아이들을 양성한 꼴이 돼버렸다."

감독관들의 「보고서」가 줄을 잇자 리훙장은 입장이 난처했다. 최종적으로 보수적인 관원들의 주장을 수용했다. 조정에 유미유동(留美幼童)을 소환하자는 상주문을 올렸다.

미국의 문호 마크 트웨인(Mark Twain)은 유미유동들에게 영어와 미국문화를 가르친 적이 있었다. 대통령 그랜트(Ulysses S. Grant)를 찾아갔다. 「소환 재고 요청 서신」을 보내달라고 간청했다. 그랜트는 리훙장이 미국을 방문했을 때 국가원수에 준하는 대접을 한 적이 있었다. 그랜트는 나서려 하지 않았다.

1874년 미국 유학을 떠나기 직전의
탕사오이(唐紹儀·오른쪽)와 양루하오(楊如浩).
이 두 사람은 이후 저우서우천을 구하기 위해
두 달치 봉급을 묄렌도르프에게 갖다 바칠 정도로
저우서우천을 높이 평가했다.

"포병훈련 함께 참관하며 간단한 사람이 아니라는 걸 느꼈다. 결정을 함부로 하지 않고, 한번 내린 결정을 쉽게 바꿀 사람이 아니다."

1881년 8월, 청나라 정부는 9년 전부터 4년간 해마다 30명씩 미국에 파견했던 관비유학생들을 소환했다. '국고만 축내고 나라에 도움될 일은 없다'는 것이 이유였다.

컬럼비아대학에 합격한 저우서우천은 교실 문턱을 밟아보지도 못하고 귀국 보따리를 꾸렸다. 열세 살 때 뽑혀서 미국에 온 지 7년 만이었다. 유학생들은 상하이 부두에 도착하는 날부터 천덕꾸러기로 전락했다. 『상해신보』(上海申報) 9월 29일자에 실린 사론이다.

"말할 때 생글생글 웃기를 잘한다. 어른들 앞에서 고개를 갸우뚱하며 턱을 까딱거리는 모습은 볼수록 가관이다. 예의와 염치를 망각한 지 오래다. 방약무인하기가 이루 말할 수 없다. 오랑캐들을 교화시키기는커녕 양인들의 온갖 악습에 제대로 감염된 부류들, 사람 노릇 하기는 다 틀렸다. 뭐 하난들 제대로 할 수 있을지 우려된다."

이 내용을 보면 당시의 대표적인 언론기관부터가 이들을 사람 취급하지 않았다. 그간 서구인들에게 당했던 분풀이를 20대 초반의 청년들에게 퍼붓기로 작심이라도 한 것 같았다.

스스로를 군자(君子)라고 생각하는 사대부들은 정부를 비난했다. "젖비린내가 채 가시지도 않은 어린 것들을 얼굴 허연 오랑캐들이 우글대는 곳에 보낸 것부터가 잘못이었다"며 안타까운 표정을 지었다. 중국인들은 옛날 옛적부터 안색이 흰 남자를 악(惡)하고 천(賤)하고, 교활한 사람으로 취급하는 습관이 있었다. 그래서 그런지, 경극에 등장하는 청백리의 얼굴은 한결같이 시커멓고 조조의 얼굴은 백설보다 희다.

정부는 유학생들을 푸저우(福州)와 톈진에 배치했다. 과거 출신도 아니고 서양의 하잘것없는 기술만 익힌 청년들에게 변변한 일자리는 턱도 없었다. 매달 받는 돈으로는 끼니 해결도 힘들었다. 미국 시절 가깝게 지냈던 하숙집 주인 딸에게 "서양 귀신이 씌인 놈들이라며 가는 곳마다 감시를 당한다. 너무 춥고 배가 고프다. 정부는 우리를 거들떠보지도 않는다. 굶거나 얼어 죽지 않으면 다행"이라는 편지를 보낸 사람이 있을 정도로 빈곤에 시달렸다. 톈진 쪽에 배치된 사람들은 그나마 운이 좋았다.

톈진이 본거지였던 즈리 총독 리훙장은 국제적 감각을 갖춘 실무형 인물을 좋아했다. 얼치기 혁명가와 개혁가, 세상물정 모르는 3류 논객들을 벌레 보듯이 했다. 유학생들에게 적성검사를 실시해 철도·통신·광산·세관 쪽에서 경험을 쌓게 했다. 저우서우천은 톈진 세관장 묄렌도르프 밑에 자리를 배정받았다. 외국인회사에 고용된 심부름꾼이나 청소부와 비슷한 대우를 받았다.

중국 최초 총통·국무총리, 조선 땅에서 묘한 첫 만남

1883년 2월 임오군란을 진압한 청나라는 조선에 세관을 설립하기로 합의했다. 리훙장은 묄렌도르프를 파견하며 저우서우천을 조수로 딸려 보내려 했다. 저우서우천은 조선행이 내키지 않았다. 게다가

저우서우천(가운데)은 인천 주재 영사를 마지막으로
조선에서 13년간의 관직생활을 마쳤다.
위안스카이가 실각한 후에도 저우서우천과
위안스카이는 서로 자녀교육에 관한 조언을 구할 정도로
가깝게 지낸 사이였다.

묄렌도르프는 톈진의 외국인 사회에서 소문난 저질이었다.

고향에 가면 그래도 뭔가 여지가 있을 것 같아 휴가를 청했다. 홍콩에 갔더니 아버지는 전혀 도움이 안 됐다. "나라에서 인정을 받았으니 이런 영광이 없다. 그간 키운 보람이 있다"며 즐거워했다.

톈진으로 돌아와보니 묄렌도르프는 유학 동기생 탕사오이와 양루하오를 데리고 조선으로 떠난 후였다. 저우서우천의 자리에도 딴 사람이 앉아 있었다. 실직자가 된 저우서우천은 차라리 잘됐다는 생각이 들었다. 외국인 회사에 일자리를 알아보기 위해 상하이로 내려갔다. 톈진 세관이 "학업을 마친 후 임의로 일자리를 구할 수 없다"는 관비 유학생 규정에 의거해 체포령을 내릴 줄은 꿈에도 생각 못 했다. 조선에서 저우서우천이 감옥에 갇혔다는 공문을 접한 탕사오이와 양루하오는 저우서우천을 구하기 위해 두 달 치 봉급과 화류계 여인 한 명을 데리고 묄렌도르프를 찾아갔다. 공짜와 여자라면 마다하지 않는 사람이라 다루기가 편했다. 묄렌도르프는 리훙장에게 「서신」을 보내 저우서우천의 조선 파견을 요청했다.

융통성 많은 친구들 덕에 감옥에서 풀려난 저우서우천은 부산세관 통역관으로 조선생활을 시작했다. 조선은 본국에서 냉대받던 중국청년들에게 입신(立身)과 양명(揚名)의 땅이었다. 위안스카이도 그랬고 탕사오이도 그랬다. 저우서우천은 말할 것도 없었다.

갑신년(1884) 겨울, 조선귀족 집안 자식들 사이에 칼부림이 벌어졌다. 정변 첫날 밤 옛 동료들에게 칼탕을 당한 민영익은 묄렌도르프의 집으로 실려 갔다. 사태를 평정한 위안스카이는 민영익의 생사를 확인하기 위해 묄렌도르프의 집을 찾았다. 모닥불 옆에 쭈그리고 앉아 보초를 서고 있던 용산세관 통역관 탕사오이가 "통보를 받지 못했다"며 위안스카이를 제지했다. 위안스카이의 수행원들이 호통을 쳐도 막무가내였다. 어처구니없다는 표정으로 노려보던 위안스카이의 얼굴에 웃음이 퍼졌다. 27년 후, 중국 역사상 최초의 총통과 국무총리가 될 두 사람은 조선 땅에서 이렇게 처음 만났다. 위안스카이는 대인다웠다. "틀린 말이 아니다. 미리 통보를 안 한 우리가 잘못했다"며 그냥 발길을 돌렸다. 주둔지로 돌아오며 위안스카이는 뭐가 그렇게 좋은지 싱글벙글했다.

"준수한 용모에 당당한 행동거지, 눈에는 총기가 가득했다. 저런 아이에게 보초를 서라고 한 묄렌도르프는 정말 형편없는 놈이다. 나라면 꼭꼭 숨겨놓겠다."

민영익의 안위 여부는 이미 안중에도 없었다. 조선인들의 사각지대에서 중국인들 사이에 벌어진 작은 에피소드는 위안스카이와 유미유동 출신들을 연결시키는 계기가 됐다. 위안스카이는 외교와 통상에 관한 업무를 처리할 때마다 이들을 불렀다. 외국어를 중국말처럼 하고 세상 돌아가는 것도 잘 알았다. 리훙장에게 「보고서」를 보낼 때마다 칭찬을 아끼지 않았다. 더 높은 직위를 주자고 간청했다. 저우서우천 23세, 탕사오이와 양루하오는 22세, 위안스카이는 25세였다. 신분도 신분이지만 20대 중·초반에 두세 살은 적은 차이가 아니었다.

부산에 있던 저우서우천은 일본인 찻집에서 일하던 조선여인과 초량 일대를 자주 산책했다. 아들이 태어나자 홍콩의 동생들에게 근황을 전했다.

"내키지 않는 일일수록 기를 쓰고 해야 한다는 것을 조선에 와서 깨달았다. 우연과 필연을 따지지 마라. 두 개가 뒤엉킨 것이 인생이다. 나는 이제야 조선의 아름다운 산천과 여인들이 눈에 들어오기 시작했다. 아버지에게는 비밀로 해라."

낙향한 저우서우천 "권력과 폭력은 피하는 게 상책"

저우서우천은 1896년, 35세 때 조선을 떠났다. 마지막 보직은 인천 주재 영사였다. 귀국 후에는 철도·금융·교육·외교·항만건설 등에서 두각을 나타냈다.

1908년, 세 살짜리 젖먹이가 황제 자리에 앉자 청 제국의 뿌리가 통째로 흔들렸다. 군대를 장악하고 있던 위안스카이도 실각했다. 13년간 조선 근무를 마치고 돌아와 요직을 전전하던 저우서우천은 위안스카이가 실각했던 시절에도 사적인 관계를 유지했다. 위안스카이는 신해혁명 발발 22일 전에도 저우서우천에게 편지를 보내 자녀교육에 관한 조언을 구하고 탕사오이와 양루하오의 근황을 물을 정도였다.

1911년 신해년 가을, 수많은 실패와 좌절을 거듭하며 경험을 축적한 혁명세력들은 후베이성 우창에 주둔한 신군을 부추겨 폭동을 일으켰다. 결과가 나쁘지 않았다. 10여 개 성(省)이 호응했다. 섭정왕이었던 황제의 생부는 3년 전 제 손으로 내쫓은 위안스카이를 다시 불러들였다. 북양신군 설립자 위안스카이의 권위와 실력을 이용하는 것 외에는 대안이 없었다. 28세의 철부지다운 결정이었다. 군대를 움켜쥔 위안스카이와 혁명세력들에 의해 임시대총통에 추대된 쑨원은 대세에 역행하지 않았다. 위안스카이가 황제 퇴위와 공화제를 수용하자 쑨원은 베이징까지 올라와 "위안스카이 대총통 만세"를 부르고는 정치 무대에서 내려갔다. 쑨원의 이름 앞에 '국부'(國父) 두 글자가 확실히 추가되는 순간이었지만 그건 나중 일이었다. 당장은 위안스카이의 천하가 시작됐다.

위안스카이가 집권하자 저우서우천은 "오래 살고 싶다"며 은퇴했다. 위안스카이는 조선에서 알게 된 유미유동 출신들을 국무총리와 부장에 중용했다. 반백(半百)의 저우서우천은 홍콩으로 낙향하겠다며 모든 관직을 사양했다. 위안스카이는 고향으로 돌아가는 옛 부하의 가슴에 가화장(嘉禾章)을 직접 달아줬다. 중화민국 최초의 훈장이었다. 저우서우천은 생전에 "거북이처럼 장수하고 싶었다"는 농담 외에는 낙향 이유를 분명히 밝힌 적이 없다. 대신 "혁명은 명분을 내세운 폭력이며 공포를 수반한다. 인간의 삶에는 규칙이 있을 수 없다. 권력과 폭력은 피하는 게 상책이다"라는 말을 자주 했다. 저우서우천의 선택은 지혜의 표현이었다.

"홍콩은 중국이다. 중국인의 손으로 발전시켜야 한다"

고향은 저우서우천을 유유자적하며 세월을 보내게 내버려두지 않았다. 학식과 풍부한 경험, 사회적 명성은 식민지 홍콩의 중요한 자산이었다. 400여 개의 대형 기업이 고문직을 맡아달라고 줄을 섰다. 저우서우천은 그 유명한 '남양형제연초공사'와 '홍콩전화공사' 등 대형 그룹의 이사회 의장을 겸직하며 동아(東亞)은행을 설립해 31년간 주석직을 유지했다.

1953년 홍콩을 방문한 프랭클린 루스벨트의 부인
일리노를 영접하는 홍콩의 중국인 영수(香港大老) 저우서우천.
그는 당시 92세였다.

1957년 3월 홍콩 총독이 마련한 96세 생일 잔치를 마치고
총독 관저를 나서는 저우서우천(맨 앞).

영국의 접근도 주도면밀했다. 태평신사를 시작으로 결정국(潔淨局)과 정례국(定例局) 의원에 추대하는 등 호의를 표시했다. 1924년 영국을 방문했을 때는 국왕 조지 5세와 수상 볼드윈(Stanley Baldwin)을 비롯해 왕족과 각료들의 잇따른 초청을 받았다. 홍콩사회에서 저우의 지위는 해를 거듭할수록 상승했다. 1926년 5월, 영국 정부가 저우서우천을 홍콩의 최고의결기관인 의정국(議政局) 의원에 위임하려 하자 영국의 보수세력들은 전 국무총리 우팅팡(吳廷芳)을 정례국 의원에 임명했을 때보다 더 열띤 토론을 벌였다.

"결정국과 정례국이라면 몰라도 의정국은 곤란하다. 저우서우천 이후를 생각해야 한다. 저우서우천처럼 홍콩에 거주하는 중국인들의 지지를 받을 수 있는 인물이 다시 나오는 것은 불가능하다. 그의 사후 후임을 임명하지 않는다면 중국인사회의 반발을 감당하기 힘들다."

저우서우천은 홍콩의 순수한 중국 혈통을 대표했다. 영국인들이 홍콩대학을 설립하며 '중국을 위해 세운다'(爲中國而立)는 구호를 내걸었지만 중국 관련 과목을 개설하지 않자 홍콩 총독과 직접 담판을 벌여 루쉰을 감탄시켰다. "홍콩은 중국이다. 중국인의 손으로 발전시켜야 한다"며 "영국의 식민지가 아니었다면 홍콩의 발전은 불가능하다"는 속설을 죽는 날까지 인정하지 않았다.

저우서우천은 홍콩에 살며 10년에 한 명씩 새로운 부인을 맞이했다. 1959년 98세로 세상을 떠날 때까지 "정치는 여자들에게 맡기고 남자들은 전쟁과 돈벌이에만 몰두하는 사회가 왔으면 좋겠다"는 말을 자주 했다. 1872년 청 제국이 파견하기 시작한 관비 유학생 중 가장 오래 살았다. 홍콩의 중국인 중에서 저우서우천은 마오쩌둥의 통일전선(統一戰線) 대상 제1호였다. 신중국 선포를 눈앞에 둔 마오쩌둥이 먼저 손을 내민 것은 당연했다. 평생 만날 기회는 없었다.

참고문헌

簫勁光. 簫勁光回憶錄. 當代中國出版社. 1913.

李英得·徐璐. 歷史性·大戮行(中國大陸採訪記實). 自立晚報(臺灣). 1988.

姚金果. 解密檔案中的陳獨秀. 東方出版社. 2011.

孟昭瑞. 共和國震撼瞬間. 人民文學出版社. 2012.

黃喬生. 周氏三兄弟. 浙江人民出版社. 2008.

張志强. 僞滿洲國照片內參. 山東畫報出版社. 2004.

中共中央黨史研究室 編著. 中國共産黨歷史圖志. 上海人民出版社. 2001.

百年風華編輯爲員會. 百年風華. 行政院新問局(臺灣). 2012.

周明. 歷史在這里深思(1-6). 北岳文藝出版社. 1899.

章君穀. 陳華女士回憶錄(上·下). 獨家出版社(臺灣). 1988.

唐德剛. 袁氏當國. 廣西師範大學出版社. 2005.

師東兵. 文化大革命紀實系列. 繁榮出版社(香港). 1992.

汪東興. 汪東興日記. 中國社會科學出版社. 1993.

汪東興. 毛澤東與林彪反革命集團的鬪爭. 當代中國出版社. 1997.

祝彦. 晚年陳獨秀(1927-1942). 人民出版社. 2006.

朱洪. 中共首任總書記陳獨秀. 當代中國出版社. 2011.

董根明. 陳獨秀與中國現代化. 合肥工業大學出版社. 2011.

鄧玉汝. 陳獨秀年譜. 香港龍門書店. 1974.

鄭超麟. 鄭超麟回憶錄(上·下) 東方出版社. 2004.

秦鳳 編著. 歲月東北. 廣西師範大學出版社. 2007.

蔡登山. 何處尋你. INK(臺灣). 2008.

蔣夢麟. 西潮. 九儀出版社(臺灣). 2000.

吾修權. 吾修權回憶錄. 中國靑年出版社. 2009.

蘇東海 主編. 中華人民共和國風雲實錄(上·下). 河北人民出版社. 1994.

宮力・周敬青・張署. 鄧小平在重大歷史關頭. 九州出版社. 2012.

中國二十世紀通鑑編纂委員會 編著. 中國二十世紀通鑑(1901-2000). 綫裝書局. 2002.

南方人物周刊 編. 世家. 上海書店出版社. 2011.

朱洪. 陳獨秀的最後歲月. 東方出版中心. 2011.

葉永烈. 江青實錄. 利文出版社(香港). 1993.

李菁. 記憶的容顏. 生活・讀書・新知 三聯書店. 2012.

錢鋼・胡勁草. 大清留美幼童記. 中華書局. 2003.

鄭宏泰・周振威. 香港大老 周壽臣. 三聯書店(香港)有限公司. 2007.

葉永烈. 陳雲全傳. 四川人民出版社・華夏出版社 聯合. 2013.

國家歷史雜誌社 編. 民國風雲人物. 2010.

劉杰. 黑白袁世凱. 中國書店. 2002.

侯波・徐肖冰. 口述回憶錄. 北京大學出版社. 1999.

薄一波. 領首元帥與戰友. 中央文獻出版社. 2008.

中國人民政治協商會議全國委員會辦公聽. 祖國出版社(香港). 1985.

楊奎松. 民國人物過眼錄. 廣東人民出版社. 2008.

楊天石. 帝制的終結. 岳麓書社. 2013.

李德生. 李德生回憶錄. 解放軍出版社. 1997.

翦伯贊 主編. 中外歷史年表. 中華書局. 1961.

魏宏運 主編. 民國史紀事本末(1-7). 遼寧省人民出版社. 2000.

周作人. 知堂回想錄. 安徽教育出版社. 2008.

聶榮臻. 聶榮臻回憶錄. 解放軍出版社. 1986.

杜平. 杜平回憶錄. 解放軍出版社. 1988.

戴煌. 胡耀邦. 生活・讀書・新知 三聯書店. 2013.

高文閣. 臺灣與大陸風雲四十年. 吉林文史出版社. 1991.

王觀泉. 天火在中國燃燒. 廣西師範大學出版社. 2005.

金春明. 四人幫沈浮錄. 九州出版社. 2013.

師永剛. 紅軍. 聯經出版事業公司(臺灣). 2007.

孫春日. 中國朝鮮族移民史. 中華書局. 2009.

偉人的瞬間編輯委員會 編. 偉人的瞬間. 遼寧美術出版社. 1996.

庄建平 主編. 國恥事典. 成都出版社. 1992.

史雲. 張春橋 姚文元實傳. 三聯書店(香港)有限公司. 2012.

范泓. 隔代的聲音. 廣西師範大學出版社. 2008.

王靈麗・柳茂森. 1979中國故事. 東方出版中心. 2010.

中國國民黨革命委員會中央宣傳部. 中國國民黨革命委員會四十年. 文物出版社. 1987.

文史資料選輯(1-136) 中國文史出版社. 1999.

張祖道. 刹那. 上海文藝出版集團. 2009.

杜修賢. 人民的總理. 三聯書店(香港)有限公司. 1985.

劉建華. 東北義勇軍與抗戰. 老古文化社業公司(臺灣). 1983.

胡卓然‧趙雲峰. 魂兮歸來(不刻忘記的十四年東北抗戰). 山東畵報出版社. 2012.

陳啓明. 我們這樣去抗日. 人民日報出版社. 2011.

姜雅君. 紅旗熱血黑土. 黑龍江教育出版社. 2012.

朱秀海. 黑的土 紅的血. 解放軍文藝出版社. 1995.

于紹雄. 東北抗日聯軍將領傳. 黑龍江人民出版社. 2009.

蕭關鴻 編. 中國百年傳記經典. 東方出版中心. 1999.

章敬平. 皇上走了. 生活‧讀書‧新知 三聯書店. 2013.

齊紅心 編著. 流亡. 大象出版社. 2008.

徐福生. 共和國風雲. 上海古籍出版社. 2004.

金一南. 走向輝煌. 中華書局. 2011.

劉香成‧凱倫 史密斯. 上海. 世界圖書出版公司. 2010.

鄧小平與四川 編纂委. 巴蜀情. 四川美術出版社. 1994.

莊魯迅. 臺灣不教的中國近代史. 大是文化(臺灣)有限公司. 2011.

晉察冀文藝研究會 編. 東北解放戰爭. 遼寧美術出版社. 1992.

文史精華(1-10) 河北人民出版社. 2010.

北京魯迅博物館 編輯. 魯迅 1881-1936. 生物出版社. 1976.

簡歷. 孫滋溪畵集. 天津人民美術出版社. 1984.

CHINA PHOTOGRAPHERS ASSOCIATION. *China's Thirty Years*. OXFORD. 2009.

LIU BEISI‧XU QIXIAN. *EXQUISITE FIGURE-PICTURES FROM THE PALACE MUSEUM*. FORBIDDEN CITY PUBLISHING HOUSE. 1995.

Liu Heung shing. *China*. TASCHEN. HONG KONG. 1981.

중국인 이야기 ❸

지은이 김명호
펴낸이 김언호

펴낸곳 (주)도서출판 한길사
등록 1976년 12월 24일 제74호
주소 10881 경기도 파주시 광인사길 37
홈페이지 www.hangilsa.co.kr
전자우편 hangilsa@hangilsa.co.kr
전화 031-955-2000~3 **팩스** 031-955-2005

부사장 박관순 **총괄이사** 김서영 **관리이사** 곽명호
영업이사 이경호 **경영이사** 김관영 **편집주간** 백은숙
편집 노유연 김지연 김지수 최현경 김영길
마케팅 정아린 **관리** 이주환 문주상 이희문 원선아 이진아
디자인 창포 031-955-2097 **CTP 출력 및 인쇄제책** 신우인쇄

제1판 제1쇄 2014년 4월 22일
제1판 제6쇄 2021년 11월 8일

값 18,000원
ISBN 978-89-356-6921-9 04900
ISBN 978-89-356-6212-8 (세트)